中国计量学院 质检法教材系列

总主编　杨秀英

标准化法教程

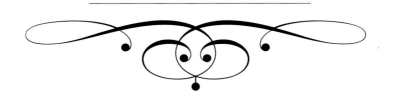

朱一飞　冀瑜　范晓宇　刘瑾　王长秋　编著

厦门大学出版社
XIAMEN UNIVERSITY PRESS
国家一级出版社
全国百佳图书出版单位

编审委员会

总 主 编 杨秀英

副总主编 朱一飞(常务) 张 云 季任天 汪江连

委员(按姓氏笔画排序)

于俊嶙 王长秋 朱一飞 刘 瑾 李晓君 季任天

汪江连 张 云 张俊霞 范晓宇 徐楠轩 杨秀英

彭飞荣 韩光军 冀 瑜

总　序

　　我们统称为"质检"的产品质量、食品安全、标准化、技术监督和检验检疫，不仅是当前而且在将来都是社会关注的热点与难点问题。究其原因，主要在三个方面：首先，在市场经济条件下，由于生产者与经营者的趋利性和竞争性，加之消费者的信息不对称和产品质量的辨识难度，产品质量以及食品安全问题的出现，似乎是市场经济不可避免的"副产品"。其次，随着经济社会的发展和人民生活水平的日益提高，人们对产品质量的要求和期望随之提高，与此相应，人们维护自身合法权益的权利意识和维权能力也随之提高，这就对产品质量和食品安全的监管工作提出了更高的要求。最后，随着我国政府职能转变和政府机构改革的稳步推进，政府对于经济运行的监管方式，逐渐由"管项目、管企业"转变为"管市场、管质量"，即一方面管理市场秩序，维护自由竞争和公平竞争，另一方面监管产品质量，维护消费者权益。因此，质检作为政府经济职能的重要组成部分，就越来越具有举足轻重的地位。正是在这样的大背景下，对质检法的相关问题展开研究，就显得越发重要而不可或缺。

　　中国计量学院是国家质检总局和浙江省"省部共建"的高校，也是我国质检行业唯一一所普通高校。学校以"计量立校、标准立人、质量立业"为办学理念，在质量监督、标准化和计量、检验检疫的教学和科研方面具有鲜明的特色和优势。中国计量学院法学院成立伊始，便将质检法学确立为特色发展的方向之一，积极致力于质检法的教学与研究。为此，学院专门开设了"产品质量与消费者权益保护法"、"检验检疫法"、"标准化法"等富有特色的院设及校设选修课。经过多年的努力，学院老师发表了具有一定影响力的一批科研成果，并且承担了多项省部级的科研项目。2010 年，王艳林教授在他主编的国家"十一五"规划教材——《质检法教程》中，首次系统阐释了"质检法"的名称、体系和内容。

　　基于以上原因，中国计量学院法学院在多年积累教学经验和学术成果的基础上，组织了部分长期致力于质检法教学和研究的骨干教师，编写并出版此套质检法系列教材，即《产品质量法教程》、《食品安全法教程》、《标准化法教程》、《检验检疫法教程》及以产品质量犯罪为主要内容的《新编经济刑法教

程》。

本系列教材是我国迄今第一套较为系统的质检法教材,覆盖了质检法的主要内容。它既是对现有质检法律制度的梳理和对前期学术研究成果的总结,同时又在前期成果的基础之上有所深化、有所扩展。可以说,这套系列教材不仅具有教材的功用,而且具有一定的学术价值。

因此,在教材即将面世之际,我们在此郑重地向读者予以推介,本系列教材不仅可供法学专业的高年级本科生在选修质检法相关课程时作教材使用,也可供相关专业的研究生和实务部门的工作人员选作参考书使用。

由于本系列教材是我国第一套质检法教材,在编写体例、基本理论、基本观点和基本知识方面,可能存在一定的问题,我们衷心期望读者和法学界、质检法学者对本系列教材批评指正,不吝赐教。

杨秀英

2011 年 12 月

前　言

　　标准化，是一种古老而又现代的人类活动，它的出现和发展，基于一定的经济社会基础，具有必然性。尤其是在当代市场经济高度发达的背景下，标准和标准化在维护市场秩序和消费者权益、保障产品质量和食品安全、促进科技进步和协调国际贸易等方面，均发挥着重要的作用。

　　与标准和标准化快速发展的客观情况相比较，我国标准化法的理论研究与制度构建，尚处于较为滞后的状态。虽然学术界对于标准化所涉及的若干法律问题，已经形成了一些研究成果，但仍缺少全面性和系统性。也正是基于此种背景，《标准化法教程》应运而生了。

　　从我们所了解的情况来看，本书应当是国内首部系统地梳理和阐释与标准化相关的法学理论和法律制度的法学专业教材。本书依托于我国现行的《标准化法》《计量法》《认证认可条例》等一系列法律法规，同时对于标准化与质量管理、标准化与知识产权、标准化与反垄断、标准化与国际贸易等领域中所涉及的法律问题予以系统阐述。

　　本书由中国计量学院法学院组织编著和出版。它的面世，是中国计量学院法学院前期研究成果累积和延续的结果，也充分体现了中国计量学院法学院在质检法、标准化法和计量法等方面的研究特色与优势。本书的几位作者都比较年轻，但都较长时间关注和研究标准化法律问题。本书的具体分工如下。朱一飞：第一章第二节、第三节，第二章，第四章；冀瑜：第一章第一节，第三章；范晓宇：第七章；刘瑾：第五章；王长秋：第六章。经典事案评析由朱一飞、范晓宇、刘瑾负责选编。

　　在本书编写过程中，中国计量学院法学院杨秀英教授、季任天副教授、张云副教授、汪江连副教授以及南开大学法学院宋华琳副教授分别以不同的方式给予许多帮助。在此致以诚挚的谢意。

　　由于编写时间较为紧张，同时也由于作者的能力有限、经验不足，故而本

1

书势必存在着许多缺陷。诚恳地希望各位专家和读者批评指正。让我们共同努力,将我国的标准化法理论研究和制度建设,推进到一个更高的水平。

作　者

2011 年 12 月

目　录

第一章　标准化法律制度概述

第一节　标准与标准化概述

标准化是一种既古老又新鲜的活动。"标准化作为一种不自觉的活动可以说在史前时期就有了它的起源,而且在 19 世纪末叶之前已经存在有某些具有自觉性的散在的实例",如语言文字及计量单位的统一。① 国家层面和国际层面组织的标准化工作可以回溯到 20 世纪的早期,1901 年英国工程标准委员会成立,1906 年国际电工委员会(IEC)成立。第一次世界大战为标准化的发展提供了不少的动力,1928 年,国际标准化组织(ISO)的前身国际标准化协会(ISA)成立。第二次世界大战之后标准化运动得到全世界的注意,在新技术革命和民族独立浪潮的双重推动下,标准化获得了长足的发展。进入 20 世纪 90 年代以来,知识经济的兴起使标准化面临深刻革命。标准化的出发点在变,标准化与市场竞争、国际贸易、知识产权发生结合并且关系日益紧密,表现出了许多新鲜的方面。由于标准化涉及工业、农业、商业、运输、交通、管理、教育、体育、音乐甚至文化成就,所以有人主张标准化可以帮助调节所有的作为社会集体的一员的人所涉及的任何活动。

一、标准与标准化的概念

(一)标准

现代汉语词典对标准的解释是:(1)衡量事物的准则;(2)本身合于准则,

---

① 参见[印度]魏尔曼:《标准化是一门新学科》,苏锡田等译,科学技术文献出版社 1980 年版,第 2 页。

可供同类事物比较核对的事物;(3)指榜样、规范。

我国国家标准(GB/T 20000.1-2002)《标准化工作指南第1部分:标准化和相关活动的通用词汇》(代替标准的历次发布情况为 GB/T 3935.1-1983、GB/T 3935.1-1996)中将标准定义为:"为了在一定的范围内获得最佳秩序,经协商一致制定并由公认机构批准,共同使用和重复使用的一种规范性文件。"这个定义也是国际标准化组织(ISO)和国际电工委员会(IEC)《ISO/IEC 指南 2:1996》中对标准的定义。此定义揭示了标准的对象、目的和表现形式。

1. 标准的对象是重复性概念和重复性事物。标准的产生,源于需求的扩大和统一,单件产品或单次需求不需要标准,对同一需求的重复才需要标准。无论是社会文化领域中的语言、文字、符号,还是工程技术领域中的计量、建筑、工业制造,标准所针对和覆盖的都是大量可重复的事物和概念,而画家的画、文学家的小说和雕刻家的艺术品却不需要重复,无须制定标准。

2. 标准的目的是为了在一定范围内获得最佳秩序。为了实现其目的,首先,"标准宜以科学、技术和经验的综合成果为基础,以促进最佳的共同效益为目的"(GB/T 20000.1-2002,2.3.2);其次,标准宜由参加制定标准的各利益方协调一致,并由公认机构批准发布;最后,标准作为国家提供给社会的"公共品",是社会各阶层和各利益方都可以免费使用的"公共资源",因此,它必须符合并维护公共利益。唯有将这三点统一起来,才能获得并保证最佳秩序。[1]

3. 标准的载体即标准的表现形式是一种规范性文件。标准既然是供有关各方共同重复使用的规则,就需要有它的核心内容,包括技术指标、技术要求、检测方法、规则以及实现形式等。这些内容是标准的核心,是它的重要内涵。但是仅有这些内在要求还不行,还要有它的传递形式,有它的载体。没有一定的载体作为标准的外在表现形式,标准的内在要求就无从谈起,也无法供多人共享和传递。[2] 因此,无论什么标准,总要表现为一种文件。为了保证标准制定的规范性和标准文本的规范性,国家发布了《标准化工作指南》(GB/T 20000)和《标准化工作导则》(GB/T 1)。

(二)标准化

GB/T 20000.1-2002 对标准化的定义是:"为了在一定范围内获得最佳秩

---

[1]　王艳林主编:《质检法教程》,中国政法大学出版社 2010 年版,第 100 页。

[2]　国家标准化管理委员会编:《标准化基础知识培训教材》,中国标准出版社 2004 年版,第 2 页。

序,对现实问题或潜在问题制定共同使用和重复使用的条款的活动。"并有两条注:"1. 上述活动主要包括编制、发布和实施标准的过程;2. 标准化的主要作用在于为了其预期目的改进产品、过程或服务的适用性,防止贸易壁垒,并促进技术合作。"同样,这个定义也是《ISO/IEC 指南 2:1996》中对标准化的定义。这一定义有如下要点:

1. 标准化是一项活动,一个过程。其对象不是孤立的一件事、一个事物,而是共同的、可重复的事物。范围包括制定、发布、实施,当然也包括制定前的研究和实施后的修订和修改。这样的活动产生了标准,并使标准在社会一定范围内得以推广,使不够标准的状态转变为标准状态。

2. 标准化的任务是"对现实问题或潜在问题制定共同使用和重复使用的条款"。解决现实问题是标准化产生、发生乃至在整个工业化时代活跃的突出特点,而解决潜在问题"是信息时代标准化的一个重大变化和显著特点"。①《综合标准化工作导则——确定超前指标的一般要求》(GB/T 12366.5-1991)为标准化解决潜在问题提供了阶段原则。

二、标准化发展历史

(一)史前时期标准化

标准化的历史同人类社会生产发展的历史一样久远。"无论是从欧洲、非洲或亚洲出土文物中所发现的石器,它们都显示出非常的相似程度"。②同样,世界各地尽管文明发达的程度各有不同,但从最初出土的陶器上看,其外部形状、使用功能,乃至制作手法、烧制过程也有许多惊人的相似之处。人们在最初的生产和生活实践中,经过摸索和模仿,形成某些符合自然规律的要领和概念,如有刃的形状有利于砍,有尖的形状有利于凿,三足的罐子有利于站立等。这些原始的、朴素的思维和方法,就是先民无意识的标准化。这些无意识的标准化行为产生于人类改造自然的社会生产实践中。

由于同样的原因,人类的吼叫声发展成为清晰易懂的声音,成为交流思想、感情、信息的手段。这些音节、声音在一定范围内具有共同的意义,能够为

---

① 李春田主编:《标准化概论》,中国人民大学出版社 2005 年版,第 13 页。
② [印度]魏尔曼:《标准化是一门新学科》,苏锡田等译,科学技术文献出版社 1980年版,第 11 页。

大家所理解,因此都具有一定的标准意义。尔后,经过记号、符号、象形文字的阶段,发展成为今日的书面语言。

当传到史前时代后期,有人发现,高度发达的文明被赋予许多标准化的改进形式。这在世界古代文明的发祥地,都留下了例证。中国陕西发掘出的半坡社会村落遗址,分居住区、手工业区和公共墓地三部分,居住区房屋式样有方形和圆形,其中一间大房子每一边的长度约略相等。在印度次大陆上留下的大量例证,说明标准化所达到的高度水平,其范围包括城市规划、供水、排水、房屋建造以及计量等各个方面。

史前时期的标准化行为覆盖了语言符号、工具、建筑等多方面,是人类文明发展的见证和体现。

(二)古代标准化

随着时代的推移,标准化的重要性,显然愈来愈得到广泛承认,这突出表现在关于计量的史料中。《圣经》中提到,"汝等不得使用不正确之尺度,不正确之砝码及不正确之计量方法来破坏法律,汝等必须使用正确之天平、正确之砝码及正确之计量方法","假天平使上帝憎厌,而公正的砝码却使上帝欢欣"。大约在公元前400年,孔雀王朝的统治者麦诺(Manu)制定了法律:"国王应检查度量衡,每六个月应对它们作一次印记,并应惩罚罪犯和骗子。"公元前3世纪,统治扩张到整个印度,并由摩利安王朝委派了一名高级官员,按照麦诺制定的法规,监察度量衡宜。

起初,人们建立的计量标准比较粗略。在许多国家,主要是将人体各部位的尺寸作为长度标准的基础。如我国出土的两支商代骨尺,长16~17厘米,约略相当于中等身高人拇指与食指伸开的距离。[①] 英国的"码",是英国国王亨利一世将其手臂向前平伸,从其鼻尖到指尖的距离。德国在16世纪将"尺"定义为"星期日立于教堂门首,礼拜完毕后,令走出教堂之男子16名,高矮不拘,随遇而定,各出左足前后相接,取其长度的1/16"。[②] 同样的方法也应用于重量和容积的标准。随着社会发展和技术进步,计量标准也越来越精确。中国汉代,刘歆提出了用黄钟律管确定度量衡标准的方法,将计量标准上溯到自然常数——音速,大大提高了计量标准的精确度和可重现性。

---

① 参见丘光明著:《中国古代计量史图鉴》,张延明译,合肥工业大学出版社2005年版,第9页。

② 王立吉编著:《计量学基础》,中国计量出版社1997年版,第7页。

除了计量以外,其他的标准也不同程度地被纳入法律中,由法制保障标准的推行。在东方,中国秦代的《工律》中规定,"与器同物者,其大小短长广必等",规定了手工业产品的标准;《金布律》规定了布匹的尺寸标准;《田律》规定了农业和种子的耕作使用规范。到了宋代,由官方编写的110卷《军器法式》中有47卷是军器制造规范技术标准。①

在西方,根据 C. F. 英诺森(Innocent)的著述,英国"于1477年,建筑用制砖模型长为9英寸,宽为4又1/2英寸;而经烧制后的砖长为8又1/2英寸,宽为4英寸,高为2又1/2英寸。后于1567年至1568年和1625年年间,国会法令对此进一步作出规定"。②

古代标准化建立在社会分工的基础上,以计量和手工业标准为主要内容。中国古代的标准化在世界上具有相当水平,产生了深远影响。我国宋代发明的活字印刷术,成功地运用了标准件、互换性、分解组合、重复利用等方法和原则,孕育着现代标准化思想的原理和萌芽。这些先进思想和伟大发明引起国外的高度重视并广为流传。

(三)近代标准化

蒸汽机的发明和工业革命的开始为标准化的大规模应用创造了条件。在英国,18世纪末,瓦特改进了蒸汽机,并将蒸汽机零部件标准化,投入成批生产。此外,瓦特还提出了功率的标准计量单位"马力"。"宣布进入工业化年代的法国大革命的第一个行动,是首先把在工业化以前欧洲普遍使用的杂七杂八的度量单位加以改革,使用了'米制'和新的历法",统一的度量制度很快普及全世界。③ 1798年,美国人埃里·惠特尼在制造步枪的过程中引进零件互换的原理,成为"军火批量生产之父"。④

对近代标准化作出重大贡献的另一个人是英国机械工程师惠特沃思。1841年,他建议在全国采用统一的螺纹尺寸制度,取代当时种类繁多的螺纹

---

① 参见国家标准化管理委员会编:《标准化基础知识培训教材》,中国标准出版社2004年版,第7页。

② [印度]魏尔曼:《标准化是一门新学科》,苏锡田等译,科学技术文献出版社1980年版,第15页。

③ [美]阿尔温·托夫勒:《第三次浪潮》,朱志焱等译,生活·读书·新知三联书店1984年版,第102页。

④ 钟明主编:《工业企业标准化基础》,北京大学出版社1990年版,第5页。

尺寸,此即惠氏螺纹,被英国及欧洲各国采用。① 1895年,英国钢铁制造商斯开尔顿在《泰晤士报》上发表公开信,指出:英国的桥梁和型材尺寸规格过于繁多,钢铁厂即使无休止且不计成本地更换轧辊和设备,也无法满足要求。他呼吁统一钢铁的规格尺寸,改变这种混乱的状况。他的建议在英国引起广泛反响,催生了世界上第一个国家标准化机构——英国工程标准委员会和英国国家公差标准。②

19世纪以后,美国工业革命发展迅速,特别是采用和推广了标准化生产方法,大大促进了制造业的发展。1881年,"科学管理之父"泰勒开始在米德维尔钢铁厂进行劳动时间和工作方法的研究,进行了著名的"金属切削试验",经过两年初步试验之后,给工人制定了一套工作量标准。1895年,他在伯利恒钢铁公司进行了"搬运生铁块试验"和"铁锹试验",制定了"标准时间"和作业规范。1911年,泰勒发表了《科学管理原理》,认为:只有每个工人在劳动中每一个动作实现了标准化,劳动才是科学的;每项工作只有一个最好的(标准的)方法,一种最好的(标准的)工具和在一个明确的(标准的)时间里去完成。1914年,美国福特汽车公司运用标准化原理把生产过程的时空统一起来,创造了连续生产流水线。20世纪初,国际标准化运动开始有了发展,1906年,电学发展及其应用有关的电气工程师和物理学家们,创立了历史上第一个世界范围内的标准化组织——国际电工委员会(IEC)。

第一次世界大战的经验进一步揭示出标准化的潜在力量。1928年,国际标准协会国际联合会(ISA)创立。第二次世界大战把对国家标准化和国际标准的迫切需要更为尖锐地提到了战场前线。由于保证工具甚至连普通工程用品如螺栓、螺钉、螺母等互换使用的标准都不同,盟国的供给与维护用品是异常紧张的。用于美国装备的备件,必须经常从美国运来,这在关键时刻给战斗效果造成了极大的影响。在大战期间的供给品管理工作,也更加强调标准化和减少各种材料和产品花色品种的重要性;从而发展了许多新技术:包括运筹学、价值分析、线性规划和统计质量管理,等等。

近代标准化是工业革命的产物,在第二次产业革命期间达到了较为成熟的程度。标准化在战争期间发挥了重要作用,也得到了较快的发展。近代标

① 质量·标准化·计量百科全书编委会、中国大百科全书出版社编:《质量·标准化·计量百科全书》,中国大百科全书出版社2001年版,第250页。
② 国家标准化管理委员会编:《标准化基础知识培训教材》,中国标准出版社2004年版,第8页。

准化以科学、定量为特点，以提高生产效率为目的，对社会分工的扩大和生产的发展起到了有力的推动作用。

（四）现代标准化

第二次世界大战之后，以国际标准化组织（ISO）的成立为标志，标准化进入了一个崭新的时代。在新技术革命和国际经济一体化的双重推动下，现代标准化表现出了新的特点。

1. 系统性。在现代社会，由于生产过程高度现代化、综合化，一项复杂产品的生产或一项大工程的施工，往往涉及几十个行业、上万个企业和各门科学技术，它的联系渠道网遍及全国。生产组织、经营管理、技术协作关系，千头万绪、错综复杂。在这种形势下，标准化工作单靠制定单个的标准已经远远不够了。它要求标准化摆脱传统的方式，不仅要用系统的观点处理问题，而且要建立同技术水平和生产发展规模相适应的标准系统。这个标准系统还要跟产品系统、生产系统以及整个国家的经济管理系统相协调。

2. 国际性。第二次世界大战也给殖民地方式带来了变化，由于这种变化的结果，许多国家，在战后十年左右，一个接一个地获得了独立。

一方面它们渴望以足够快的速度发展，企图赶上先进国家，另一方面还强烈地希望利用每一项有助于它们的现代化技术。作为强有力工具的标准化，自然引起了这些国家的很大注意。[①] 此外，经济发展的国际化趋势，可以说是人类社会发展的不可阻挡的潮流。国际贸易的扩大、跨国公司的发展、地区经济的一体化都直接地影响着世界各国的标准化。目前世界上绝大多数国家都积极参与国际标准化运动，采用国际标准也已成为普遍的现象，不仅发展中国家，就是发达国家也不例外。这种标准的国际性，不仅是国际间经济贸易交往的必然要求，而且也是国际经济发展的必要条件。标准的国际性，不仅能使各国的科技工作者运用同一种符号系统互相交流思想，而且也能促使各国的标准化工作者，积极争取将本国标准转化为国际标准，标准的竞争成为国际竞争的一个部分。进入20世纪90年代以来，国际标准化活动越来越频繁，国际标准影响的范围和深度也越来越大，国际标准的总体数量、覆盖范围、细节程度不断增加，标准化重心从国家转移到全球层面。

3. 战略性。伴随标准的国际化，国家标准和国家标准化活动超越了在本

---

① ［印度］魏尔曼：《标准化是一门新学科》，苏锡田等译，科学技术文献出版社1980年版，第18页。

国范围内维护和协调标准化活动的范畴,国家越来越多地加入国际标准化活动,抢占国际标准组织的管理和技术职位,力争在国际标准中的话语权。美、日、欧等发达国家和地区在 20 世纪末 21 世纪初,纷纷推出自己的标准化战略,标准化活动进入国家的战略层面。以美国的国家标准战略为例,其发布于 2000 年年底,明确提出:美国应该提高参与国际化的程度,使国际标准化更加反映美国的原则和理念。美国的目标是促使美国之外的有关国家参与的标准化活动接受和采用这些原则和理念。美国在世界范围内努力使标准作为一种技术进步的工具应用,以适应变化的需要。在影响美国的产品、方法和服务的标准化方面,最大范围寻求一种全球适用的标准和全球公认的合格评定方法;实施一个能够在国际上展示美国技术、标准和工艺方面的价值的跨越计划。

三、标准的分类

由于标准种类极其繁多,因此可以根据不同的目的,从不同的角度对标准进行分类,比较通行的方法有三种,即标准层次分类法、标准约束性分类法、标准对象分类法。

（一）按标准的层次分类

从世界范围来看,按标准层次基本可分为五类:

1. 国际标准。国际标准是由国际标准化组织（ISO）、国际电工委员会（IEC）和国际电信联盟（ITU）制定的标准,以及 ISO 所认可的其他国际组织制定的标准。国际标准为国际上承认和通用。除了 ISO、IEC 和 ITU 之外,ISO 认可的其他国际组织的名称和代号见表 1-1。

表 1-1　国际标准组织及代号

序号	国际组织名称	国际组织代号	序号	国际组织名称	国际组织代号
1	国际计量局	BIPM	7	国际无线电咨询委员会	CCIR
2	国际人造纤维标准化局	BISFA	8	国际无线电干扰特别委员会	CISPR
3	食品法典委员会	CAC	9	国际电报电话咨询委员会	CCITT
4	关税合作理事会	CCC	10	国际原子能机构	IAEA/AIEA
5	国际电气设备合格认证委员会	CEE	11	国际空运联合会	IATA
6	国际照明委员会	CIE	12	国际民航组织	ICAO

续表

序号	国际组织名称	国际组织代号	序号	国际组织名称	国际组织代号
13	国际辐射单位与测量委员会	ICRU	30	联合国教科文组织	UNESCO
14	国际乳制品业联合会	IDF	31	世界卫生组织	WHO
15	国际图书馆协会联合会	IFLA	32	世界知识产权组织	WIPO
16	国际制冷学会	IIR	33	国际焊接学会	IIW
17	国际劳工组织	ILO	34	国际种子检验协会	ISTA
18	国际海事组织	IMO	35	万国邮政联盟	UPU
19	国际有机农业运动联盟	IFOAM	36	联合国粮农组织	UNFAO
20	世界牙科联合会	FDI	37	国际羊毛局	IWS
21	因特网工程特别工作组	IETF	38	国际棉花咨询委员会	ICAC
22	国际建筑材料与结构研究实验联合会	RILEM	39	国际电影技术协会联合会	UNIATEC
23	世界气象组织	WMO	40	国际半导体设备和材料组织	SEMI
24	国际橄榄油委员会	IOOC	41	国际内燃机委员会	CIMAC
25	国际辐射防护委员会	ICRP	42	国际煤气联盟	IGU
26	国际兽疫防治局	OIE	43	国际排灌研究委员会	ICID
27	国际法制计量组织	OIML	44	国际信息与文献联合会	FID
28	国际葡萄与葡萄酒局	OIV	45	世界海关组织	WCO
29	国际铁路联盟	UIC			

2. 区域标准。区域标准又称地区标准,是世界区域性标准化组织制定的标准,如欧洲标准化委员会(CEN)制定的欧洲标准。这种标准在区域范围内的有关国家通用。目前,世界上影响较大的区域标准化组织的名称和代号见表1-2。

表 1-2　部分区域标准化组织

序号	区域标准化组织名称	代号	序号	区域标准化组织名称	代号
1	欧洲标准化委员会	CEN	7	东盟标准与质量咨询委员会	ACCSQ
2	欧洲电工标准化委员会	CENEL-EC	8	泛美技术标准委员会	COPANT
3	欧洲电信标准学会	ETSI	9	中美洲工业与技术学会	ICAITI
4	太平洋地区标准会	PASC	10	加勒比共同市场标准理事会	CCMSC
5	亚洲标准咨询委员会	ASAC	11	阿拉伯标准化与计量组织	ASMO
6	独联体跨国标准化、计量与认证委员会	EASC	12	非洲地区标准化组织	ARSO

3. 国家标准。国家标准是在一个国家范围内通用的标准。国家标准由国家认可或授权的标准化组织制定,部分国家标准化组织及国家标准的代号如表 1-3 所示。

表 1-3　部分国家标准化组织及标准代号

国家	国家标准化组织名称	标准代号	国家	国家标准化组织名称	标准代号
英国	英国标准学会(BSI)	BS	法国	法国标准化协会(AFNOR)	NF
美国	美国标准学会(ANSI)	ANSI	澳大利亚	澳大利亚标准国际有限公司(SAI)	AS
德国	德国标准化学会(DIN)	DIN	加拿大	加拿大标准化理事会(SCC)	CSA
日本	日本工业标准调查会(JISC)	JIS	中国	国家标准化管理委员会(SAC)	GB

4. 行业标准。行业标准是在某个行业或专业范围内适用的标准,也称为协会标准。世界上影响较大的行业协会标准有美国材料与实验协会标准(ASTM)、美国石油学会标准(API)、美国军用标准(MIL)、美国保险商验所安全标准(UL)、美国机械工程师协会标准(ASME)、英国劳氏船级社船舶入级规范(LR)、英国石油学会标准(IP)、国际电子与电气工程师协会标准(IEEE)等。

5. 企业标准。企业标准是由企业制定的标准,如美国 IBM 公司、美国思科公司、美国英特尔公司、美国微软公司、芬兰诺基亚公司、瑞士钟表公司等企业标准。

我国《标准化法》根据标准发生作用的范围或标准审批机构的层次,将标准分为四类:一是国家标准。对需要在全国范围内统一的技术要求,由国务院标准化行政主管部门制定国家标准。二是行业标准。对于没有国家标准又需要在全国某个行业范围内统一的技术要求,可由国务院有关行政主管部门制定。三是地方标准。对没有国家标准和行业标准,又需要在省、自治区、直辖市统一的工业产品的安全、卫生要求,可以由省、自治区、直辖市标准化行政主管部门制定地方标准。四是企业标准。企业生产的产品没有国家标准或者行业标准的,制定企业标准。已有国家标准或者行业标准的,企业可以制定严于国家标准或行业标准的企业标准,在企业内部适用。(关于我国的四级标准管理体制,本书第二章将作更加详尽的介绍。)

(二)按标准的约束性分类

按照标准的约束性,可分为强制性标准和推荐性标准。根据我国《标准化法》的规定,保障人体健康、人身财产安全的标准和法律及行政法规规定强制执行的标准是强制性标准,其他标准是推荐性标准。

(三)按标准的对象分类①

标准按其对象一般分为三类:

1. 技术标准。是对标准化领域中需要协调统一的技术事项所制定的标准。主要包括基础性技术标准、产品标准、工艺标准、检测试验标准、设备标准与安全卫生环保标准等。以下分别作简要介绍。

(1)基础性技术标准。基础性技术标准是对一定范围内的标准化对象的共性因素,如概念、数系、通则所作的统一规定。在一定范围内作为制定其他技术标准的依据和基础,具有普遍的指导意义。

①通用技术语言标准。如名词术语、符号代码、制图规则。使技术语言达到统一、准确、简化。

②数系数据标准。其主要内容是具有科学根据的理论数系或实际数据。它们是确定产品系列参数或产品性能和尺寸参数的依据。

③精度和互换性标准。规定产品零部件的公差、配合、尺寸、形状,供设

① 本项内容引自李春田主编的《标准化概论》(中国人民大学出版社 1995 年版)一书的第二章第二节,特此说明。

计、制造者统一遵循和使用,以保证零部件具有互换性,促进专业化协作和国内外贸易的发展。如《GBI800-1804 公差与配合》。

④环境条件要求。对具有特殊使用要求或在特定条件下使用的产品规定的特殊环境要求。主要包括对海拔、温度、气压、风力、盐雾等环境条件的要求,以及防震、防冲击等性能要求。

⑤技术通则标准。对技术工作和标准化工作规定的需要共同遵守的规则。如 GB/T 1《标准化工作导则》。

(2)产品标准。产品标准是对产品的结构、规格、性能、质量和检验方法所作的技术规定。它是产品生产、检验、验收、使用、维修和洽谈贸易的技术依据。对保证和提高产品质量、提高生产和使用的经济效益具有重要意义。产品标准的主要内容包括:

①产品的适用范围。

②产品的品种、规格和结构型式。

③产品的主要性能,如物理性能、化学性能、电磁性能、使用性能、可靠性、质量等级。

④产品的试验、检验方法和验收规则。

⑤产品的包装、贮存和运输要求。

(3)工艺标准。工艺标准是对产品的工艺方案、工艺过程的程序、工序的操作方法和检验方法、工艺装备和检测仪器所作的技术规定。工艺标准对保证和提高产品质量、节约材料、提高生产效率有重要意义。

(4)检验方法标准。检验方法标准是对产品性能、质量的检测和试验方法所作的规定。内容包括检验的类别、原理、抽样、取样、操作、精度要求等方面的规定,也包括对使用的仪器、设备、条件、方法、步骤、数据分析、结果的计算、评定、合格标准、复验规则等所作的规定。检验方法标准,一般有两种形式:一是专门单列的检验方法标准;二是包含在产品标准中的检验方法标准。

(5)设备标准。设备标准是对生产过程中使用的设备所作的技术规定。其内容包括品种、规格、技术性能、加工精度、试验方法、检验规则、维修管理、包装贮运等。

(6)安全、卫生、环保标准。

①安全标准是以保护人和物的安全为目的制定的标准。内容包括安全标志、安全色、劳动保护、安全规程、安全方面的质量要求、安全器械、试验方法等。

②卫生标准是为保护人的健康,对食品、医药及其他方面的卫生要求制定的标准。其范围包括食品卫生标准、药物卫生标准、生活用水标准、企业卫生

标准、环境卫生标准等。

③环境保护标准是为保护环境和生态平衡。对大气、水、土壤、噪声、振动等环境质量、污染源、检测方法以及其他事项制定的标准。其内容包括环保基础标准、环境质量标准、污染物排放标准、环境管理标准等。

2. 管理标准。是对标准化领域中需要协调统一的管理事项所制定的标准。"管理事项"主要指在营销、采购、设计、工艺、生产、检验、能源、安全、卫生、环保等管理中与实施技术标准有关的重复性事物和概念。管理标准主要包括各种技术管理标准、生产管理标准、营销管理标准、劳动组织管理标准以及安全、卫生、环保、能源等方面的管理标准。

管理标准可以按照管理的不同层次和标准的适用范围划分为以下五类：

(1)管理基础标准。管理基础标准是对一定范围内的管理标准化对象的共性因素所作的统一规定。在一定范围内作为制定其他管理标准的依据和基础，具有普遍的指导意义。它主要包括以下方面：①管理标准化工作导则；②管理术语、符号、代码标准；③管理标准体系与分类；④管理图、表、账、卡、文件格式标准；⑤管理信息系统标准；⑥通用管理程序和管理方法标准。如价值工程、网络图技术、统计方法应用、动作与时间分析等标准。

(2)技术管理标准。技术管理标准是为保证各项技术工作更有效地进行，建立正常的技术工作秩序所制定的管理标准。它主要包括：①图样、技术文件、标准资料、情报档案的管理标准；②为进行科研、产品开发、设计、工艺、技术改造、设备维修等各项工作而制定的管理标准；③为合理利用资源所作的技术规定，以及与质量管理和质量体系的建立有关的标准等。

技术管理标准处于技术标准与管理标准的边缘，具有两类标准的共同属性，有些技术管理标准常被视为技术标准。

(3)经济管理标准。经济管理标准，是为了合理安排各种经济关系，对各项经济活动进行计划、调节、监督和控制，保证各项经济活动顺利进行，促进经济发展和经济效益增长而制定的管理标准。这方面的标准主要有：①决策与计划标准(如目标管理标准、决策方法与评价标准、可行性分析规程、优先顺序评定标准、投资决策管理标准、投资回收期标准、投资收益率标准等)；②资金、成本、价格、利润等方面的管理标准；③劳动人事、工资、奖励、津贴等标准。

(4)行政管理标准。行政管理标准，是指政府机关、社会团体、企事业单位为实施有效的行政管理、正确处理日常行政事务所建立的标准。属于这方面的标准主要包括：①管理组织设计、行政管理区划及编号、组织机构属性分类；②管理人员分类；③管理档案、办公自动化等方面的标准。

(5)生产经营管理标准。生产经营管理标准,是企业为了正确地进行经营决策,合理地组织生产经营活动所制定的标准。这类标准涉及企业的各项业务领域,如市场调查和销售管理标准;经营决策和计划标准,生产作业计划和期量标准;供应管理和在制品管理标准;采购和物资供应管理标准;劳动组织和安全卫生标准;人事管理、财务管理、信息管理以及生产过程管理标准,等等。

3. 工作标准。工作标准是对标准化领域中需要协调统一的工作事项所制定的标准。"工作事项"主要是指在执行相应技术标准与管理标准时,与工作岗位的职责、岗位人员的基本技能、工作内容、要求与方法、检查与考核等有关的重复性事物和概念。工作标准主要包括通用工作标准、分类工作标准和工作程序标准。工作标准对于提高工作秩序,保证工作质量,改善协作关系,提高工作效率有重要作用。[①]

（四）按标准的设定机构和设定程序分类

标准按照设定机构和设定程序的不同分为法定标准和事实标准。

法定标准是政府标准化组织、政府授权的标准化组织、政府缔约形成的超政府标准组织设定、颁布或者认可的标准,如 ISO、IEC 发布的标准和各国标准化组织制定的标准等。法定标准的设定需要满足特定的标准设定程序,往往可以对任何参与或者没有参与设定标准的相关者开放。

事实标准指没有通过法定标准设定程序授权,而是由单个或者少数企业自主选择、设定或者颁布的标准。事实标准的设定不需要满足法定标准设定程序;事实标准的设定者可以自由决定标准是否对没有参与标准设定的厂商开放。

四、标准化的作用

在现代经济社会生活中,标准化的主要作用表现在以下几个方面:

（一）节约作用

英国标准化学家桑德斯提出,标准化的主要价值之一,在于对多样化的技术、规格和实现方法选择并加以固定,消除冗余、简化种类、增加互换和复用程

---

① 引自《机电之家·机电行业电子商务平台》,载 http://www.jdzj.com/datum/showart.asp? art_id＝5207,下载时间:2011 年 9 月 1 日。

度,达到产品、技术和经济运行的成本节约。① 通过标准化节约成本是工业工程(IE)的核心思想之一。用工业工程的术语表述:标准化是巩固现场改善效果的方法。每次现场改善获得"做事情的最佳方法"后,确立为标准,然后每位员工每次都必须遵照相同的标准,这能够节约劳动,提高产出,降低产出的质量波动。现场改善就是:以人为对象的标准化,不断改善形成规则、规章和协约等;以方法为对象的标准化,不断改善形成作业标准、工艺标准、管理标准等;以物为对象的标准化,不断改善形成规格、基准、说明书等。通过标准的制定、标准的执行、标准的再完善,提高效率和节约成本。

(二)协调作用

标准化保证社会化生产各个环节的技术衔接和协调,是社会分工的重要基础。标准化为组织现代化生产创造了前提条件。随着科学技术的发展,生产的社会化程度越来越高,生产规模越来越大,技术要求越来越复杂,分工越来越细,生产协作越来越广泛,一种产品往往需要在不同国家的几十个甚至上百个专业厂中进行生产和试验,即使在同一企业内部,也涉及各个部门和许多生产环节。这样复杂、众多的纵横关系和生产环节,必须在技术和管理上使它们保持衔接和协调,这就必须通过制定和贯彻执行标准,以保证生产有秩序地进行。标准化是组织现代化生产的重要手段,是科学管理的重要组成部分。所谓科学管理,就是依据生产技术的发展规律和客观经济规律对企业进行管理,而各种科学管理制度的形成,都是以标准化为基础的。没有标准化,就没有现代化大生产,就没有专业化,就没有高质量、高速度。

(三)促进科研成果和新技术的推广应用

标准化促进科研成果的产业化和新技术的应用。标准化是科研、生产、使用三者之间的桥梁。一项科研成果,即一项新产品、新工艺、新材料或新技术开始只能在小范围内试制试验,但经过技术鉴定并纳入相应标准后,就能迅速得到推广和应用。在第三代移动通信(3G)时代,我国电信技术研究机构和企业将自主研发的时分双工(TDD)技术制定为 TD-SCDMA 标准,并使其成为国际电信联盟(ITU)推荐的三大 3G 标准之一,使得该技术在世界范围内得到推广和应用。然而,我国现在科技成果转化成生产力的总体比例不高,有不

---

① 参见［英］桑德斯主编:《标准化的目的与原理》,中国科学技术情报研究所译,科学技术文献出版社 1972 年版,第 7 页。

少科技成果完成后即束之高阁,推广不了,其中一个重要原因,就是没有把那些科技成果经过鉴定后及时纳入标准,并严格地予以实施。

(四)保证和提高产品质量,保护消费者和用户利益

标准是衡量产品质量的尺度,标准制定得合理,能够起到提高产品质量的作用,保护消费者和用户的利益。从这个意义上讲,技术标准也被称为"质量标准"。标准反映和体现了其制订或修订时的生产技术水平和产品质量状况。随着生产技术的发展,产品质量的提高,标准必须及时加以修订,使其水平有相应提高;标准水平的提高,又反过来促进生产技术的发展,不断改进和提高产品的质量。标准与产品质量,就是这样互相促进,互相制约的。所以说,要改进、保证和提高产品质量,加强标准化工作是非常重要且必不可少的。

(五)保证生命安全健康和环境安全

保证安全、健康是标准化的主要目的之一。安全、健康、环境问题,现在越来越引起世界各国有关方面的重视。各个国家几乎都制定了大量的有关安全、健康、环境的标准,大量的国际标准中也纳入了安全、健康、环保的要求。美、日、欧等发达国家在制定安全、健康、环保的标准时,都要广泛地征求各有关方面的意见,数易其稿,有的还规定要先试行两年,直到认为成熟了才作为正式标准颁布。因此,这些标准的实施能对安全、健康、环境保护起到有效的保证作用。我国《标准化法》及其实施条例规定,保障人体健康、人身财产安全和环境安全的标准为强制性标准,并规定了对强制性标准实施监督以及违反强制性标准应承担的法律责任,保证这些标准的实施。

(六)促进国家技术和贸易交流

随着国际贸易的不断发展和国际贸易中关税壁垒的逐渐减弱及非关税的技术壁垒的逐渐增强,标准作为技术壁垒的最重要的内容,日益引起世界各国的普遍关注和重视。一般来说,标准化工作搞好了,可以消除贸易障碍,促进国际技术交流和贸易发展,提高产品在国际市场上的竞争能力。为了制约和消除技术性贸易壁垒,世界各国的标准都在向国际标准靠拢,并积极争取主导或参与国际标准的制定。我国是发展中国家,许多企业的技术水平和产品质量都需提高,积极采用国际标准和国外先进标准,可以改进企业管理方法、提高企业的产品质量,使企业不仅在国内市场中立于不败的地位,而且也为进入国际市场打下坚实的基础。

第二节　标准的法律性质

一、标准的特征

（一）标准的基本特征：规范性

根据我国国家标准《标准化工作指南第一部分：标准化和相关活动的通用词汇》（GB/T 20000.1-2002）的定义，从最一般的意义上说，标准是"为了在一定范围内获得最佳秩序，经协商一致制定并经由公认机构批准，共同使用和重复使用的一种规范性文件"。

由上述定义出发，我们认为，标准的基本属性，是其所具有的"规范性"特征。具体体现在以下三个方面：

首先，标准的制定、内容和形式均须符合一定的要求，这是标准本身所具有的规范性特征。为此，国家专门发布了《标准化工作指南》（GB/T 20000）和《标准化工作导则》（GB/T 1）。前者包括：第一部分，标准化和相关活动的通用词汇；第二部分，采用国际标准的规则；第三部分，引用文件；第四部分，标准中涉及安全的内容；第五部分，产品标准中涉及环境的内容。后者包括：第一部分，标准的结构和编写规则；第二部分，标准的制定方法；第三部分，技术工作程序。上述这两个系列标准，从不同的方面，对于标准制定工作和标准文本提出了明确和具体的要求，从而保证了标准制定工作的规范性和标准文本的规范性。

其次，标准是针对一定对象"共同使用和重复使用的"的规范性文件，这是标准在效力上的规范性特征。换言之，无论是何种标准，都不是针对具体和个别的人和事来制定和实施的，而是作为一种一般的、概括的规范，针对同类的人和事，予以普遍的和反复的适用。

最后，标准的制定与实施，是为了指导、规范人们在某方面的活动，或者调整某种社会关系，以期"在一定范围内获得最佳秩序"，这是标准在其制定目的方面的规范性特征。也正是基于此种规范性特征，标准在保障产品质量、促进科技进步和正当化的国际贸易等方面，均发挥着重要的作用。

（二）标准与法律规范的异同

1. 标准与法律规范的相似处

首先，二者都以维护和促进社会整体利益为根本价值目标。正如《标准化工作指南第一部分：标准化和相关活动的通用词汇》（GB/T 20000.1-2002）所指出的那样，"标准宜以科学、技术和经验的综合成果为基础，以促进最佳的共同效益为目的"。由此可见，从本质上说，标准是通过规定一定的科学合理的行为模式，来维护社会公共利益，促进社会整体利益的最大化；而就法律法规而言，不同的部门法虽然在价值取向上有所差别，例如，私法一般以维护个体利益和自由为其基本目标，但无论如何，任何法律规范均须服从和服务于社会整体利益，并以维护和促进社会整体利益为最高价值目标。

其次，二者都具有规范性特征。一方面，从文本内容及其效力上看，二者都具有概括性，是一般性的、抽象性的规范，不针对具体和个别的人和事，而是可以被反复适用；另一方面，从作用上看，二者都以指导、规范人们在某方面的活动，或者调整某种社会关系为己任。

再次，二者的制定均须履行一定的程序，并且体现利益相关方的参与。法律有其严格的立法程序，并须经由具有广泛代表性的立法机关批准和发布。而标准也应当由参加制定标准的各利益方协调一致，并经由公认机构批准发布。

最后，二者都具有公共物品的特征。标准从其发布之时起，即希望和欢迎越来越多的人遵守和执行该标准，而不应排斥其他人获得和使用该标准。且标准原则上应当被作为社会各阶层和各利益方都可以免费使用的一种公共物品。法律法规同样如此。

2. 标准与法律规范的区别

首先，就制定主体而言，标准可以由国际组织、中央政府的标准化行政主管机关、地方政府的标准化行政主管机关、行业主管部门和行业协会、企业自身来制定。而法律法规只能由立法机关和行使立法权的行政机关来负责制定。

其次，从文本的内容上看，法律规则的逻辑结构，一般包括"行为模式"和"法律后果"这两个要素。行为模式是指法律规则中规定人们可以行为、应该行为、不得行为的行为方式，它可以是规定义务的，也可以是赋予权利的。法律后果是指规则中指示可能的法律后果或法律反应的部分。[1] 而如果我们运

---

① 参见张文显主编：《法理学》，高等教育出版社、北京大学出版社 2002 年版，第 71 页。

用此种理论来分析标准的内容结构,则不难发现,标准中只具有"行为模式"这一种内容,而不包含"法律后果"的部分。而且即使就"行为模式"而言,标准也只是规定了"应该行为"的行为方式,而较少或者不涉及"可以行为"和"不得行为"的行为方式。

再次,从作用范围上看,标准一般是以"科学性"为其基础,对技术、管理或者工作岗位等提出具体要求,其中又以规定技术要求的标准为主。很显然,法律法规的作用范围则要宽广得多,不仅包括科学技术领域,同时也深入到经济、社会、家庭关系的方方面面。

最后,从效力上看,法律法规是具有强制性效力的,而标准则以推荐性为原则。关于此问题,下文将展开具体讨论。

二、标准的效力

(一)标准的一般效力

法理学上所谓法的效力,通常指正式意义上的法的形式或渊源,尤其是规范性文件的一般法的效力,即在适用对象、时间、空间三方面的效力范围。其中,法的对象效力,是指法的适用对象有哪些,对什么样的人和组织有效;法的空间效力,即法的效力的地域范围;法的时间效力,则是指法的效力的起止时限以及对其实施前的行为有无溯及力。①

以此原理来讨论标准的一般效力,我们认为,首先,标准的对象效力(即其适用对象),总的来说包括从事标准化活动的机构和组织、标准化活动管理机关以及从事标准化工作的人员这三大类。而各种标准的具体适用对象,则会根据标准编制目的的不同而有所不同。例如,《标准化工作指南第6部分:标准化良好行为规范》(GB/T 20000.6-2006)第 1 条第 2 款规定:"本部分适用于各类标准化机构及从事标准化工作的人员。"而《乳制品良好生产规范》(GB/T 12693－2010)则适用于"以牛乳(或羊乳)及其加工制品等为主要原料加工各类乳制品的生产企业。"当然,企业标准的对象效力,则仅限于本企业。

其次,标准的空间效力,可以分为在全国范围内有效和在一定区域内有效

---

① 参见张文显主编:《法理学》,高等教育出版社、北京大学出版社 2002 年版,第 65～67 页。

这两个层级。就我国的四级标准管理体制而言,国家标准和行业标准在全国范围内有效;而地方标准则仅在一定区域内有效。

最后,标准的时间效力,一般由标准制定主体自行决定,并且在标准中予以明确规定。标准可以从其公布之日起生效,也可以在公布后经过一段时间以后再生效。而标准的失效,则是由于标准制定主体自行废止、上位标准的公布(针对行业标准和地方标准而言)、或者是被新标准所代替。具体来说,《标准化法》第13条规定:"标准实施后,制定标准的部门应当根据科学技术的发展和经济建设的需要适时进行复审,以确认现行标准继续有效或者予以修订、废止。"《标准化法》第6条规定:"行业标准由国务院有关行政主管部门制定,并报国务院标准化行政主管部门备案,在公布国家标准之后,该项行业标准即行废止。地方标准由省、自治区、直辖市标准化行政主管部门制定,并报国务院标准化行政主管部门和国务院有关行政主管部门备案,在公布国家标准或者行业标准之后,该项地方标准即行废止。"除此之外,新标准的发布实施,也会代替此前就同一问题作出规定的旧标准,从而使旧标准的效力终止。例如,《乳制品良好生产规范》(GB 12693-2010)明确规定:"本标准所代替标准的历次版本发布情况为:GB 12693-1990、GB 12693-2003;GB/T 21692-2008。"

(二)标准的强制性

1. 标准强制性之内涵辨析

《标准化法》第7条规定:"国家标准、行业标准分为强制标准和推荐性标准。保障人体健康,人身、财产安全的标准和法律、行政法规规定强制执行的标准是强制标准,其他标准是推荐性标准。省、自治区、直辖市标准化行政主管部门制定的工业产品的安全、卫生要求的地方标准,在本行政区域内是强制性标准。"由此,就引出了如何理解"标准的强制性"(或者说何为"强制性标准")的问题。

从法理学上说,法律与其他社会规范的根本性区别之一,是其具有"国家强制力":法律的实施由国家强制力保证。如果没有国家强制力作后盾,那么法律在许多方面就变得毫无意义,违反法律的行为得不到惩罚,法律所体现的意志也就得不到保障和贯彻。这里所谓国家强制力,是指国家的军队、警察、法庭、监狱等有组织的国家暴力。尽管许多社会规范也有强制力,但是其他社会规范的强制力不具有国家性。① 简言之,法律以国家强制力

① 参见张文显主编:《法理学》,高等教育出版社、北京大学出版社2002年版,第50页。

保证实施,这既是法律的本质属性,也是其区别于其他任何规范性文件的根本特点。

同时,根据通说,在当代中国,法的形式包括:宪法、法律、行政法规、地方性法规、自治法规、行政规章、特别行政区法和国际条约。[①]《立法法》第 2 条规定:"法律、行政法规、地方性法规、自治条例和单行条例的制定、修改和废止,适用本法。国务院部门规章和地方政府规章的制定、修改和废止,依照本法的有关规定执行。"该条款也从一个侧面揭示了我国的法律渊源。也正因如此,从严格的法解释学的角度出发,标准虽然是一种规范性文件,但其并不是法律,故而也就不可能具有法律所特有的国家强制力的特点。

然而,既然标准本身不可能具有国家强制的特点,那么,标准所具有的的强制性又从何而来? 标准的此种强制性效力又作何解释呢? 我们认为,解释这个问题的关键在于,法律的强制力具有潜在性和间接性。法律的强制力并不意味着法律实施过程的任何时刻都需要直接运用强制手段,当人们自觉遵守法律时,法律的强制力并不显露出来,而只是间接地起作用。只有在人们违反法律时,这种强制性才会降临行为人身上。如学者所言,法律以"强制可能性"为其本质,与法律规范"被破坏之可能性同时,常有外部强制之可能性"。[②] 换言之,国家强制力的目的,是保证法律的实施(或者说,法律以国家强制力保证其实施)。而标准本身虽然不具有强制效力,但是,某些标准的遵守和执行却是与法律的实施紧密联系在一起的,并且构成法律实施的重要一环。因此,国家强制力在保障法律实施的同时,也就赋予标准以强制实施的效力。如果由于不遵守或不执行标准,而导致法律无法实施,则国家必将动用强制力来确保标准之实施。由此,如学者所言:"标准与法律之间建立了一种相辅相成的关系,为了实现法律所规定的总体目标,实施技术标准,与此同时,标准在实施法律中得以强制实施"。[③]

综上所述,我们认为,强制性标准之"强制性",应当是指法律法规赋予标准实施的强制性,而并非标准自身的属性。

2. 标准强制性之效力来源

我们认为,标准本身并不具有国家强制力,即使是强制性标准也不能例外。而《标准化法》及其他法律法规中所谓标准的强制性,必须来源于法律法

---

① 参见张文显主编:《法理学》,高等教育出版社、北京大学出版社 2002 年版,第 59 页。
② 参见张文显主编:《法理学》,高等教育出版社、北京大学出版社 2002 年版,第 50 页。
③ 沈同、邢造宇主编:《标准化理论与实践》,中国计量出版社 2007 年版,第 196 页。

规对于标准实施的具体规定,或者说,来源于与标准实施相关的法律法规的规定。

在我国,与标准实施关系最为紧密的法律部门,主要有质检法(包括产品质量法、认证认可法律制度、计量法律制度、检验检疫法律制度等)、食品安全法、卫生法和环境保护法等。这几个法律部门同时也是与强制性标准联系最为紧密的法律部门。

以《食品安全法》为例,该法除了在第 19 条作出"食品安全标准是强制执行的标准"这一原则性规定以外,还在第 3 条规定:"食品生产经营者应当依照法律、法规和食品安全标准从事生产经营活动,对社会和公众负责,保证食品安全,接受社会监督,承担社会责任。"第 27 条规定:"食品生产经营应当符合食品安全标准。"第 28 条规定:"禁止生产经营下列食品:致病性微生物、农药残留、兽药残留、重金属、污染物质以及其他危害人体健康的物质含量超过食品安全标准限量的食品;营养成分不符合食品安全标准的专供婴幼儿和其他特定人群的主辅食品。"第 46 条规定:"食品生产者应当依照食品安全标准关于食品添加剂的品种、使用范围、用量的规定使用食品添加剂;不得在食品生产中使用食品添加剂以外的化学物质和其他可能危害人体健康的物质。"由此可见,《食品安全法》将食品安全标准的贯彻执行融入到食品生产和经营的整个过程之中,从而以法律的形式在多个环节、多个层面上确保了食品安全标准的强制实施。

又如,《认证认可条例》第 29 条规定:"国家对必须经过认证的产品,统一产品目录,统一技术规范的强制性要求、标准和合格评定程序,统一标志,统一收费标准。"从而确立了我国的强制性产品认证制度。而基于强制性产品认证制度的强制实施,作为认证依据的标准,便相应地具有了强制实施的效力。在此基础之上,根据国家质检总局颁布的《强制性产品认证管理规定》,对于纳入强制性产品认证范围的各类产品,由国家认监委分别制定发布相应的《认证规则》。各类产品的《认证规则》,分别对该类产品认证所适用的国家标准、行业标准和国家技术规范的强制性要求,作出了具体规定,从而进一步明确和赋予各个相关标准以强制执行的效力。

再如,《中华人民共和国尘肺病防治条例》第 7 条规定:"凡有粉尘作业的企业、事业单位应采取综合防尘措施和无尘或低尘的新技术、新工艺、新设备,使作业场所粉尘浓度不超过国家卫生标准。"第 12 条规定:"职工使用的防止粉尘危害的防护用品,必须符合国家的有关标准。"第 23 条规定:"凡违反本条例规定,有下列行为之一的,卫生行政部门和劳动部门,可视其情节轻重,给予警告、限期治理、罚款和停业整顿的处罚。"其中便包括"作业场所粉尘浓度超过国家卫生标准，逾期不采取措施"的情况。这一系列的法律条款，不仅规定了经营者防止粉尘危害的义务和责任，同时也赋予尘肺病防治相关标准以强制实施的效力。

而通过分析赋予标准以强制性效力的法律条款，我们也可以发现，标准的强制性效力，往往是与市场主体（包括生产者和经营者）的义务和责任，以及市场监管主体的职责联系在一起的。从标准实施的过程和机理来看，我们就不难理解二者之间所具有的天然联系——因为标准的强制实施，往往是通过（或者说表现为）市场主体的产品质量义务、食品安全保障义务、职工生命健康保障义务和环境保护义务，以及市场监管主体的相应监管职责，因而，标准的强制性效力，实则也就是法律法规中有关于市场主体的义务和责任，以及市场监管主体的职责的规定的强制性效力。

至此，我们可以得出一个初步的结论：标准强制性之效力来源，主要是法律法规中有关于市场主体义务和责任，以及市场监管主体职责的条款。

三、标准与技术法规

（一）技术法规的定义

迄今为止，我国并未通过法律法规的形式，对于"技术法规"作出明确的定义。有关"技术法规"的概念界定，主要来源于 ISO/IEC 的指南和 WTO 的《TBT 协议》。[①]

1. ISO/IEC 的定义

ISO/IEC《指南 2:2004》(E/F/R)第 3.6.1 条将"技术法规"定义为："规定技术要求的法规，它或者直接规定技术要求，或者通过引用标准、技术规范或规程来规定技术要求，或者将标准、技术规范或规程的内容纳入法规中。"我国现已通过 GB/T 20000.1-2002 将此定义完整引入。

2.《TBT 协议》的定义

《TBT 协议》将"技术法规"定义为："强制执行的规定产品特性或其有关加工和生产方法，包括适用的管理规定的文件。技术法规也可以包括或专门

---

① 以下参见何鹰：《选择 ISO/IEC 或是 WTO——我国应如何正确使用标准与技术法规术语》，载《南京大学法律评论》2005 年春季号。

规定用于产品、加工或生产方法的术语、符号、包装、标志或标签要求。"并解释说明称:"ISO/IEC 指南 2 中的定义未采用完整定义方式,而是建立在所谓板块系统之上的。"根据此种定义,技术法规包括以下三层含义:首先,技术法规是规范一种或一类产品的文件;其次,技术法规必须是规范产品特性的文件;最后,技术法规是强制执行的文件。

3. 两个定义的异同

从字面上看,ISO/IEC 的定义与《TBT 协议》的定义有所不同:ISO/IEC 所定义的技术法规的内涵为"规定技术要求";外延为"法规"(regulation);方式为直接规定技术要求,或者通过引用标准、技术规范或规程来规定技术要求,或者将标准、技术规范或规程的内容纳入法规中。《TBT 协议》所定义的技术法规的外延为"强制执行的文件";内涵为"规定产品特性或其有关加工和生产方法,包括适用的管理规定",其中包括"用于产品、加工或生产方法的术语、符号、包装、标志或标签要求"。

但是从实质上看,两个定义并不冲突。根据《TBT 协议》附件 1 序言的规定,《TBT 协议》的定义是在 ISO/IEC 定义的基础上,基于《TBT 协议》的目的予以进一步完善的。具体来说,"技术法规"的两种定义,相互间有着紧密的联系:第一,就内涵而言,《TBT 协议》的定义是对 ISO/IEC 定义的具体、充实。其规定的"包括或专门规定用于产品、加工或生产方法的术语、符号、包装、标志或标签要求"是对 ISO/IEC 定义之"技术要求"的诠释。第二,就外延而言,《TBT 协议》的定义是对 ISO/IEC 定义的明确,即该"法规(ISO/IEC 定义)"应是"强制执行的文件"。

总之,ISO/IEC 的定义强调并揭示了标准与技术法规的关系,但未对技术法规的内涵作更多的描述。《TBT 协议》的定义则更多地考虑到了技术法规对国际贸易的诸多影响,对技术法规的内涵作了更充实的描述,并强调了技术法规执行的强制性和包含管理性内容。在一定程度上,ISO/IEC 关于技术法规的定义已经成为了《TBT 协议》技术法规定义的一部分,两者并不冲突。

(二)世界各国的技术法规与标准体系

为了更加准确地理解标准与技术法规的异同以及二者之间的关系,首先要了解世界各国的技术法规与标准体系。

总的来说,美国、欧盟和日本是目前世界上技术法规体系最为完善的国家和地区,其所建立的技术法规和标准体系,在经济、社会和科技发展、对外贸易和保护国家利益等方面,都发挥了重要的作用。综观美国、欧盟和日本的技术法规体系,我们发现,三者具有以下六个方面的共性特点:一是技术法规是法律体系中的一部分;二是没有为技术法规设立独立的法律类别(亦即技术法规并不是一种特殊的法律渊源,而是散见于各种法律和行政法规之中);三是技术法规与自愿性标准有着明确的界分;四是技术法规与自愿性标准紧密结合,相辅相成,技术法规中大量引用和使用自愿性标准;五是技术法规与合格评定程序紧密结合,从而保证了技术法规的有效实施;六是建立了良好的技术法规运行模式。①

当然,各国的技术法规与标准体系也有其鲜明的特点,以下予以简要介绍:②

1. 美国技术法规与标准的特点

(1)美国负责技术性法规及技术标准执法工作的部门很多,既有联邦政府部门,又有联邦独立机构,但各相关部门分工协作,相辅相成,筑起了一道复杂而有序的执法体系。美国"技术法规"有较强的机构关联性。例如,美国运输部依据《国家交通及机动车安全法》的授权,对乘用车、多用途乘用车、载货车、挂车、大客车、学校客车、摩托车,以及这些车辆的装备和部件制定联邦机动车安全标准,并实施这些标准。美国运输部联邦机动运载车安全管理局依据《1999年机动运载车安全提高法》制定美国联邦《机动运载车安全法规》,对运输公司即车辆的使用者,而非制造商、分销商或零售商进行规范。美国联邦及州政府据此对运输公司进行现场审查,以确保商用车符合安全、检查、保养以及有关安全规划的要求。这些法律、部门规范、技术要求及法案等共同构成了美国机动车安全领域完整的"技术法规"体系,各部门通过对汽车的安全性、配套管理、召回、运载及其事故的处理等环节配合协作,形成了保障交通及机动车安全的网络。

(2)技术法规中标准名目繁多。美国的技术法规和标准有着密切的关系。例如,消费产品安全委员会执法依据主要包括:《消费品安全法案》、《联邦危险品法案》、《可燃纺织品法案》、《包装防毒法案》、《制冷器安全法案》,其中包含了大量的标准的内容。如与《消费品安全法案》相对应的标准有:《纸板火柴安全标准》、《自行车头盔安全标准》、《香烟打火机安全标准》、《多用途打火机安

_____

① 参见刘富青:《美欧日技术法规体系共性研究及其对我国的启示》,载《标准科学》2010年第2期。

② 参见邢造宇:《实施"技术法规"比较研究》,载《浙江工商大学学报》2007年第5期。

全标准》,《推草机安全标准》,《含铅油漆受禁条例》等等;与《联邦危险品法案》相对应的部门技术法规有:《小部件受禁条例》,《对电动玩具或其他欲供儿童用电动商品的要求》,《烟火装置》,《摇铃要求》,《奶嘴要求》,《自行车要求》等等。总之,美国许多技术法规中包含着大量的标准,有的甚至以标准的形式表示。

(3)技术法规、标准和合格评定制度相互交融。美国针对每一种产品,包括生产、销售与进口等环节,都制定有相应的法律、法规、标准和合格评定程序。每种认证制度都有其配套的技术法规或标准体系,两者密切联系,形成一整套成熟、系统的标准、认证制度。例如 UL 认证,要求进入美国市场的电器产品必须符合 UL 的一系列标准。美国常用的标准易被技术法规引用,或形成消费者的习惯,使得许多产品如果没有取得相应的标准认证就不被市场或消费者接受,无形之中将自愿采用的标准强制化。美国以"安全"为理由,结合标准制定技术法规,设置"安全"的防范网络周密而全面,处处设防,无处不在。

2. 欧盟技术法规与标准的特点

(1)欧盟指令中的协调标准,是以基本健康和安全要求为基础,由欧洲标准化委员会和欧洲电工标准化委员会制定的详细的参考性技术标准。欧盟官方通过公报公布与相关指令相适应的协调标准的目录。协调标准并非强制性要求采用,但按照协调标准设计、生产的产品将自然被视为符合指令的基本要求,允许在欧盟境内销售和使用。欧盟每一指令还规定了对所涵盖产品的合格评定程序,并采用了不同的合格评定的方法。指令中的合格评定方法依据产品的危险程度而定,一般都不是唯一的,并且制造商有一定的选择空间,这是欧盟新方法指令的合格评定程序的一个特点。

(2)欧洲标准化委员会的贸易合作。欧洲标准化委员会开展与非欧盟国家的贸易合作,实施"标准化机构合作伙伴"的策略。所谓"标准化机构合作伙伴"是指欧洲标准化委员会与第三国国家标准机构签署标准化机构合作伙伴协议,该第三国承诺将其参与的欧洲标准化委员会的技术委员会所制定的欧洲标准作为其国家标准,废除任何与之相抵触的国家标准。这样欧盟的标准不仅在欧盟成员国内适用,而且也使其成为出口国进行生产或服务适用的唯一标准。这是欧盟借助协议解决欧盟标准进入非欧盟成员国的国家市场所遇到的技术问题的有效途径。

3. 日本技术法规与标准的特点

(1)民间参与国家标准制定。1997 年,日本《工业标准化法》修改后,确立了除由政府机构制定、颁布、实施日本国家标准以外,相关利害关系人或者民间团体可以根据主管省厅的规定,以草案的形式参与制定标准。目前,日本每年新制定的标准中,有 3/4 是委托民间团体或研究机构完成的。此外,大约有200 个行业团体也自行制定供本行业使用的行业标准。

(2)标准调查会的作用。日本工业标准调查会是设在日本经济产业省下的一个机构。它除了对属于由法律赋予权限的事项进行调查审议外,还可对有关工业标准化的促进和相关大臣的咨询给予答复解释,或对相关大臣提供建议。工业技术院标准部是调查会的办事机构,负责调查会的日常工作,实际上是具体制定日本工业标准化方针、计划和落实计划的管理机构,保障了日本技术法规的有效实施。

(3)独有的标准体系。日本的技术标准不仅数量多,而且很多技术标准不同于国际通行的标准。一种产品要进入日本市场,不仅要符合国际标准,还必须符合日本标准。日本对很多产品的技术标准要求是强制性的,进口货物入境时须经日本官员检验和判定。日本对进口的商品规格、品质、形状、尺寸和检验方法均规定了特定标准,不符合相应的标准就不能进入日本市场。日本还利用复杂的进口手续、苛刻的检验,对进口商品设置壁垒。对进入日本市场的各国商品,日本的进口部门均须对其国内的生产、消费、需求领域作动向调查,并由其商品流通业界作出定性分析。只有那些确定具有对比性、代表性、适用性、流通性,而且趋于多样化、个性化、感性化和市场畅销率高的商品才能获准进入日本市场,以确保日本市场的实际效益。

(三)技术法规与标准关系之定位

1. 标准与技术法规的关联性

标准与技术法规之间,存在着紧密的联系,此种联系是客观的、必然的。这是因为,随着科学技术的突飞猛进,社会生活中出现了越来越多的技术问题和专业问题,相应的,法律法规作为调整社会关系的一种规范性文件,就必须对各种技术问题和专业问题作出认定、判断和解决。在此种情况下,标准作为回应和解决技术问题和专业问题的重要手段,自然而然地将会被立法者所重视和吸纳,成为法律法规(尤其是技术法规)的重要支撑。

就技术法规与标准的结合方式而言,在技术法规中引用或者直接使用标准是较为常见的方法。除此之外,技术法规也可以仅仅提出技术要求,而标准则负责对该种技术要求予以解释和细化。

2. 标准与技术法规的差异

标准和技术法规之间,必须具有清晰而明确的界分。只有这样,才能充分

发挥二者各自的作用与优势,并且相互配合,相辅相成。

具体来说,技术法规是正式的法律渊源,是法律法规的一种,具有强制效力。美国、欧盟、日本的技术法规都是由政府制定和发布,并由政府强制实施,不必经过有关各方"协商"的。其产生的过程是按照法律制定和发布的程序,属于法规体系范畴;其规定的范围涉及人类健康、安全,动植物安全,环境保护,国家安全等目标。①

而标准虽然也是一种规范性文件,但其并不是法律法规,并不具有强制效力(如前所述,即使是"强制性标准",其"强制性"也应当是法律法规赋予标准实施的强制性,而非标准自身的属性)。标准可以由政府机关组织制定和发布,也可以由行业协会和民间组织自发组织制定,其产生过程有专门的程序要求,并遵循协商性原则。标准的内容比较宽泛,不仅可以涉及人类健康、安全,动植物安全,环境保护,国家安全等领域,而且也可以针对其他的产品技术要求、管理体系、服务等问题。

3. 我国技术法规与标准体系的构建

我国的技术法规与标准体系,应逐步确立以"法律—技术法规—标准—合格评定"为基本框架的运行机制。其中,技术法规以标准为技术支撑,并通过法律的强制力推进标准化的进程。因此,技术法规立法的完善需要与标准化管理体制的改革相协调,一方面将需要强制执行的技术规范作为技术法规加以规定,另一方面建立以自愿性为特征的标准管理体系,从而使技术法规的完善与标准化体制改革同步进行,使二者相得益彰。

技术法规和标准应该是相互支撑的关系,技术法规通过将有关标准引入,从而使该标准成为一种"强制性的标准",有效地保证标准的贯彻和实施。而标准则为技术法规提供必要的技术支撑。从国外技术法规的立法模式看,欧盟的立法模式最值得借鉴。欧盟的技术法规并不是将大量标准直接确定为技术法规的内容,而是仅对产品及其生产方法作出一般性要求,而推断产品是否符合指令的规定,则通过引入有关标准的方式加以解决,从而形成技术法规与标准的良性互动关系,有效地保证了技术法规的落实。②

①　参见刘富青:《美欧日技术法规体系共性研究及其对我国的启示》,载《标准科学》2010 年第 2 期。

②　参见邢造宇:《实施"技术法规"比较研究》,载《浙江工商大学学报》2007 年第 5 期。

四、标准对司法的规范效应

标准虽然不具备《立法法》所规定的"法"的外形,也不具有法律法规所特有的"国家强制力",但是基于其本身的一些特征,及其与法律法规之间的密切联系,却经常会对司法活动产生重要影响,甚至成为司法机关进行某些事实认定并作出法律结论的重要依据——这就是我们所说的"标准对司法的规范效应"。

从我国法律文本和司法审判的实践出发,我们认为,标准(主要是技术标准)对司法的规范效应主要体现在以下三个方面:首先,技术标准构成了判断行政审判中事实认定构成要件的基准;其次,技术标准对于判断违约责任是否成立,以及侵权责任中加害行为的违法性有着重要的作用;最后,技术标准还可以填补刑法规范上的空白构成要件,在判定罪与非罪的界限方面发挥重要的功能。① 以下分别述之:

(一)技术标准在行政审判中的规范效应

技术标准能否作为行政审判的依据,其背后深层次的问题是立法、司法和行政机关之间制度能力的认定与相互间权力配置的问题。

在我国,《行政诉讼法》是于 1989 年 4 月 4 日由第七届全国人大第二次会议通过的。在这部法律颁布前后,怎样的法律规范能够成为法院审理行政案件依据的问题,成为了学界和实务界关注的焦点。根据《行政诉讼法》第 52 条、第 53 条的规定,法律和行政法规、地方性法规是法院审判行政案件的依据,而部门规章和地方政府规章,只是起到了审判中的"参照"作用。《行政诉讼法》并没有直接规定其他规范性文件在审判中的作用。

2000 年 3 月 10 日起实施的《最高人民法院关于执行〈中华人民共和国行政诉讼法〉若干问题的解释》第 62 条规定:"人民法院审理行政案件,可以在裁判文书中引用合法有效的规章及其他规范性文件。"

2004 年 5 月 18 日,最高人民法院颁发了《关于印发〈关于审理行政案件

---

① 　宋华琳先生在"标准对司法的规范效应"方面作出了开创性的和卓有成效的研究。在征得宋先生同意的前提下,本部分的写作,主要参考了宋先生的论文《论行政规则对司法的规范效应——以技术标准为中心的初步观察》(载《中国法学》2006 年第 6 期),并在此基础之上进行了调整、节略和修改。

适用法律规范问题的座谈会纪要〉的通知》,这相当于最高人民法院表明了自己对于"什么是法"问题所持的态度。纪要写道:"行政审判实践中,经常涉及有关部门为指导法律执行或者实施行政措施而作出的具体应用解释和制定的其他规范性文件⋯⋯行政机关往往将这些具体应用解释和其他规范性文件作为具体行政行为的直接依据。这些具体应用解释和规范性文件不是正式的法律渊源,对人民法院不具有法律规范意义上的约束力。但是,人民法院经审查认为被诉具体行政行为依据的具体应用解释和其他规范性文件合法、有效并合理、适当的,在认定被诉具体行政行为合法性时应承认其效力;人民法院可以在裁判理由中对具体应用解释和其他规范性文件是否合法、有效、合理或适当进行评述。"

如果考察我国的行政审判实践,就可以发现"在法律上,级别越高的规范性文件越有效,但在实际中,级别越低的规范性文件则越有效"。法官的选择是沿着实效以及实用的思路,而并非按照《行政诉讼法》中对法律规范的位阶排序。在我国的审判实践中,法院尽管在判决正文中没有引用技术标准,但在专业技术领域,作为判断事实认定构成要件的基准,技术标准在事实上发挥着法院审查基准的功能。以下将以"某能源开发有限责任公司北京分公司不服市质量技术监督局行政处罚案"[①]为例展开分析。该案案情梗概如下:

在1999年8月31日,北京市质量技术监督局对某公司北京分公司沙河煤场进行日常监督检查,对该公司5800吨低硫煤进行了抽样,后委托北京市煤炭产品质量监督检验站对检验样品进行检测。1999年9月22日,该站出具检验报告的检验结论为全硫含量0.56%,灰分量小于等于10%。由于北京市质量技术监督局1998年7月23日发布了低硫优质煤及制品的北京市地方标准,即DB 11/097-1998标准,规定合格燃煤的标准为含硫量小于等于0.5%,含灰量小于等于10%。所以认定原告某公司北京分公司沙河煤场库存低硫煤为不合格产品。

原告收到检验报告后不服,于1999年10月13日向被告市质监局提出复检,市质监局受理了申请并委托北京市煤炭质量监督检验站进行复检。1999年11月16日检验站出具的《检验报告》的结论为,全硫含量0.97%,灰分量为10.10%。依据DB 11/097-1998标准,仍判定某公司北京分公司沙河煤场库存低硫煤为不合格产品。

---

① 北京市高级人民法院行政审判庭编:《北京行政诉讼案例研究(第2卷)》,法律出版社2003年版,第307页。

2000 年 6 月 5 日,北京市质量技术监督局作出(京执)技监罚字[2000]第092 号行政处罚决定书,认定原告某能源开发有限责任公司北京分公司在京销售不合格低硫煤 1800 吨,依据《北京市产品质量监督条例》第 38 条第 1 款,《中华人民共和国行政处罚法》第 51 条第 1 项的规定,没收原告违法所得,处以违法所得一倍罚款,责令停止销售不合格低硫煤。

原告认为被告北京市质量技术监督局依据检验报告,认定公司销售不合格低硫煤证据不足,请求法院予以撤销处罚决定。

法院在裁判理由中,首先论述了北京市质量技术监督局所制定地方标准的合法性:根据《产品质量法》的规定,市质监局是本市范围内产品质量监督管理的执法主体。依照《标准化法》及实施细则的规定,市质监局可以组织制定地方标准。依据《大气污染防治法》的有关规定,省、自治区、直辖市人民政府对国家大气环境质量标准中未作规定的项目,可以制定地方标准;国家有规定的,地方标准可严于国家标准。1998 年 1 月,国务院将北京市列为二氧化硫污染控制区,为达到北京地区大气环境质量标准,北京市质量技术监督局根据北京地区的环保要求,制定了低硫优质煤及制品的北京市地方标准。因此标准具有合法性。

接着,法院在裁判理由中展开了进一步的分析,说明技术标准可以作为行政机关开展行政活动的依据,据此进行的事实认定结果,可以作为行政诉讼的证据:《北京市产品质量监督管理条例》第 10 条规定,地方标准是监督检查及检验产品质量的依据之一。被告市质监局将低硫优质煤及制品的北京市地方标准——DB 11/097-1998 标准作为监督检查及检验产品质量的依据是符合法律、法规的规定的。本案中,原告某公司北京分公司销售的燃煤经北京市煤炭产品质量监督检验站、国家煤矿质量监督检验中心三次检验,均不符合低硫优质煤及制品的北京市地方标准,检验结果均为不合格。据此,被告市质监局认定原告某公司北京分公司销售不合格煤的违法事实,证据充分。原告某公司北京分公司认为被告市质监局作出的行政处罚决定认定事实不清,证据不足的理由不予采信。

从以上案件的裁判可以看出,技术标准实际上发挥着"作为判定事实认定的构成要件的基准作用"。法律学上一般意义的构成要件,在于将社会生活出现的事实予以类型化,并将其进一步抽象为法律上的概念。而在该案中,北京市质量技术监督局制定的关于低硫优质煤的地方标准,就成了判断低硫优质煤的基准,而且法院事实上也对由行政机关制定的标准给予了尊重的态度。尽管没有在判决正文中直接援引标准进行裁判,但是在裁判理由部分,还是对

地方标准的合法性以及审判依据地位进行了论述与铺陈。

同时,行政机关依据技术标准认定的事实,在行政审判中具有证据效力。根据《行政诉讼法》及相关司法解释的规定,鉴定结论可以作为行政诉讼的证据,而作为被告的行政机关及其工作人员,对作出的具体行政行为负有举证责任,应当提供作出该具体行政行为的证据和所依据的规范性文件。而被告向法院提供在行政程序中所采用的鉴定结论时,应当载明鉴定的依据。而在环境、药品、技术监督等专业化行政领域,法院也会认为自己是法律问题而非事实问题的专家,因此对行政机关适用技术标准所进行的事实认定,给予更多的尊重。

(二)技术标准在民事审判中的规范效应

1. 技术标准与违约责任

技术标准在合同的订立和履行中,可能会发挥重要的作用。早在1979年,原国家经委、国家物资总局就发文规定,要求签订订货合同时要"严格执行国家标准,或部颁标准、企业标准,不准签订没有质量标准的合同"。国发(1984)15号文件《工矿产品购销合同条例》第7条规定:"在合同中必须写明执行的标准代号、编号和标准名称。"1981年颁布的《经济合同法》第17条规定,签订经济合同时,产品质量要求和包装质量要求有国家强制性标准或者行业强制性标准的,不得低于国家强制性标准或者行业强制性标准签订。而根据1999年3月15日通过的《合同法》第62条的规定,当事人就有关合同内容约定不明确,又没有达成补充协议的,质量要求不明确的,按照国家标准、行业标准履行;没有国家标准、行业标准的,按照通常标准或者符合合同目的的特定标准履行。

根据《合同法》第52条第5款的规定,若违反法律、行政法规的强制性规定,则合同无效。某种意义上这些规定构成了连接公法进入私法的管道。那么,技术标准对法律行为和契约自由又会有怎样的影响和冲击呢?我们可以粗略地把技术标准分为两类:一类是以维持市场秩序为目的的,经济性规制领域的标准。认可这类标准在民事领域的效力,可能会危及当事人之间的信义和公平。另一类是以消除信息不对称,保护公民和消费者权益为目的的,属于食品、药品、核能和环境等风险规制领域的标准。根据《标准化法》的规定,这些标准多为保障人体健康,人身、财产安全的标准,或者为法律、行政法规规定要强制执行,因此是企业必须遵守的强制性标准。所以否认违反这些标准的行为以及交易合同的效力,有助于实现法律的规制目的,实现当事人之间的信义和公平。

2. 技术标准与侵权责任

对于风险规制领域而言,无论是产品质量标准,还是环境标准,政府所制定的标准水平,只是一个最低限度而非最高限度的"安全阀",它所规定的是产品质量、环境洁净程度的下限而非上限。尽管达到标准不一定就可以免除民事责任,但是达不到标准,则一定要为此承担相应的民事责任。在特定的情境下,技术标准可以成为民事审判的基准,因为相对法院而言,行政机关有更多的制度优势,有更多熟谙该领域的官员和工作人员以及可作为依托的外部专家,可以通过规则制定程序来获得更多的信息。以准立法程序制定出来的技术标准,较法官在法庭上的个案裁断更具一贯性,更具合理性。例如在美国侵权法中,法官早就有借用行政法律、规章或标准来界定什么构成缺陷产品的先例,而且认为这样可以更好地实现相关部门法律的特定规制目的。

就侵权责任的认定而言,主流学说认为其应该包括加害行为的违法性、损害、加害行为与损害之间的因果关系、行为人的过错等四个构成要件,但是,在风险社会下的环境、核能、产品质量等新型侵权行为中,加害行为往往具有高度的科技性以及构成上的复杂性,因此很难查明因果关系和故意过失的存在;且加害行为往往是经过间接的长时间作用形成的,因此很难查明确切的加害者。为此,在这些特殊侵权领域有必要引入无过错责任原则。我国《民法通则》第 106 条规定了无过错责任原则,第 122 条和第 124 条分别确立了产品责任以及环境侵权责任的无过错原则。而违反技术标准与否,往往对于认定侵权责任中加害行为的违法性有着重要的作用。

以环境侵权为例,我国《民法通则》第 124 条规定:"违反国家保护环境防止污染的规定,污染环境造成他人损害的,应当依法承担民事责任。"这涉及对《民法通则》第 124 条中"规定"一词如何理解的问题。而 1996 年颁布的《环境噪声污染防治法》第 61 条第 1 款规定:"受到环境噪声污染危害的单位和个人,有权要求加害人排除危害;造成损失的,依法赔偿损失。"该法第 2 条第 2 款规定:"本法所称环境噪声污染,是指所产生的环境噪声超过国家规定的环境噪声排放标准,并干扰他人正常生活、工作和学习的现象。"这意味着通过法律规范,将环境噪声污染标准作为认定排放噪声行为是否具有违法性的规范依据。在法定的噪声排放限度内,不构成法律意义上的环境污染损害,已经判给污染者污染优势;在超过排放标准的范围外,则将环境优势判归给附近居民。

近年来,随着社会的发展,除了出现《民法通则》第 83 条规定的因截水、排

水、通行、通风、采光发生的相邻关系案件以外,还出现了因废气、废水、固废以及噪声、光、电磁波辐射污染导致的新型相邻关系纠纷。在这些侵权案件的事实认定过程中,技术标准发挥着重要的作用。例如在《最高人民法院公报》2005年第5期刊载的陆耀东诉永达公司环境污染损害赔偿纠纷案中,原告诉称自己在被告经营场所的隔壁居住,而被告经营场所东面展厅围墙边安装的三盏双头照明路灯,每晚7时到次日晨5时开启,所散射的灯光严重干扰了原告的睡眠,原告认为这违反了从2004年9月1日开始实施的上海市《城市环境装饰照明规范》的规定,构成了光污染侵害。在该案中,《城市环境装饰照明规范》是上海市质量技术监督局于2004年6月29日发布,在2004年9月1日起在上海市范围内实施的技术标准,该标准对"外溢光/杂散光"、"障害光"以及"光污染"都作了定义,上海市浦东新区人民法院在事实认定过程中适用了该照明规范,认定永达公司设置的路灯,数量足以改变居室内人们夜间休息时通常习惯的暗光环境,且超出了一般公众普遍可忍受的范围,其外溢光、杂散光确实达到了《城市环境装饰照明规范》所指的障害光程度,已构成由强光引起的光污染,因此判决被告永达公司应停止使用这三盏双头照明路灯,排除对原告陆耀东造成的光污染侵害。这是国内光污染案件中原告首次胜诉的案例,在这个案例中,上海市浦东新区人民法院将上海市质量技术监督局颁布的地方标准作为事实认定的依据,而在此前由于欠缺光污染的技术标准,因此欠缺确定光污染侵害违法性以及将损害确切量化的依据。从这个案例中,我们也可以看出技术标准在侵权责任认定中的重要作用。

(三)技术标准在刑事审判中的规范效应

在风险规制领域中,一方面,越来越多的规定技术标准以作为实现行政任务的手段;另一方面,对于违反技术标准的行为,不仅处以行政处罚,而且还每每处以更具威慑、阻吓功能的刑罚。例如日本环境法就奉行直罚主义,对违反排放标准立即科以刑罚,如对于排放超过排放标准的污染物质的煤烟和废水时,故意的场合处以6个月以下惩役或10万日元以下罚金;过失的场合处3个月以下禁锢或5万日元以下罚金。在我国,根据《产品质量法》第49条的规定,生产、销售不符合保障人体健康和人身、财产安全的国家标准、行业标准的产品的,责令停止生产、销售,没收违法生产、销售的产品,并处违法生产、销售产品(包括已售出和未售出的产品)货值金额等值以上三倍以下的罚款;有违法所得的,并处没收违法所得;情节严重的,吊销营业执照;构成犯罪的,依法追究刑事责任。《中华人民共和国安全生产法》第83条第5款、第7款,《中华人民共和国药品管理法》第 74 条、第 75 条也作了类似的设计。这些条文通过设计行政处罚和刑罚的衔接搭配适用,从而有效地实现了履行技术标准,实现行政任务的目的。这些在刑法典之外的附属规定,其共性在于较少地带有传统刑事犯罪中强烈的伦理否定评价色彩,而更多地在于在现代行政国家中为了预防具有高度不确定性的风险,而在这些具有高度专业性的技术领域里,设置的确保行政义务得以履行的制度,从而可以更好地跟上科技进步和社会变迁的步伐。

进一步来说,技术标准还可以成为刑法的构成要件要素。在刑法学体系中,构成要件堪称是犯罪论中的理论支柱,它构成了犯罪类型的轮廓。但是在我国刑法典中,往往出现单从构成要件字面的规定,即从刑法典中分则条文已有的文字记载,无法判断行为违法性的情况。在此种行政刑法规范中,只是对构成要件的部分要素作了规定,故可被称为"空白构成要件"。空白构成要件往往是针对法定犯的构成要件具体内容的确定而言,这是在构成要件的客观方面层次上展开的,其本质上是需要补充的构成要件,而所需补充的要素往往是规范性要素,每每只有待行政法规范乃至技术标准补充空白之后,才能成为完整的构成要件。

技术标准对刑法的规范效力,可以体现在两个方面。对我国刑法典分则中某些用语和概念的解释和认定,必须以技术标准为依据。例如《中华人民共和国刑法》第 140 条、第 141 条、第 142 条分别规定了生产销售假劣产品罪、生产销售假药罪、生产销售劣药罪罪名。要认定刑法第 141 条中的"掺杂"、"掺假"或者"以假充真",其前提就在于根据《产品质量法》第 13 条的规定,去判断产品是否"符合保障人体健康和人身、财产安全的国家标准、行业标准"。而根据《刑法》第 141 条第 2 款、第 142 条第 2 款的规定,刑法中"假药"的概念,是指依照《药品管理法》的规定属于假药和按假药处理的药品、非药品;刑法中"劣药"的概念,是指依照《药品管理法》的规定属于劣药的药品。进而根据《药品管理法》第 48 条第 1 款的规定,药品所含成分与国家药品标准规定的成分不符的是假药;药品成分的含量不符合国家药品标准的,以及其他不符合药品标准规定的,是劣药。对于生产销售假冒伪劣产品罪、生产销售假药罪、生产销售劣药罪而言,构成要件的不法内涵完全决定于技术标准,技术标准事实上构成了判断罪与非罪界限的重要基准。

另一常见的规范效应类型,在于在我国刑法典分则部分,直接将相对人违反技术标准的作为或不作为,作为刑法的构成要件。例如《刑法》第 137 条规定建设单位、设计单位、施工单位、工程监理单位违反国家规定,降低工程质量

标准,构成工程安全重大事故罪;《刑法》第330条第1款规定供水单位供应的饮用水不符合国家规定的卫生标准,引起甲类传染病传播或者有传播严重危险的,构成妨害传染病防治罪;此外,《刑法》第143条规定了生产、销售不符合卫生标准的食品罪,第145条规定了生产、销售不符合标准的医用器材罪,第146条规定了生产、销售不符合安全标准的产品罪,第148条规定了生产、销售不符合卫生标准的化妆品罪。

第三节　标准化法律制度的体系与地位

一、标准化法律制度的调整对象

法律是调整社会关系的行为准则,任何法律都有其调整的社会关系,否则,就不成其为法律。而法律部门就是以法律所调整的社会关系的内容作为依据来进行划分的,标准化法律制度也不例外。我们认为,标准化法律制度的调整对象,就是在标准化过程中所引发的社会关系。

这个定义包含着以下几个方面的含义:

首先,根据我国国家标准《标准化工作指南》(GB/T 20000.1-2002)第一部分"标准化和相关活动的通用词汇"对"标准化"的定义,标准化是"为在一定范围内获得最佳秩序,对现实问题或潜在问题制定共同使用和重复使用的条款的活动"。可见,标准化是人类主动实施的一种活动、一种行为。标准化活动的出现和发展,以一定的经济、社会基础为条件,有其必然性和规律性,而不以人的意志为转移。(关于标准化活动出现的必然性和规律性,参见前文关于"标准化的历史"的探讨。)

其次,随着标准化活动的产生和发展,在标准化过程中所引发的社会关系日益复杂,甚至产生了一系列的利益冲突和矛盾,这就从客观上需要有特定的法律制度来对其予以调整和规范,于是,标准化法律制度应运而生了。

最后,标准化法律制度对于标准化活动的调整,从根本上说,是调整社会资源在各类与标准化相关的社会主体之间的分配。具体来说,在标准化过程中,社会资源的分配主要包括两个方面:一是制定与管理标准的权力(权利)由谁享有,如何行使;二是在标准制定和实施过程中所造成的利益冲突和权利冲突,如何协调。例如,标准化是否构成垄断行为,标准制定与知识产权权利人之间的冲突,标准对于国际贸易的限制性作用等等。而上述这两个方面的问题,也就是标准化法律制度所要解决的主要问题。

二、标准化法律制度的定义与体系构成

(一)标准化法律制度的定义

根据上文对于标准化法律制度调整对象的阐释,以及提炼法律部门概念的一般原理,我们认为,标准化法律制度,就是调整在标准化过程中所引发的社会关系的法律规范的总称。

从效力层级上看,标准化法律制度既包括全国人大及其常委会所制定的与标准化相关的法律,也包括国务院制定的行政法规、国务院有关部委制定的部门规章,以及地方性法规与地方政府规章。其中,由国家质检总局和国家标准委制定的部门规章在我国的标准化法律制度中占据着主体地位。

从法律渊源的角度来看,标准化法律制度既包括标准化方面的专门性的单行法律法规,如《标准化法》、《国家标准管理办法》、《行业标准管理办法》等,也包括其他法律法规中调整标准化活动的法律规范,例如《产品质量法》、《食品安全法》、《认证认可条例》、《反垄断法》等法律法规中与标准化相关的法律规范。对于前者,我们可称之为形式意义上的标准化法律制度,而后者,则可称之为实质意义上的标准化法律制度。

(二)标准化法律制度的分类

如前所述,标准化法律制度,是调整在标准化过程中所引发的社会关系的法律规范的总称,具体来说,则主要包括两个方面的内容:一是制定与管理标准的权力(权利)由谁享有,如何行使;二是在标准制定和实施过程中所造成的利益冲突和权利冲突,如何协调。基于此种分析,我们可以根据调整对象的不同,将标准化法律制度,大体上划分为"标准管理法"与"标准化活动管理法"这两个部分:规定标准管理体制的法律规范,可以称之为"标准管理法";而调整标准制定与实施的法律规范,则可以称之为"标准化活动管理法"。

1. 标准管理法:建立标准管理体制

标准管理法,是规定标准制定与管理体制的法律规范的总称。其基本任务,就是建立一个国家的标准管理体制。

据学者研究,目前世界各国的标准管理体制,大致可以分为以下三种类

型:一是市场主导型标准管理体制,如美、英、法、德等国,标准化活动(主要指标准制定与管理,笔者注)由标准化协会和企业为主体进行,政府在资金、授权等方面予以支持;二是政府主导型标准管理体制,如苏联和中国,标准化活动(主要指标准制定与管理,笔者注)以政府为主体,企业仅是被标准化的对象,更多的时候处于客体地位;三是调整型标准管理体制,如俄罗斯、日本等国,在改变与革新传统政府主导型体制的基础上,建立企业与政府可调控性适应市场的管理体制。如《俄罗斯联邦技术监督法》规定,标准化应当根据自愿原则运用,最大限度考虑有关各方的利益,采用国际标准作为制定国家标准的基础,依照不得设置不合理的技术壁垒和不得制定与技术法规相抵触的标准等原则进行。① 需要指出的是,无论采用何种标准管理体制,标准管理法都是必不可少的。即使是采用市场主导型标准管理体制,也必须通过标准管理法,对其予以原则性规定和制度化建构。

具体来说,为了建立起一个国家的标准管理体制,标准管理法主要应当解决以下几个方面的问题:首先,是要划定标准制定的对象范围,亦即对于哪些事项和内容,可以制定标准;其次,是设置标准制定和标准管理的主体,并确定标准的层级制度;再次,是明确各级各类标准的效力,亦即对于各级各类标准,确定其法律效力如何,哪些应当是强制执行的,哪些是推荐性的,以及各级标准相互之间的关系;最后,是建立标准制定与管理的程序,包括标准制定、修订、管理、废止、执行、监督等各个环节的程序性机制。而在解决这些问题的基础之上,实际上也就选择和确立了具有本国特色的标准制定与管理模式。

据不完全统计,我国现行的标准管理法主要包括:《中华人民共和国标准化法》、《中华人民共和国标准化法实施条例》、《中华人民共和国标准化法条文解释》、《国家标准管理办法》、《地方标准管理办法》、《行业标准管理办法》、《企业标准化管理办法》、《国家标准化指导性技术文件管理规定》、《原产地域产品保护规定》、《信息分类编码标准化管理办法》、《无公害农产品标志管理规定》、《商品条码管理办法》、《企业事业单位和社会团体代码管理办法》、《农业标准化管理办法》、《能源标准化管理办法》、《国家实物标准暂行管理办法》、《国家标准英文版翻译出版工作管理暂行办法》、《关于正确处理在国际标准化活动中涉及香港、台湾和澳门问题的通知》、《关于印发〈关于加强强制性标准管理的若干规定〉的通知》、《关于进一步加强行业标准备案管理工作的通知》、《关于进一步加强标准出版发行工作的意见》、《关于加强市场商品质量、标准化、

---

① 参见王艳林主编:《质检法教程》,中国政法大学出版社 2010 年版,第 106 页。

计量监督管理工作的公告》、《关于规范使用国家标准和行业标准代号的通知》、《关于废止专业标准和清理整顿后应转化的国家标准的通知》、《关于对备案的行业标准、地方标准实行公告制度的通知》、《查处食品标签违法行为规定》、《参加国际标准化组织(ISO)和国际电工委员会(IEC)技术活动的管理办法》、《采用快速程序制定国家标准的管理规定》、《采用国际标准管理办法》、《采用国际标准产品标志管理办法(试行)》、《采用国际标准产品标志管理办法(试行)实施细则》、《标准化科学技术进步奖励办法》、《标准档案管理办法》、《标准出版管理办法》、《标准出版发行管理办法》、《中国标准创新贡献奖管理办法》。

2. 标准化活动管理法:调整标准化活动的行为模式

标准化活动管理法,是调整各类标准化活动(包括标准制定与实施)的法律规范的总称。其基本任务,就是针对各类标准化主体的标准化活动,调整其行为模式,以维护公共利益、协调标准制定和实施过程中所造成的利益冲突和权利冲突。

从标准和标准化活动发展的现状来看,标准的制定与实施,关涉到各个方面的利益冲突和权利冲突(包括公共利益与个体利益的冲突):首先,针对在产品质量、食品药品、环境保护等领域所客观存在的高风险性,为了保护社会公众和消费者的利益,国家出台了一系列的强制性标准,要求生产经营者严格执行。但与此同时,也要注意到,标准(尤其是强制性标准)固然是质量管理的有效手段,却也限制了生产者和经营者的营业自由,甚至对经济自由、市场自治等市场经济体制的基本理念构成冲击。其次,随着专利联营(专利池)和各种事实标准的出现,标准已经在一定程度上成为垄断的工具,产生了限制竞争的作用。再次,技术标准的制定和实施,往往与在先知识产权构成权利冲突,同时,标准中知识产权的许可实施,也常常构成许可人与被许可人之间利益博弈的重要焦点。最后,标准日益被作为国际贸易中的一种重要的技术性贸易措施,在发挥其积极作用的同时,也可能产生限制自由贸易的消极影响。

针对标准化活动中所引发的各种利益冲突和权利冲突,标准化活动管理法作出了应对性的规定。其实质,就是针对各类标准化主体的标准化活动,调整其行为模式,以维护公共利益、协调标准制定和实施过程中所造成的利益冲突和权利冲突。具体来说,标准化活动管理法主要解决以下几个方面的问题:首先,在质量管理方面,如何确定强制性标准的合理范围和内容,强制性标准如何实施;其次,在反垄断方面,如何判断标准化行为的正当性,从而使得标准化活动既能够体现企业的竞争优势,又不至于构成市场优势地位的滥用;再

次,如何解决标准化过程中的知识产权保护问题,并且为标准中知识产权的许可设置一般性原则和合理化的许可条件;最后,如何在国际贸易中合理运用标准。

据不完全统计,我国现行的标准化活动管理法主要包括:《产品质量法》、《工业产品生产许可证管理条例》、《工业产品生产许可证管理条例实施办法》、《企业标准化管理办法》、《产品质量监督抽查管理办法》、《认证认可条例》、《强制性产品认证管理规定》、《强制性产品认证标志管理办法》、《食品安全法》、《食品安全法实施条例》、《反垄断法》、《对外贸易法》、《对外贸易壁垒调查规则》等。这些法律法规都不是标准化方面的专门性法规,但这些法律法规中与标准化相关的法律规范,则属于实质意义上的标准化活动管理法。

三、标准化法律制度的部门法属性及地位

如前所述,标准化法律制度,大体上可以划分为"标准管理法"与"标准化活动管理法"这两个部分。而由于标准管理法与标准化活动管理法在调整对象和内容上均有明显的差异,因此我们认为,二者具有不同的法律属性,分别隶属于不同的法律部门。

（一）标准管理法的部门法属性及地位

我们认为,标准管理法属于行政法。这是因为:

所谓行政法,是指调整行政关系的、规范和控制行政权的法律规范系统。这个定义揭示了行政法的内容、本质和形式:首先,从内容上看,行政法是调整行政关系的法。所谓"行政关系",是指行政主体行使行政职能和接受行政法制监督而与行政相对人、行政法制监督主体所发生的各种关系,以及行政主体内部发生的各种关系。其次,行政法的实质,是控制和规范行政权的法。所谓"行政权",是指宪法和行政组织法授予行政主体执行国家法律、政策,管理国家内政外交事务的国家权力。最后,就行政法的形式而言,行政法没有一部而且难于制定一部如同刑法、民法一样的统一法典,其法律规范通常散见于各种不同种类、不同位阶的法律规范文件之中。[1]

而从标准管理法的内容上看,标准管理法是规定标准制定与管理体制的

---

① 参见姜明安主编:《行政法与行政诉讼法》,北京大学出版社、高等教育出版社2011年版,第18～19页。

法律规范的总称,具体来说,就是对标准予以分类,并规定各级各类标准的制定与管理主体(在我国,标准制定与管理主体主要是行政机关),标准制定、修订、管理和废止的程序和机制,标准实施的监督保障等。由此可见,标准管理法的调整对象,乃是因标准制定与管理主体行使其行政职能和接受监督而发生的各种关系,从性质上属于行政关系的范畴。而标准管理法的立法目的,虽然直接表现为授予相关主体以制定和管理标准的权力(授权),而其实质则在于控制和规范此种行政权力。

(二)标准化活动管理法的部门法属性及地位

我们认为,标准化活动管理法属于经济法。这是因为:

经济法是调整在国家协调本国经济运行过程中发生的经济关系的法律规范的总称。① 而对于标准和标准化法在国家协调经济运行中的作用与地位,有学者指出,标准是对重复性事物和概念所作的统一性规定。标准化是产品质量的保障。国家提出,对工业产品的品种、规格、质量、等级或者安全、卫生要求,应当制定标准。企业生产的产品,必须执行国家标准、行业标准或者企业标准。我国的《标准化法》,适用于制定标准,组织实施标准和对标准的实施进行监督的各种活动;其目的在于,通过标准化工作,促进技术进步,改进产品质量,提高社会经济效益,维护市场秩序。产品质量必须符合标准化要求,特别是对强制性标准必须执行,否则不得生产、销售和出口。② 虽然此种论述没有区分《标准化法》中所包含的标准管理法与标准化活动管理法的不同性质,但是仍然准确地阐释了标准化活动管理法在质量管理、促进技术进步和维护市场秩序方面的重要作用。而基于本书对于标准化活动管理法的定义及其体系的梳理,除了前述这些方面以外,标准化活动管理法还在保护消费者利益、促进自由竞争和反垄断、协调技术进步与知识产权保护之间的紧张关系、促进贸易自由化和保护本国市场等方面发挥着重要的作用。总而言之,标准化活动管理法以维护公共利益和市场秩序为出发点,对于标准制定和实施予以调整,对标准化过程中所造成的利益冲突和权利冲突予以协调,充分体现了国家对市场经济的干预,因此,标准化活动管理法自应属于经济法的重要组成部分。

---

① 参见杨紫烜主编:《经济法》,北京大学出版社、高等教育出版社 2010 年版,第 20 页。

② 参见杨紫烜主编:《经济法》,北京大学出版社、高等教育出版社 2010 年版,第 268 页。

进一步而言,关于标准化活动管理法在经济法体系中的地位,有学者认为,标准化法与合格评定法、质量法、计量法等共同组成了"技术监督法",并建议在适当时机合并上述法律,制定综合性的《技术监督法》。而技术监督法又与质检法总则、检验检疫法、特种产品安全法等共同组成"质检法"。在整个经济法体系中,质检法和竞争法一起共同构成了市场监管法的内容。① 此种论述主要是针对《标准化法》这部法律在经济法体系中的地位而言的,并且充分说明了《标准化法》与《产品质量法》及其他相关法律法规之间的密切联系,有其合理性。但如前所述,我们认为,标准化活动早已深入到经济社会的方方面面,标准化活动管理法的作用也并不仅仅局限于质量管理和技术监督,因此,虽然标准化活动管理法的主体内容应当是质检法的组成部分,但其仍然有相当部分内容不能为质检法所涵盖。当然总体来说,将标准化活动管理法作为经济法体系中市场监管法的组成部分,仍然是较为合理的。

思考题

1. 标准有哪些分类方法? 根据这些不同的分类方法,可以将标准划分为哪些种类?

2. 标准与法律规范具有哪些相似之处? 又有何种区别?

3. 如何理解标准的"强制性"?

---

① 参见王艳林主编:《质检法教程》,中国政法大学出版社 2010 年版,第 7~8 页。

第二章　标准制定与实施的法律制度

第一节　我国的标准管理体制

一、我国的四级标准管理体系

根据我国《标准化法》第 6 条以及《标准化法实施条例》的相关规定,我国的标准分为国家标准、行业标准、地方标准和企业标准等四个级别。以下分别对这四类标准的范围及其制定与管理主体等问题予以介绍。

（一）国家标准

1. 国家标准的范围

《标准化法实施条例》第 11 条规定:"对需要在全国范围内统一的下列技术要求,应当制定国家标准(含标准样品的制作):(1)互换配合、通用技术语言要求;(2)保障人体健康和人身、财产安全的技术要求;(3)基本原料、燃料、材料的技术要求;(4)通用基础件的技术要求;(5)通用的试验、检验方法;(6)通用的管理技术要求;(7)工程建设的重要技术要求;(8)国家需要控制的其他重要产品的技术要求。"

由(原)国家技术监督局于 1990 年 8 月颁布实施的《国家标准管理办法》对于国家标准的范围的规定与上述规定相一致,但在表述上则更为详尽一些。《国家标准管理办法》第 2 条规定:"对需要在全国范围内统一的下列技术要求,应当制定国家标准(含标准样品的制作):(1)通用的技术术语、符号、代号(含代码)、文件格式、制图方法等通用技术语言要求和互换配合要求;(2)保障人体健康和人身、财产安全的技术要求,包括产品的安全、卫生要求,生产、储存、运输和使用中的安全、卫生要求,工程建设的安全、卫生要求,环境保护的

技术要求；(3)基本原料、材料、燃料的技术要求；(4)通用基础件的技术要求；(5)通用的试验、检验方法；(6)工农业生产、工程建设、信息、能源、资源和交通运输等通用的管理技术要求；(7)工程建设的勘察、规划、设计、施工及验收的重要技术要求；(8)国家需要控制的其他重要产品和工程建设的通用技术要求。"

　　2. 国家标准的制定与管理主体

　　根据《标准化法实施条例》第12条的规定，国家标准的制定与管理主体有以下三类：

　　一是在一般情况下，国家标准由国务院标准化行政主管部门编制计划，组织草拟、统一审批、编号、发布。目前，国务院标准化行政主管部门为"国家标准化管理委员会"（简称"标准委"）。

　　二是对于特殊领域（主要是与人体健康和生命安全直接相关的某些领域）的国家标准，由国务院有关行政主管部门负责组织制定和管理。主要是工程建设、药品、食品卫生、兽药、环境保护的国家标准，分别由国务院工程建设主管部门、卫生主管部门、农业主管部门、环境保护主管部门组织草拟、审批；其编号、发布办法由国务院标准化行政主管部门会同国务院有关行政主管部门制定。

　　三是法律对国家标准的制定另有规定的，依照法律的规定执行。这实际上是为国家标准制定主体的增加或变更以及标准管理体制的改变，预留了制度空间。例如，根据2009年2月28日发布并于同年6月1日起实施的《食品安全法》的规定，食品安全国家标准由国务院卫生行政部门负责制定、公布，国务院标准化行政部门提供国家标准编号。国务院卫生行政部门应当对现行的食用农产品质量安全标准、食品卫生标准、食品质量标准和有关食品的行业标准中强制执行的标准予以整合，统一公布为食品安全国家标准。据此，在《标准化法》及其实施条例所明确规定的国家标准的制定主体的基础之上，又增加了一类国家标准（食品安全国家标准）的制定主体——国务院卫生行政部门，与此同时，国务院标准化行政部门、农业行政部门，均不得再依据此前发布的法律法规，制定与食品安全相关的国家标准，从而改变了食品安全方面的国家标准制定与管理主体。（在原有标准管理体制下，国务院标准化行政部门和农业行政部门均可以制定与食品安全相关的国家标准，具体可参见本书第三章第三节关于"食品安全标准"的介绍。）

　　3. 国家标准的编号

　　国家标准的编号由国家标准的代号、国家标准发布的顺序号和国家标准发布的年号（即发布年份的后两位数字）构成。

国家标准的代号由大写汉语拼音字母构成。强制性国家标准的代号为"GB",推荐性国家标准的代号为"GB/T"。

国家标准编号示例:GB ×××××-××;GB/T ×××××-××。

(二)行业标准

1. 行业标准的范围

对于行业标准所规定事项的范围,《标准化法实施条例》第 13 条作了原则性规定,即:"对没有国家标准而又需要在全国某个行业范围内统一的技术要求,可以制定行业标准(含标准样品的制作)。制定行业标准的项目由国务院有关行政主管部门确定。"

而由(原)国家技术监督局于 1990 年 8 月颁布实施的《行业标准管理办法》则对此问题作出了更加具体的规定。

《行业标准管理办法》第 2 条规定:"行业标准是对没有国家标准而又需要在全国某个行业范围内统一的技术要求所制定的标准。行业标准不得与有关国家标准相抵触。有关行业标准之间应保持协调、统一,不得重复。行业标准在相应的国家标准实施后,即行废止。"

第 3 条规定:"需要在行业范围内统一的下列技术要求,可以制定行业标准(含标准样品的制作):(1)技术术语、符号、代号(含代码)、文件格式、制图方法等通用技术语言;(2)工、农业产品的品种、规格、性能参数、质量指标、试验方法以及安全、卫生要求;(3)工、农业产品的设计、生产、检验、包装、储存、运输、使用、维修方法以及生产、储存、运输过程中的安全、卫生要求;(4)通用零部件的技术要求;(5)产品结构要素和互换配合要求;(6)工程建设的勘察、规划、设计、施工及验收的技术要求和方法;(7)信息、能源、资源、交通运输的技术要求及其管理技术等要求。

2. 行业标准的制定与管理主体

对于行业标准的制定与管理主体,《标准化法实施条例》第 14 条作了原则性规定,即:"行业标准由国务院有关行政主管部门编制计划,组织草拟,统一审批、编号、发布,并报国务院标准化行政主管部门备案。行业标准在相应的国家标准实施后,自行废止。"

而《行业标准管理办法》则对此问题作出了更加具体的规定。

《行业标准管理办法》第 6 条规定:"行业标准由行业标准归口部门统一管理。行业标准的归口部门及其所管理的行业标准范围,由国务院有关行政主管部门提出申请报告,国务院标准化行政主管部门审查确定,并公布该行业的

行业标准代号。"

第8条规定:"在制定行业标准工作中,行业标准归口部门履行下列职责:(1)制定本行业的行业标准计划;(2)负责协调有关行政主管部门行业标准项目的分工;(3)组织制定本行业的行业标准;(4)统一审批、编号、发布本行业的行业标准;(5)办理行业标准的备案;(6)组织本行业行业标准的复审工作。"

表 2-1　行业标准代号及主管部门一览表

序号	标准类别	标准代号	批准发布部门	标准制定部门
1	林业	LY	国家林业局	国家林业局
2	纺织	FZ	国家发改委	中国纺织工业协会
3	医药	YY	国家食品药品监督管理局	国家食品药品监督管理局
4	烟草	YC	国家烟草专卖局	国家烟草专卖局
5	有色冶金	YS	国家发改委	中国有色金属工业协会
6	地质矿产	DZ	国土资源部	国土资源部
7	土地管理	TD	国土资源部	国土资源部
8	海洋	HY	国家海洋局	国家海洋局
9	档案	DA	国家档案局	国家档案局
10	商检	SN	国家质量监督检验检疫总局	国家认证认可监督管理委员会
11	国内贸易	SB	商务部	商务部
12	稀土	XB	国家发改委稀土办公室	国家发改委会稀土办公室
13	城镇建设	CJ	建设部	建设部
14	建筑工业	JG	建设部	建设部
15	卫生	WS	卫生部	卫生部
16	物资管理	WB	国家发改委	中国物流与采购联合会
17	公共安全	GA	公安部	公安部
18	包装	BB	国家发改委	中国包装工业总公司
19	旅游	LB	国家旅游局	国家旅游局
20	气象	QX	中国气象局	中国气象局
21	供销	GH	中华全国供销合作总社	中华全国供销合作总社

续表

序号	标准类别	标准代号	批准发布部门	标准制定部门
22	粮食	LS	国家粮食局	国家粮食局
23	体育	TY	国家体育总局	国家体育总局
24	农业	NY	农业部	农业部
25	水产	SC	农业部	农业部
26	水利	SL	水利部	水利部
27	黑色冶金	YB	国家发改委	中国钢铁工业协会
28	轻工	QB	国家发改委	中国轻工业联合会
29	民政	MZ	民政部	民政部
30	教育	JY	教育部	教育部
31	石油天然气	SY	国家发改委	中国石油和化学工业协会
32	海洋石油天然气	SY（10000号以后）	国家发改委	中国海洋石油总公司
33	化工	HG	国家发改委	中国石油和化学工业协会
34	石油化工	SH	国家发改委	中国石油和化学工业协会
35	兵工民品	WJ	国防科学工业委员会	中国兵器工业总公司
36	建材	JC	国家发改委	中国建筑材料工业协会
37	测绘	CH	国家测绘局	国家测绘局
38	机械	JB	国家发改委	中国机械工业联合会
39	汽车	QC	国家发改委	中国机械工业联合会
40	民用航空	MH	中国民航管理总局	中国民航管理总局
41	船舶	CB	国防科学工业委员会	中国船舶工业总公司
42	航空	HB	国防科学工业委员会	中国航空工业总公司
43	航天	QJ	国防科学工业委员会	中国航天工业总公司
44	核工业	EJ	国防科学工业委员会	中国核工业总公司
45	铁道	TB	铁道部	铁道部
46	劳动和劳动安全	LD	劳动和社会保障部	劳动和社会保障部

续表

序号	标准类别	标准代号	批准发布部门	标准制定部门
47	交通	JT	交通部	交通部
48	电子	SJ	信息产业部	信息产业部
49	通信	YD	信息产业部	信息产业部
50	广播电影电视	GY	国家广播电影电视总局	国家广播电影电视总局
51	电力	DL	国家发改委	国家发改委
52	金融	JR	中国人民银行	中国人民银行
53	文化	WH	文化部	文化部
54	环境保护	HJ	国家环境保护总局	国家环境保护总局
55	新闻出版	CY	国家新闻出版总署	国家新闻出版总署
56	煤炭	MT	国家发改委	中国煤炭工业协会
57	地震	DB	中国地震局	中国地震局
58	海关	HS	海关总署	海关总署
59	邮政	YZ	国家邮政局	国家邮政局
60	中医药	ZY	国家中医药管理局	国家中医药管理局
61	安全生产	AQ	国家安全生产管理局	
62	文物保护	WW	国家文物局	

3. 行业标准的编号

行业标准的编号由行业标准代号、标准顺序号及年号组成。行业标准代号由国务院标准化行政主管部门规定(行业标准代号可参见表2-1)。

(1)强制性行业标准编号

图 2-1

（2）推荐性行业标准编号

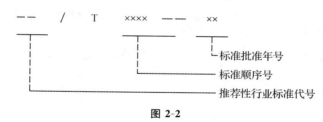

图 2-2

（三）地方标准

1. 地方标准的范围

对于地方标准所规定事项的范围，《标准化法实施条例》第 15 条仅作了原则性规定，即："对没有国家标准和行业标准而又需要在省、自治区、直辖市范围内统一的工业产品的安全、卫生要求，可以制定地方标准。制定地方标准的项目，由省、自治区、直辖市人民政府标准化行政主管部门确定。"

《地方标准管理办法》的规定则更加全面和具体一些。《地方标准管理办法》第 2 条规定："对没有国家标准和行业标准而又需要在省、自治区、直辖市范围内统一的下列要求，可以制定地方标准（含标准样品的制作）：（1）工业产品的安全、卫生要求；（2）药品、兽药、食品卫生、环境保护、节约能源、种子等法律、法规规定的要求；（3）其他法律、法规规定的要求。制定地方标准的项目，由省、自治区、直辖市人民政府标准化行政主管部门确定。"

2. 地方标准的制定与管理主体

对于地方标准的制定与管理主体，《标准化法实施条例》第 16 条规定："地方标准由省、自治区、直辖市人民政府标准化行政主管部门编制计划，组织草拟，统一审批、编号、发布，并报国务院标准化行政主管部门和国务院有关行政主管部门备案。法律对地方标准的制定另有规定的，依照法律的规定执行。地方标准在相应的国家标准或行业标准实施后，自行废止。"《地方标准管理办法》第 4 条的规定与此相一致。

这里所说的地方标准制定和管理方面的特殊规定（亦即"法律对地方标准的制定另有规定的"），主要是指药品、兽药地方标准和食品卫生和环境保护地方标准。对此问题，参见下文有关地方标准制定和管理程序的介绍。

3. 地方标准的编号

地方标准的编号，由地方标准代号、地方标准顺序号和年号三部分组成。其中，地方标准的代号又分为强制性地方标准代号和推荐性地方标准代

号两种:汉语拼音字母"DB"加上省、自治区、直辖市行政区划代码前两位数再加斜线,组成强制性地方标准代号。若再加"T",则组成推荐性地方标准代号。

地方标准代号的示例:

山西省强制性地方标准代号:DB 14/;山西省推荐性地方标准代号:DB 14/T。

地方标准编号示例1:

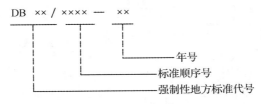

图 2-3

地方标准编号示例2:

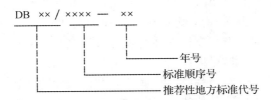

图 2-4

表 2-2　省、自治区、直辖市代码

名称	代码	名称	代码	名称	代码
北京市	110000	安徽省	340000	贵州省	520000
天津市	120000	福建省	350000	云南省	530000
河北省	130000	江西省	360000	西藏自治区	540000
山西省	140000	山东省	370000	陕西省	610000
内蒙古自治区	150000	河南省	410000	甘肃省	620000
辽宁省	210000	湖北省	420000	青海省	630000
吉林省	220000	湖南省	430000	宁夏回族自治区	640000
黑龙江省	230000	广东省	440000	新疆维吾尔自治区	650000
上海市	310000	广西壮族自治区	450000	台湾省	710000
江苏省	320000	海南省	460000		
浙江省	330000	四川省	510000		

（四）企业标准

1. 企业标准的制定与管理主体

企业标准，顾名思义，就是由企业自行组织制定并自行管理的标准。就此问题，由（原）国家技术监督局于 1990 年 8 月颁布实施的《企业标准化管理办法》第 5 条明确规定：“企业标准由企业制定，由企业法人代表或法人代表授权的主管领导批准、发布，由企业法人代表授权的部门统一管理。”

2. 企业标准的范围

对于企业标准所规定事项的范围，《标准化法实施条例》并未予以明确界定，而仅在第 17 条规定：“企业生产的产品没有国家标准、行业标准和地方标准的，应当制定相应的企业标准，作为组织生产的依据。”“对已有国家标准、行业标准或者地方标准的，鼓励企业制定严于国家标准、行业标准或者地方标准要求的企业标准，在企业内部适用。”该条款应当被理解为有关企业自行组织制定企业标准的权利义务的规定，也就是说，对于没有国家标准、行业标准和地方标准的产品，企业必须制定相应的企业标准（产品标准），作为组织生产的依据。但是，需要注意的是，企业标准并不仅限于产品标准。

就此问题，《企业标准化管理办法》第 3 条规定：“企业标准是对企业范围内需要协调、统一的技术要求、管理要求和工作要求所制定的标准。企业标准是企业组织生产、经营活动的依据。”由此可见，企业标准应当包括技术标准、管理标准和工作标准这三大类。

与此同时，《企业标准化管理办法》第 6 条进一步规定：“企业标准有以下几种：(1)企业生产的产品，没有国家标准、行业标准和地方标准的，制定的企业产品标准；(2)为提高产品质量和技术进步，制定的严于国家标准、行业标准或地方标准的企业产品标准；(3)对国家标准、行业标准的选择或补充的标准；(4)工艺、工装、半成品和方法标准；(5)生产、经营活动中的管理标准和工作标准。”

3. 企业标准的编号

企业标准编号由企业标准代号、企业代号、顺序号、年号组成。

其中，企业代号可用汉语拼音字母或阿拉伯数字或两者兼用组成。企业代号，按中央所属企业和地方企业分别由国务院有关行政主管部门和省、自治区、直辖市政府标准化行政主管部门会同同级有关行政主管部门规定。

企业标准编号示例如下：

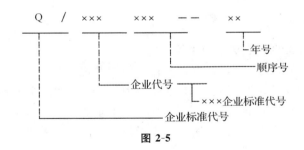

图 2-5

二、我国的强制性标准和推荐性标准

(一)强制性标准与推荐性标准的分类方法

强制性标准与推荐性标准,是根据标准实施效力的不同,对于国家标准、行业标准和地方标准(而不包括企业标准)所作的分类。此种分类的基本依据,是"标准的内容"的不同:一般而言,在国家标准、行业标准和地方标准中,与保障人体健康,人身、财产安全直接相关的标准是强制性标准,其他标准是推荐性标准。

就此问题,《标准化法》第 7 条明确规定:"国家标准、行业标准分为强制标准和推荐性标准。保障人体健康,人身、财产安全的标准和法律、行政法规规定强制执行的标准是强制标准,其他标准是推荐性标准。省、自治区、直辖市标准化行政主管部门制定的工业产品的安全、卫生要求的地方标准,在本行政区域内是强制性标准。"由于根据《地方标准管理办法》第 2 条,除了有关于工业产品安全、卫生要求的地方标准以外,地方标准还包括药品、兽药、食品卫生、环境保护、节约能源、种子等标准,以及其他法律、法规规定的地方标准。因此,地方标准也可以划分为强制性地方标准和推荐性地方标准。

依据此种分类原则,《标准化法实施条例》、《国家标准管理办法》、《行业标准管理办法》、《地方标准管理办法》又进一步对于各种层级的强制性标准的范围和种类,予以更为明确和详尽的界定:

《标准化法实施条例》第 18 条规定:"国家标准、行业标准分为强制性标准和推荐性标准。下列标准属于强制性标准:(1)药品标准,食品卫生标准,兽药标准;(2)产品及产品生产、储运和使用中的安全、卫生标准,劳动安全、卫生标准,运输安全标准;(3)工程建设的质量、安全、卫生标准及国家需要控制的其他工程建设标准;(4)环境保护的污染物排放标准和环境质量标准;(5)重要的通用技术术语、符号、代号和制图方法;(6)通用的试验、检验方法标准;(7)互换配合标准;(8)国家需要控制的重要产品质量标准。国家需要控制的重要产品目录由国务院标准化行政主管部门会同国务院有关行政主管部门确定。强制性标准以外的标准是推荐性标准。省、自治区、直辖市人民政府标准化行政主管部门制定的工业产品的安全、卫生要求的地方标准,在本行政区域内是强制性标准。"

《国家标准管理办法》第 3 条规定:"国家标准分为强制性国家标准和推荐性国家标准。下列国家标准属于强制性国家标准:(1)药品国家标准、食品卫生国家标准、兽药国家标准、农药国家标准;(2)产品及产品生产、储运和使用中的安全、卫生国家标准,劳动安全、卫生国家标准,运输安全国家标准;(3)工程建设的质量、安全、卫生国家标准及国家需要控制的其他工程建设国家标准;(4)环境保护的污染物排放国家标准和环境质量国家标准;(5)重要的涉及技术衔接的通用技术术语、符号、代号(含代码)、文件格式和制图方法国家标准;(6)国家需要控制的通用的试验、检验方法国家标准;(7)互换配合国家标准;(8)国家需要控制的其他重要产品国家标准。其他的国家标准是推荐性国家标准。"

《行业标准管理办法》第 4 条规定:"行业标准分为强制性标准和推荐性标准。下列标准属于强制性行业标准:(1)药品行业标准、兽药行业标准、农药行业标准、食品卫生行业标准;(2)工农业产品及产品生产、储运、使用中的安全、卫生行业标准;(3)工程建设的质量、安全、卫生行业标准;(4)重要的涉及技术衔接的技术术语、符号、代号(含代码)、文件格式和制图方法行业标准;(5)互换配合行业标准;(6)行业范围内需要控制的产品通用试验方法检验方法和重要的营业产品行业标准。其他行业标准是推荐性行业标准。"

《地方标准管理办法》第 3 条规定:"法律、法规规定强制执行的地方标准,为强制性标准;规定非强制执行的地方标准,为推荐性标准。"

(二)强制性标准与推荐性标准的法律效力

如同本书第一章第二节在论述"标准的效力"时所指出的那样,强制性标准之"强制性",应当是指法律法规赋予标准实施的强制性,而非标准自身的属性。因此,强制性标准与推荐性标准在法律效力方面的差异,主要表现在标准的实施方面——具体来说,即标准在实施过程中是否以国家公权力机关的强制执行力为其后盾和保障,违反标准的行为是否会受到法律的消极评价以及

承担相应的法律责任。

关于强制性标准与推荐性标准的法律效力,《标准化法》作了原则性的规定。该法第 14 条规定:"强制性标准,必须执行。不符合强制性标准的产品,禁止生产、销售和进口。推荐性标准,国家鼓励企业自愿采用。"第 20 条规定:"生产、销售、进口不符合强制性标准的产品的,由法律、行政法规规定的行政主管部门依法处理,法律、行政法规未作规定的,由工商行政管理部门没收产品和违法所得,并处罚款;造成严重后果构成犯罪的,对直接责任人员依法追究刑事责任。"

《标准化法实施条例》则在《标准化法》相关规定的基础之上,对于强制性标准的法律效力作了进一步的补充。《条例》第 23 条规定:"从事科研、生产、经营的单位和个人,必须严格执行强制性标准。不符合强制性标准的产品,禁止生产、销售和进口。"第 25 条规定:"出口产品的技术要求由合同双方约定。出口产品在国内销售时,属于我国强制性标准管理范围的,必须符合强制性标准的要求。"第 31 条规定:"国家机关、社会团体、企业事业单位及全体公民均有权检举、揭发违反强制性标准的行为。"与此同时,《条例》还对于违反强制性标准的法律责任,作出了更加明确和具体的规定。《条例》第 33 条规定:"生产不符合强制性标准的产品的,应当责令其停止生产,并没收产品,监督销毁或作必要技术处理;处以该批产品货值金额百分之二十至百分之五十的罚款;对有关责任者处以五千元以下罚款。销售不符合强制性标准的商品的,应当责令其停止销售,并限期追回已售出的商品,监督销毁或作必要技术处理;没收违法所得;处以该批商品货值金额百分之十至百分之二十的罚款;对有关责任者处以五千元以下罚款。进口不符合强制性标准的产品的,应当封存并没收该产品,监督销毁或作必要技术处理;处以进口产品货值金额百分之二十至百分之五十的罚款;对有关责任者给予行政处分,并可处以五千元以下罚款。本条规定的责令停止生产、行政处分,由有关行政主管部门决定;其他行政处罚由标准化行政主管部门和工商行政管理部门依据职权决定。"第 34 条规定:"生产、销售、进口不符合强制性标准的产品,造成严重后果,构成犯罪的,由司法机关依法追究直接责任人员的刑事责任。"第 38 条规定:"本条例第三十二条至第三十六条规定的处罚不免除由此产生的对他人的损害赔偿责任。受到损害的有权要求责任人赔偿损失。赔偿责任和赔偿金额纠纷可以由有关行政主管部门处理,当事人也可以直接向人民法院起诉。"

而从另一个角度来说,企业作为实施标准的主体,其应当如何执行强制性标准和推荐性标准,也是标准效力的重要体现。就此问题,《企业标准化管理办法》第 17 条规定："国家标准、行业标准和地方标准中的强制性标准,企业必须严格执行;不符合强制性标准的产品,禁止出厂和销售。推荐性标准,企业一经采用,应严格执行;企业已备案的企业产品标准,也应严格执行。"第 18 条规定："企业生产的产品,必须按标准组织生产,按标准进行检验。经检验符合标准的产品,由企业质量检验部门签发合格证书。企业生产执行国家标准、行业标准、地方标准或企业产品标准,应当在产品或其说明书、包装物上标注所执行标准的代号、编号、名称。"上述规定不仅基于标准实施主体(企业)的视角,将标准的强制性效力阐释和转化为企业遵守和执行标准的义务,而且还明确了企业遵守和执行标准(亦即标准实施)的主要途径,主要是按标准组织生产,按标准进行检验。

第二节　标准的制定

一、标准制定的原则

根据 2006 年 9 月 4 日发布并于同年 12 月 1 日起实施的《标准化工作指南第 6 部分:标准化良好行为规范》(GB/T 20000.6-2006),标准制定的程序、标准编制和标准化的参与及合作,应当遵循以下的原则:

(一)标准制定程序的原则

1. 协商一致原则的标准制定程序应能够控制标准制定的方法。根据各相关方的请求,标准化机构的技术工作程序文件应以合理而及时的方式予以提供。

2. 标准制定程序应包括一种明确的、现实的和便捷的投诉机制,以公平处理程序性和实质性的投诉。

3. 标准化活动通报的发布应通过合适的媒体及时公布新的、进行中的和已完成的标准制定活动以及情况变化,以便感兴趣的相关机构或个人发表意见。

4. 根据各相关方的请求,标准化机构应及时提供一份已经提交讨论的标准草案。除邮寄费用外,所涉及的各项费用,应对各相关方一视同仁。相关方无论处于何地,标准化机构都应为其提供适当的机会审议和评论标准草案。如果需要,对于所有收到的意见(例如要求解释偏离相关国际标准的理由)都

应给予及时的考虑和回复。

5. 标准的通过应基于协商一致的结果。

6. 标准化机构应定期复审和及时修订标准。对于任何机构或个人,按照相应程序提交的制订、修订标准的新工作项目提案,都应给予及时的考虑。

7. 标准化机构应及时出版已批准发布的标准,并能让任何人在合理的时限和条件下获得出版物。

8. 标准化机构应存档并维护标准制定过程中的有关文件。

（二）促进贸易的标准编制原则

1. 标准编制应符合市场需要,并促进最广阔的地理和经济领域的贸易。标准编制不应阻碍和限制贸易。

2. 标准编制不应作为制定价格和排斥竞争的手段,也不应由于比技术法规要求或其他行业或地方法规对兼容性、环境保护、健康和安全要求更苛刻而限制商业活动。

3. 当国际标准存在或即将完成时,标准化机构应将国际标准作为制定相应国家标准或其他标准的基础,除非这样的国际标准由于诸如保护级别不够或基本气候或地理因素或基本技术问题而无效或不适用。

4. 标准编制不应误导消费者,也不应误导标准涉及的产品、过程或服务的其他用户。

5. 标准编制和采用不应对产品实行基于产地的歧视。

6. 凡有可能,标准的要求应以性能特性来表述,而非设计或描述特性,以便给技术发展留出最大的自由空间。

7. 有关合格评定和合格标志或其他的管理要求以及非技术问题,应与技术和性能要求分开表述。

8. 在例外情况下,如果出于技术原因证明引用专利项目是合理的,原则上不反对用包括采用专利权所覆盖的专利项目的条款制定标准,但需得到专利持有者作出在合理无歧视的原则下与专利使用申请者进行许可谈判的承诺。（关于"合理无歧视原则"的具体内涵,参见本书第五章《标准化与知识产权》。）

（三）标准制定过程的参与原则

1. 标准化机构所确立的标准化程序应能便于直接相关的人员和组织参与各层次的标准化过程。

2. 为了在尽可能广泛的基础上协调各标准,标准化机构应在资源限度内以恰当的方式,积极参与相关国际标准化机构的活动,并在其制定或采用相关国际标准的过程中起到重要的作用。

3. 国家参与国际和区域层次的标准化活动由国家标准机构负责组织。在国际标准化活动相关事项上国家标准机构应确保这种参与能够代表国家利益。

4. 国家标准化活动的参与应由标准化机构和国家标准机构按其协商一致的程序来组织,该程序应均衡反映各相关方利益,诸如制造商、用户、消费者等。国家标准机构应提供其他国家提出意见的机会,并且与国际和区域标准组织合作。

(四)标准化合作与沟通原则

1. 为使标准相互协调,以适用于最大可能的用户群体,标准化活动应积极自愿地在国际、区域、国家之间以及国家内部保持合作。

2. 国内各标准化机构与国家标准机构应积极合作,国内各标准化机构应尽一切努力避免与国家标准机构的工作重复或交叠。

3. 向国家标准机构作出遵守上述承诺的标准化机构应设置咨询部门,向国家标准机构和其他相关方提供有关的标准化信息并回复有关咨询。

二、国家标准的制定

根据由(原)国家技术监督局于 1990 年 8 月颁布实施的《国家标准管理办法》的相关规定,我国国家标准的制定,大致可以分为以下几个步骤与阶段:

(一)确定标准编制计划

编制国家标准的计划项目应以国民经济和社会发展计划、国家科技发展计划、标准化发展计划等作为依据。

国务院标准化行政主管部门在每年 6 月提出编制下年度国家标准计划项目的原则要求,下达给国务院有关行政主管部门和国务院标准化行政主管部门领导与管理的全国专业标准化技术委员会;国务院有关行政主管部门将编制国家标准计划项目的原则、要求,转发给由其负责领导和管理的全国专业标准化技术委员会或专业标准化技术归口单位(简称技术委员会或技术归口单位,下同)。

各技术委员会或技术归口单位根据编制国家标准计划项目的原则、要求，提出国家标准计划项目的建议，报其主管部门；国务院有关行政主管部门审查、协调后，于9月底提出国家标准计划项目草案和项目任务书，报国务院标准化行政主管部门。国务院各有关行政主管部门在协调国家标准计划项目过程中有困难时，可由国务院标准化行政主管部门协调解决。

国务院标准化行政主管部门对上报的国家标准计划项目草案，统一汇总、审查、协调，于12月底前将批准后的下年度国家标准计划项目下达。

在执行国家标准计划过程中，必要时可以对计划项目进行调整，调整的原则和内容是：(1)确属急需制定国家标准的项目，可以增补；(2)确属特殊情况，可以对计划项目的内容进行调整；(3)确属不宜制定国家标准的项目，应予撤销。而就国家标准计划项目调整的程序而言，凡符合上述调整原则的项目，必须由负责起草单位填写《国家标准计划项目调整申请表》，经项目主管部门审查同意，报国务院标准化行政主管部门批准。

药品、兽药、食品卫生、环境保护和工程建设的国家标准计划，由国务院有关行政主管部门报国务院标准化行政主管部门审查后下达。

（二）起草标准

国务院有关行政主管部门和国务院标准化行政主管部门领导与管理的技术委员会，按下达的国家标准计划项目组织实施。应经常检查国家标准计划项目的进展情况，督促并创造条件，保证负责起草单位按计划完成任务。每年1月月底前，将上年度计划执行情况报国务院标准化行政主管部门。

负责起草单位应对其制定的国家标准的质量及其技术内容全面负责。应按GBI《标准化工作导则》的要求起草"国家标准征求意见稿"，同时编写《编制说明》及有关附件，其内容一般包括：(1)工作简况，包括任务来源、协作单位、主要工作过程、国家标准主要起草人及其所做的工作等；(2)国家标准编制原则和确定国家标准主要内容(如技术指标、参数、公式、性能要求、试验方法、检验规则等)的论据(包括试验、统计数据)，修订国家标准时，应增列新旧国家标准水平的对比情况；(3)主要试验(或验证)的分析、综述报告，技术经济论证，预期的经济效果；(4)采用国际标准和国外先进标准的程度，以及与国际同类标准水平的对比情况，或与测试的国外样品、样机的有关数据对比情况；(5)与有关的现行法律、法规和强制性国家标准的关系；(6)重大分歧意见的处理经过和依据；(7)国家标准作为强制性国家标准或推荐性国家标准的建议；(8)贯彻国家标准的要求和措施建议(包括组织措施、技术措施、过渡办法等内容)；

(9)废止现行有关标准的建议；(10)其他应予说明的事项。对需要有标准样品对照的国家标准，一般应在审查国家标准前制备相应的标准样品。

（三）征求意见

国家标准征求意见稿和"编制说明"及有关附件，经负责起草单位的技术负责人审查后，印发各有关部门的主要生产、经销、使用、科研、检验等单位及大专院校征求意见。

国家标准征求意见稿征求意见时，应明确征求意见的期限，一般为两个月。可列出征求意见的表格，以利对意见的综合、整理。被征求意见的单位应在规定期限内回复意见，如没有意见也应复函说明，逾期不复函，按无异议处理。对比较重大的意见，应说明论据或提出技术经济论证。

负责起草单位应对征集的意见进行归纳整理，分析研究和处理后提出国家标准送审稿、"编制说明"及有关附件、意见汇总处理表，送负责该项目的技术委员会秘书处或技术归口单位审阅，并确定能否提交审查。必要时可重新征求意见。

（四）标准的审查和报批

国家标准送审稿的审查，凡已成立技术委员会的，由技术委员会按《全国专业标准化技术委员会章程》组织进行。

国家标准送审稿的审查，未成立技术委员会的，由项目主管部门或其委托的技术归口单位组织进行。参加审查的，应有各有关部门的主要生产、经销、使用、科研、检验等单位及大专院校的代表。其中，使用方面的代表不应少于1/4。审查可采用会议审查或函审。对技术、经济意义重大，涉及面广，分歧意见较大的国家标准送审稿可会议审查；其余的可函审。会议审查或函审由组织者决定。

会议审查，原则上应协商一致。如需表决，必须有不少于出席会议代表人数的3/4同意为通过；国家标准的起草人不能参加表决，其所在单位的代表不能超过参加表决者的1/4。函审时，必须有3/4回函同意为通过。会议代表出席率及函审回函率不足2/3时，应重新组织审查。

会议审查，应写出会议纪要，并附参加审查会议的单位和人员名单及未参加审查会议的有关部门和单位名单；函审，应写出函审结论，并附函审单。会议纪要应如实反映审查情况，内容应包括对于标准起草过程中所涉及的十个方面问题（参见前文对于"标准起草"的相关介绍）的审查结论。

负责起草单位,应根据审查意见提出国家标准报批稿。国家标准报批稿和"会议纪要"应经与会代表通过。

国家标准报批稿由国务院有关行政主管部门或国务院标准化行政主管部门领导与管理的技术委员会,报国家标准审批部门审批。国家标准报批稿内容应与国家标准审查时审定的内容一致,如对技术内容有改动,应附有说明。报送的文件应有:(1)报批国家标准的公文一份;(2)国家标准报批稿四份,另附应符合制版要求的插图一份;(3)国家标准申报单、编制说明及有关附件、意见汇总处理表、国家标准审查会议纪要或函审结论各两份;(4)如系采用国际标准或国外先进标准制定的国家标准,应有该国际标准或国外先进标准原文(复制件)和译文各一份。

(五)标准的批准和发布

国家标准由国务院标准化行政主管部门统一审批、编号、发布,并将批准的国家标准一份退报批部门。其中,药品、兽药国家标准,分别由国务院卫生主管部门、农业主管部门审批、编号、发布;食品卫生、环境保护国家标准,分别由国务院卫生主管部门、环境保护主管部门审批,国务院标准化行政主管部门编号、发布;工程建设国家标准由国务院工程建设主管部门审批,国务院标准化行政主管部门统一编号,国务院标准化行政主管部门和工程建设主管部门联合发布。

国家标准由中国标准出版社出版。药品、兽药和工程建设国家标准的出版,由国家标准的审批部门另行安排。在国家标准出版过程中,发现内容有疑点或错误时,由标准出版单位及时与负责起草单位联系。如国家标准技术内容需更改时,须经国家标准的审批部门批准。需要翻译为外文出版的国家标准,其译文由该国家标准的主管部门组织有关单位翻译和审定,并由国家标准的出版单位出版。

国家标准出版后,发现个别技术内容有问题,必须作少量修改或补充时,由负责起草单位提出国家标准修改通知单,经技术委员会或技术归口单位审核,报该国家标准的主管部门审查同意,备文并附国家标准修改通知单一式四份,报国家标准的审批部门批准,然后按照国家标准发布的相关规定予以发布。

(六)标准的复审

国家标准实施后,应当根据科学技术的发展和经济建设的需要,由该国家标准的主管部门组织有关单位适时进行复审,复审周期一般不超过五年。

国家标准的复审可采用会议审查或函审。会议审查或函审,一般要有参加过该国家标准审查工作的单位或人员参加。

国家标准复审结果,按下列情况分别处理:(1)不需要修改的国家标准确认继续有效;确认继续有效的国家标准,不改顺序号和年号。当国家标准重版时,在国家标准封面上、国家标准编号下写明"××××年确认有效"字样。(2)需作修改的国家标准作为修订项目,列入计划。修订的国家标准顺序号不变,把年号改为修订的年号。(3)已无存在必要的国家标准,予以废止。

负责国家标准复审的单位,在复审结束后,应写出复审报告,内容包括:复审简况,处理意见,复审结论。经该国家标准的主管部门审查同意,一式四份,报国家标准的审批部门批准,然后按照国家标准发布的相关规定予以发布。

三、行业标准的制定

根据由(原)国家技术监督局于 1990 年 8 月颁布实施的《行业标准管理办法》的相关规定,我国行业标准的制定,大致可以分为以下几个步骤与阶段:

(一)确定标准编制计划

全国专业标准化技术委员会或专业标准化技术归口单位负责提出本行业标准计划的建议,组织本行业标准的起草及审查等工作。

全国专业标准化技术委员会或专业标准化技术归口单位提出的行业标准计划建议,经行业标准归口部门与有关行政主管部门进行协调、分工后,由各有关行政主管部门分别下达实施。(行业标准归口部门在制定行业标准计划时,必须与有关行政主管部门进行协调,以建立科学、合理的标准体系。)

行业标准的计划,应当由行业标准归口部门抄报国务院标准化行政主管部门,一式两份。

(二)标准的起草和征求意见

按行业标准计划的安排,负责起草行业标准的单位提出"行业标准征求意见稿",经征求各有关方面意见后修改为"送审稿",送全国专业标准化技术委员会或专业标准化技术归口单位。

制定行业标准应当发挥行业协会、科学研究机构和学术团体的作用,制定

标准的部门应当吸收其参加标准起草和审查工作。编写行业标准应符合《标准化工作导则》的规定。

（三）标准的审查和报批

行业标准送审稿，由全国专业标准化技术委员会或由行业标准归口部门委托的专业标准化技术归口单位组织审查。

由全国专业标准化技术委员会组织审查时，按《全国专业标准化技术委员会章程》的规定进行。由专业标准化技术归口单位组织审查时，参加审查的人员，应有生产、使用、经销、科研和高等院校等单位的有关专家。其中，使用方面的人员不应少于 1/4。

行业标准审查可采用会议审查或函审。会议审查时应进行充分讨论，并取得一致意见。需要表决时，必须有不少于出席会议代表人数的 3/4 同意为通过。函审时，必须有 3/4 的回函同意为通过。会议审查结果应写出会议纪要。会议纪要应如实反映各方面的意见。函审时应写出函审结论并附有函审单。会议代表的出席率和函审单的回函率应不低于 2/3。

行业标准送审时，应附有标准送审稿、标准编制说明、意见汇总处理表及其他有关附件。

（四）标准的批准和发布

行业标准由行业标准归口部门审批、编号、发布。

行业标准报批时，应有标准报批稿、标准编制说明、标准审查会议纪要或函审结论及其函审单、意见汇总处理表和其他有关附件。采用国际标准或国外先进标准时，应附有该标准的原文或译文。

行业标准的审批必须尊重审查会议纪要或函审结论。对报批稿进行修改应有充分科学论据，并征求全国专业标准化技术委员会或专业标准化技术归口单位的意见。对报批稿有重大修改时，应进行重新审查。

确定行业标准的强制性或推荐性，应由全国专业标准化技术委员会或专业标准化技术归口单位提出意见，由行业标准归口部门审定。

行业标准出版，由行业标准归口部门确定。行业标准出版后的正式文本，应送国务院标准化行政主管部门一式五份。

（五）行业标准的备案

行业标准归口部门应在行业标准发布后 30 日内，将已发布的行业标准及

"编制说明"连同发布文件各一份,送国务院标准化行政主管部门备案。

备案的行业标准如违反国家有关法律、法规和强制性国家标准,国务院标准化行政主管部门应责成行业标准归口部门限期改正或停止实施。

(六)标准的复审

行业标准实施后,应根据科学技术的发展和经济建设的需要适时进行复审;复审周期一般不超过五年,确定其继续有效、修订或废止。

行业标准的复审工作由行业标准归口部门组织全国专业标准化技术委员会或专业标准化技术归口单位进行。行业标准的复审也可采用会议审查或函审。复审时一般要有参加过该标准审查工作的单位和人员参加。标准复审后,应提出"复审报告",报送行业标准归口部门审批。

四、地方标准的制定

根据由(原)国家技术监督局于 1990 年 9 月颁布实施的《地方标准管理办法》的相关规定,制定地方标准的工作程序,大致可以分为以下几个步骤与阶段:

(一)确定标准编制计划

省、自治区、直辖市标准化行政主管部门,向同级有关行政主管部门和省辖市(含地区)标准化行政主管部门,部署制订地方标准年度计划的要求,由同级有关行政主管部门和省辖市标准化行政主管部门根据年度计划的要求提出计划建议;省、自治区、直辖市标准化行政主管部门对计划建议进行协调、审查,制订出年度计划。

(二)标准的起草和征求意见

省、自治区、直辖市标准化行政主管部门,根据制订地方标准的年度计划,组织起草小组或委托同级有关行政主管部门、省辖市标准化行政主管部门负责起草。

负责起草地方标准的单位或起草小组,进行调查研究、综合分析、试验验证后,编写出地方标准征求意见稿与编制说明,经征求意见后编写成标准送审稿。

(三)标准的审查和报批

地方标准送审稿由省、自治区、直辖市标准化行政主管部门组织审查,或

委托同级有关行政主管部门、省辖市标准化行政主管部门组织审查。审查工作可由标准化行政主管部门批准建立的标准化技术委员会或组织生产、使用、经销、科研、检验、标准、学术团体等有关单位的专业技术人员进行审查。审查形式既可以会审,也可以函审。

(四)标准的批准和发布

组织起草地方标准的单位将审查通过的地方标准送审稿,修改成报批稿,连同附件,包括编制说明、审查会议纪要或函审结论、验证材料、参加审查人员名单,报送省、自治区、直辖市标准化行政主管部门审批、编号、发布。

(五)地方标准的备案

地方标准发布后,省、自治区、直辖市标准化行政主管部门在 30 日内,应分别向国务院标准化行政主管部门和有关行政主管部门备案。备案材料包括地方标准批文、地方标准文本及编制说明各一份。

受理备案的部门,当发现备案的地方标准有违反有关法律、法规和强制性标准规定时,由国务院标准化行政主管部门会同国务院有关行政主管部门责成申报备案的部门限期改正或停止实施。

除此之外,需要特别指出的是,作为特殊的地方标准,药品、兽药地方标准的制定、审批、编号、发布,按法律、法规的规定执行;食品卫生和环境保护地方标准,由法律、法规规定的部门制定、审批,报省、自治区、直辖市标准化行政主管部门统一编号、发布。

五、企业标准的制定

根据由(原)国家技术监督局于 1990 年 8 月颁布实施的《企业标准化管理办法》第 5 条的规定,企业标准由企业制定,由企业法人代表或法人代表授权的主管领导批准、发布,由企业法人代表授权的部门统一管理。

(一)制定企业标准的原则

根据《企业标准化管理办法》第 7 条的规定,企业标准的制定,应当遵循以下几项原则:(1)贯彻国家和地方有关的方针、政策、法律、法规,严格执行强制性国家标准、行业标准和地方标准;(2)保证安全、卫生,充分考虑使用要求,保护消费者利益,保护环境;(3)有利于企业技术进步,保证和提高产品质量,改善经营管理和增加社会经济效益;(4)积极采用国际标准和国外先进标准;(5)有利于合理利用国家资源、能源,推广科学技术成果,有利于产品的通用互换,符合使用要求,技术先进,经济合理;(6)有利于对外经济技术合作和对外贸易;(7)本企业内的企业标准之间应协调一致。

（二）制定企业标准的一般程序

根据《企业标准化管理办法》的相关规定,制定企业标准的一般程序是:编制计划、调查研究,起草标准草案、征求意见,对标准草案进行必要的验证、审查、批准、编号、发布。审查企业标准时,根据需要,可邀请企业外有关人员参加。企业标准的编写和印刷,参照《标准化工作导则》的规定执行。

企业标准发布以后,应定期复审,复审周期一般不超过三年。当有相应国家标准、行业标准和地方标准发布实施后,应及时复审,并确定其继续有效、修订或废止。

（三）企业产品标准的备案

根据标准化对象的基本属性的不同,企业标准可以被划分为技术标准、管理标准和工作标准三大类。其中,需要向有关行政主管部门办理备案的,仅仅是企业技术标准中的一种——产品标准。

根据《标准化工作导则》的相关规定,企业产品标准,应在发布后30日内办理备案。一般按企业的隶属关系报当地政府标准化行政主管部门和有关行政主管部门备案。国务院有关行政主管部门所属企业的企业产品标准,报国务院有关行政主管部门和企业所在省、自治区、直辖市标准化行政主管部门备案。国务院有关行政主管部门和省、自治区、直辖市双重领导的企业,企业产品标准还要报省、自治区、直辖市有关行政主管部门备案。报送企业产品标准备案的材料有:备案申报文、标准文本和编制说明等。具体备案办法,按省、自治区、直辖市人民政府的规定办理。

受理备案的部门收到备案材料后即予登记。当发现备案的企业产品标准,违反有关法律、法规和强制性标准规定时,标准化行政主管部门会同有关行政主管部门责令申报备案的企业限期改正或停止实施。

企业产品标准复审后,应及时向受理备案部门报告复审结果。修订的企业产品标准,重新备案。

第三节　标准的实施

一、标准实施概说

(一)标准实施的定义

关于"标准实施"的定义,目前无论是在理论界还是在实务界,均未形成具有权威性和一致性的意见。例如有学者认为,"标准实施是指将标准规定的技术内容贯彻到生产和社会实践中的过程,它是标准制定部门、使用部门和企业等有组织、有计划、有措施地贯彻执行标准的活动"。①

根据 GB/T 20000.1-2002 的定义,标准化是"为了在一定范围内获得最佳秩序,对现实问题或潜在问题制定共同使用和重复使用的条款的活动"。"上述活动主要包括编制、发布和实施标准的过程。"由此可见,"标准化"的实质,是人们为了实现某方面的既定目标(例如改进产品、过程或服务的适用性、防止贸易壁垒、促进技术合作等),而主动地制定标准这种规范性文件,并用其来指导和规范社会生活的一种活动。或者说,标准化是标准产生和发生规范性效力的一个过程。

如果我们根据标准化活动的原理,对标准化的过程予以阶段划分,则大体可以将其划分为"标准制定"与"标准实施"这两个阶段——标准制定,是指标准产生的过程;而标准实施,则是指将标准运用于社会生活之中,使其发生实际效力。

(二)标准实施的内涵

作为一种规范性文件,标准在制定完成和发布以后,不可能自动地达成其所预期的目标(例如改进产品、过程或服务的适用性、防止贸易壁垒、促进技术合作等)。标准要运用于社会生活并发生实际效力,必须要经过一定的中介机制和环节。就此而言,标准的实施与同样作为规范性文件的法律的实施,具有相似性。

---

① 季任天主编:《质量技术监督法律基础》,中国计量出版社 2003 年版,第 63 页。

从法理学上说,法的实施,是指法律在社会实际生活中的具体运用和实现。它主要包括两个方面:一方面是国家执法、司法机关及其公职人员严格执行法律、适用法律,保证法律的实现;另一方面,是一切国家机关、社会组织和个人,即凡行为受法律调整的个人和组织都要遵守法律。也就是说,法律实施的含义包括执法、司法和守法。①

依据此种原理,我们认为,标准的实施也应当包括以下两个方面的具体内涵:一方面,是国家机关通过建立一系列的行政审批制度,对一些标准予以贯彻执行,使其具有法律的强制效力,并且通过监督检查和追究违反标准化法律法规的法律责任,来确保标准的实行;另一方面,是标准所适用的对象(包括个人和组织)应当自觉遵守标准,并采取适当的方式来实现标准所提出的要求。也正因为如此,从一种较为广义的意义上看,标准的实施大致应当包括以下几个要素:标准的贯彻执行、标准的遵守、标准实施的监督检查,以及违反标准化法律法规的法律责任。

二、标准的贯彻执行

《标准化法》第 14 条规定:"强制性标准,必须执行。不符合强制性标准的产品,禁止生产、销售和进口。推荐性标准,国家鼓励企业自愿采用。"在我国,强制性标准的贯彻执行,主要是通过工业产品生产许可证制度、食品生产许可制度和强制性产品认证制度。换言之,法律法规在确立一系列质量管理和市场准入制度的同时,实际上也就实现和确保了作为检验和认证依据的相关标准的强制执行。

(一)工业产品生产许可证制度

工业产品生产许可证制度,是依据《产品质量法》、《工业产品生产许可证管理条例》等法律法规,对涉及质量安全产品的生产企业进行实地核查和产品检验,确认其具备生产能力,颁发生产许可证允许生产的一种市场准入行政许可制度。目前发证对象重点是涉及安全、卫生、环保的 66 大类重要工业产品。②

---

① 参见沈宗灵主编:《法理学》,高等教育出版社 2004 年版,第 345 页。
② 参见白桦、洪生伟:《法律和标准实施监督检查的比较分析和研究——法律与标准生命周期过程比较分析研究之三》,载《标准科学》2010 年第 3 期。

根据《工业产品生产许可证管理条例》的规定,企业取得生产许可证的条件之一,是其"产品符合有关国家标准、行业标准以及保障人体健康和人身、财产安全的要求"。从工业产品生产许可证审查和发放的程序来看,工业产品生产许可证主管部门受理企业申请后,应当组织对企业进行审查。对企业的审查包括对企业的实地核查和对产品的检验。企业经实地核查合格的,应当及时进行产品检验。产品检验应当依照国家有关标准、要求来进行。(关于工业产品生产许可证制度的详细介绍,参见本书第四章第一节。)

(二)食品生产许可制度

食品生产许可,是一种特殊的工业产品生产许可。因其直接关系到人民群众的生命健康和安全,故而食品生产许可制度相较于其他的工业产品生产许可制度而言,就更为严格和详尽。

根据国家质检总局于 2010 年 4 月 7 日颁布的《食品生产许可管理办法》第 3 条和第 6 条的规定:"企业未取得食品生产许可,不得从事食品生产活动。""设立食品生产企业,应当在工商部门预先核准名称后依照食品安全法律法规和本办法有关要求取得食品生产许可。"这就将食品生产许可制度正式确立为食品市场的准入制度。

根据《食品生产许可管理办法》的相关规定,取得食品生产许可,应当符合食品安全标准,并符合下列要求:(1)具有与申请生产许可的食品品种、数量相适应的食品原料处理和食品加工、包装、贮存等场所,保持该场所环境整洁,并与有毒、有害场所以及其他污染源保持规定的距离;(2)具有与申请生产许可的食品品种、数量相适应的生产设备或者设施,有相应的消毒、更衣、盥洗、采光、照明、通风、防腐、防尘、防蝇、防鼠、防虫、洗涤以及处理废水、存放垃圾和废弃物的设备或者设施;(3)具有与申请生产许可的食品品种、数量相适应的合理的设备布局、工艺流程,防止待加工食品与直接入口食品、原料与成品交叉污染,避免食品接触有毒物、不洁物;(4)具有与申请生产许可的食品品种、数量相适应的食品安全专业技术人员和管理人员;(5)具有与申请生产许可的食品品种、数量相适应的保证食品安全的培训、从业人员健康检查和健康档案等健康管理、进货查验记录、出厂检验记录、原料验收、生产过程等食品安全管理制度。法律法规和国家产业政策对生产食品有其他要求的,应当符合该要求。很显然,有关食品生产的上述五个方面的要求,都是与相应的标准紧密联系在一起的。也正因如此,符合有关食品安全的各项标准,实为企业取得食品生产许可证的必要条件。

与此同时,《食品生产许可管理办法》还确立了食品生产的强制检验制度:新设立的食品生产企业应当按规定实施许可的食品品种申请"生产许可检验"。许可机关接到生产许可检验申请后,应当及时按照有关规定抽取和封存样品,并告知申请企业在封样后七日内将样品送交具有相应资质的检验机构。检验机构收到样品后,应当按照规定要求和标准进行检验,并准确、及时地出具检验报告。检验结论合格的,许可机关根据检验报告确定食品生产许可的品种范围,并在食品生产许可证副页中予以载明。在未经许可机关确定食品生产许可的品种范围之前,禁止出厂销售试产食品。

食品生产许可有效期内,有关法律法规、食品安全标准或技术要求发生变化的,原许可机关可以根据国家有关规定重新组织核查和检验。

(三)强制性产品认证制度

根据《认证认可条例》第 2 条的定义,所谓认证,是指由认证机构证明产品、服务、管理体系符合相关技术规范、相关技术规范的强制性要求或者标准的合格评定活动。

学理上根据认证对象的不同,通常将认证分为产品认证、服务认证和管理体系认证。其中,作为最主要的一种认证形式,产品认证,是指认证机构按照一定程序规则证明产品符合相关技术标准和技术规范要求的合格评定活动,包括安全认证、品质认证、EMC 认证、节能认证、节水认证等。[1]

我国目前实施以自愿性认证为原则的产品认证制度,并使其成为产品质量标准实施的重要手段。《标准化法》第 15 条规定:"企业对有国家标准或者行业标准的产品,可以向国务院标准化行政主管部门或者国务院标准化行政主管部门授权的部门申请产品质量认证。认证合格的,由认证部门授予认证证书,准许在产品或其包装上使用规定的认证标志。已经取得认证证书的产品不符合国家标准或者行业标准的,以及产品未经认证或者认证不合格的,不得使用认证标志出厂销售。"

在自愿性产品认证的基础之上,《认证认可条例》又确立了强制性产品认证制度。该条例第 28 条规定:"为了保护国家安全、防止欺诈行为、保护人体健康或者安全、保护动植物生命或者健康、保护环境,国家规定相关产品必须经过认证的,应当经过认证并标注认证标志后,方可出厂、销售、进口或者在其

---

① 参见王艳林主编:《质检法教程》,中国政法大学出版社 2010 年版,第 134～135 页。

他经营活动中使用。"第 29 条规定:"国家对必须经过认证的产品,统一产品目录,统一技术规范的强制性要求、标准和合格评定程序,统一标志,统一收费标准。统一的产品目录(以下简称目录)由国务院认证认可监督管理部门会同国务院有关部门制定、调整,由国务院认证认可监督管理部门发布,并会同有关方面共同实施。"

2009 年 7 月,国家质检总局颁布了《强制性产品认证管理规定》,对强制性产品认证制度作出了更加详尽的规定。根据《强制性产品认证管理规定》的相关规定,国家认监委负责制定和发布各类强制性产品认证规则(以下简称认证规则)。认证规则的内容应当包括:适用的产品范围;适用的产品所对应的国家标准、行业标准和国家技术规范的强制性要求;认证模式;抽样和送样要求;关键元器件或者原材料的确认要求(需要时);检测标准的要求(需要时);工厂检查的要求;获证后跟踪检查的要求等。列入目录产品的生产者或者销售者、进口商(统称认证委托人)应当委托经国家认监委指定的认证机构对其生产、销售或者进口的产品进行认证。委托其他企业生产列入目录产品的,委托企业或者被委托企业均可以向认证机构进行认证委托。(关于强制性产品认证制度的详细介绍,参见本书第四章第二节。)

通过对于一定范围的重要产品实施强制性产品认证,并且禁止未经认证和认证不合格的产品出厂、销售、进口或在其他经营活动中使用,实际上也就使得相应的技术标准得到了强制性执行。因此可以认为,强制性产品认证是执行与之相关的标准的最有效手段。

三、标准的遵守

在现代市场经济条件下,企业是从事生产经营和参与市场竞争的主体,也是标准化活动的主要参与者——它们既是标准的主要需求者,也是国家标准、行业标准和地方标准的主要适用对象,同时还是源源不断的企业标准的制定者。因此,标准的遵守,主要就是指企业如何在自身的生产经营过程中,自觉地遵守和执行各类标准的问题。

根据由(原)国家技术监督局于 1990 年 8 月颁布实施的《企业标准化管理办法》第 17 条,国家标准、行业标准和地方标准中的强制性标准,企业必须严格执行;不符合强制性标准的产品,禁止出厂和销售。推荐性标准,企业一经采用,应严格执行;企业已备案的企业产品标准,也应严格执行。

具体来说,企业遵守和执行标准的途径,主要有以下几个方面:

（一）产品质量出厂检验

《产品质量法》第 12 条规定："产品质量应当检验合格，不得以不合格产品冒充合格产品。"《企业标准化管理办法》第 18 条第 1 款规定："企业生产的产品，必须按标准组织生产，按标准进行检验。经检验符合标准的产品，由企业质量检验部门签发合格证书。"由此确立了产品质量出厂检验制度。

在产品质量出厂检验制度中，检验主体是企业自身。检验标准有三种，即法定标准、约定标准和企业标准。检验程序有国家规定程序的，按照国家规定。没有国家规定程序的，企业应根据科学、合理原则，设立自己的检验程序。① 企业生产的产品，必须通过检验，确认其符合相关标准和质量要求，才能出厂流通。（关于产品质量出厂检验制度的详细介绍，参见本书第四章第一节。）由此可见，产品质量出厂检验，既是法律法规赋予企业的一项产品质量保证义务，同时也是一项遵守标准、实施标准化生产和管理的义务。

（二）标准的标识

根据《企业标准化管理办法》第 18 条第 2 款的规定，企业生产执行国家标准、行业标准、地方标准或企业产品标准，应当在产品或其说明书、包装物上标注所执行标准的代号、编号、名称。

（三）产品和技术研发的标准化审查

关于企业的产品和技术研发与标准之间的关系，《标准化法》第 17 条提出了原则性的要求："企业研制新产品、改进产品，进行技术改造，应当符合标准化要求。"据此，《企业标准化管理办法》第 19 条创设了"标准化审查制度"，即："企业研制新产品、改进产品、进行技术改造和技术引进，都必须进行标准化审查。"

按照学者的解读，这里所谓标准化审查，就是根据国家有关标准化方面的方针、技术经济政策、标准等，对产品图样和工艺、工装图样、材料消耗定额等各类图样文件所进行的标准化技术审查，其中有很多审查依据是国家标准。②

---

① 参见郑曙光、汪海军：《市场管理法新论》，中国检察出版社 2005 年版，第 212 页。
② 白桦、洪生伟：《法律和标准实施监督检查的比较分析和研究——法律与标准生命周期过程比较分析研究之三》，载《标准科学》2010 年第 3 期。

（四）企业的标准化管理

根据《企业标准化管理办法》的相关规定，企业的标准化工作，应当纳入企业的发展规划和计划。

企业根据生产、经营需要设置的标准化工作机构，配备的专、兼职标准化人员，负责管理企业标准化工作。其任务是：（1）贯彻国家的标准化工作方针、政策、法律、法规，编制本企业标准化工作计划；（2）组织制定、修订企业标准；（3）组织实施国家标准、行业标准、地方标准和企业标准；（4）对本企业实施标准的情况，负责监督检查；（5）参与研制新产品、改进产品，技术改造和技术引进中的标准化工作，提出标准化要求，做好标准化审查；（6）做好标准化效果的评价与计算，总结标准化工作经验；（7）统一归口管理各类标准，建立档案，搜集国内外标准化情报资料；（8）对本企业有关人员进行标准化宣传教育，对本企业有关部门的标准化工作进行指导；（9）承担上级标准化行政主管部门和有关行政主管部门委托的标准化工作任务。

企业标准化人员对违反标准化法规定的行为，有权制止，并向企业负责人提出处理意见，或向上级部门报告。对不符合有关标准化法要求的技术文件，有权不予签字。

企业标准属科技成果，企业或上级主管部门，对取得显著经济效益的企业标准，以及对企业标准化工作作出突出成绩的单位和人员，应给予表扬或奖励；对贯彻标准不力，造成不良后果的，应给予批评教育；对违反标准规定，造成严重后果的，按有关法律、法规的规定，追究法律责任。

四、标准实施的监督检查

（一）标准实施的监督主体

我国实行国家标准、行业标准、地方标准和企业标准的四级标准管理体制。与此相适应，标准实施的监督检查，也在中央与地方、标准化行政主管部门与有关行政主管部门之间，进行分工。

根据《标准化法》和《标准化法实施条例》的相关规定，国务院标准化行政主管部门统一负责全国标准实施的监督。国务院有关行政主管部门分工负责本部门、本行业的标准实施的监督。

省、自治区、直辖市标准化行政主管部门统一负责本行政区域内的标准实施的监督。省、自治区、直辖市人民政府有关行政主管部门分工负责本行政区域内本部门、本行业的标准实施的监督。

市、县标准化行政主管部门和有关行政主管部门,按照省、自治区、直辖市人民政府规定的各自的职责,负责本行政区域内的标准实施的监督。

国家机关、社会团体、企业事业单位及全体公民均有权检举、揭发违反强制性标准的行为。

需要指出的是,行业主管部门对于国家标准、行业标准的实施进行监督检查,除了要根据《标准化法》和《标准化法实施条例》的相关规定以外,还应当具有该行业标准管理的法规依据。例如,公安消防部门依据《安全生产行业标准管理规定》等法规,有权对《火灾报警控制器通用技术条件》等标准的实施情况进行监督检查。

(二)标准实施监督检查的方式

对标准实施进行监督检查,就是依据标准化法律、法规和规章,对部门、企事业单位或个人实施标准情况进行监督检查与处理,它是保证标准贯彻执行的一个重要环节。具体来说,标准实施的监督检查,主要有以下五种方式:

(1)标准化审查。例如在研制新产品或改进老产品、进行技术改造和技术引进(包括设备引进)时,对产品图样和技术文件等进行标准化审查。又如,在贯彻 ISO 9000、ISO 14000 和 GB/T 28001 标准建立质量、环境、职业安全管理体系时,对体系文件进行标准化审查;(2)定期或不定期地对产品、服务或工程质量进行监督检验;(3)采用国际标准和国外先进标准的验收或使用采标标志的产品备案审查;(4)企业标准化水平的确认或标准化先进企业评审;(5)质量认证审核等。

总而言之,标准实施的监督检查,可以是对一个单位或个人(如个体工商户)实施标准情况进行全面的检查与处理;可以仅仅是对某类或某项标准(如某项产品标准)实施情况进行专项检查与处理;可以是有计划、定期的检查(如国家产品质量监督抽查、采标验收等);也可以是依据检举、揭发或企业自愿申请而进行的不定期的检查。①

(三)标准实施监督检查与产品质量监督抽查的关系

标准制定与实施的主要目的之一,是保障产品质量,故而,标准实施的监

---

① 参见洪生伟:《标准化管理》,中国计量出版社 2006 年版,第 253~254 页。

督检查,实际上也具有保障产品质量的重要作用。而从另一个角度来说,产品质量的监督抽查,不仅是作为《产品质量法》上所规定的一项重要的产品质量监督管理制度,而且也是一项重要的标准实施的监督检查制度。

当然,由于标准包括产品标准、管理标准、工作标准三大类,故而标准实施的监督检查,除须通过产品质量监督抽查的方式以外,还应当包括管理体系和工作方法的监督检查。而且即使就产品质量标准实施的监督检查而言,也不仅限于产品质量监督抽查这一种方式。

为了落实产品质量标准的监督检查,根据《标准化法》和《标准化法实施条例》的相关规定,县级以上人民政府标准化行政主管部门,可以根据需要设置检验机构,或者授权其他单位的检验机构,对产品是否符合标准进行检验和承担其他标准实施的监督检验任务。检验机构的设置应当合理布局,充分利用现有力量。

国家检验机构由国务院标准化行政主管部门会同国务院有关行政主管部门规划、审查。地方检验机构由省、自治区、直辖市人民政府标准化行政主管部门会同省级有关行政主管部门规划、审查。国务院有关行政主管部门可以根据需要和国家有关规定设立检验机构,负责本行业、本部门的检验工作。处理有关产品是否符合标准的争议,以上述检验机构的检验数据为准。

五、违反标准化法律法规的法律责任

(一)违反标准化法律法规的行政责任

1. 违反标准化管理制度的行政违法行为

根据《标准化法》和《标准化法实施条例》的相关规定,违反标准化管理制度的行政违法行为,主要包括以下五类:(1)企业未按规定制定标准作为组织生产依据的(即通常所说的"无标生产",针对企业产品标准的备案制度);(2)企业未按规定要求将产品标准上报备案的;(3)企业的产品未按规定附有标识或与其标识不符的;(4)企业研制新产品、改进产品、进行技术改造,不符合标准化要求的;(5)科研、设计、生产中违反有关强制性标准规定的。

2. 企业违反标准化管理制度所应承担的行政责任

根据《标准化法实施条例》第 32 条,对于上述各种违反标准化管理制度的行政违法行为,应由标准化行政主管部门或有关行政主管部门在各自的职权范围内责令限期改进,并可通报批评或给予责任者行政处分。在此基础之上,

《标准化法》和《标准化法实施条例》还针对企业"违反强制性标准"和"违反认证制度"这两类较为严重的行政违法行为,规定了更为严厉的行政责任。以下分别述之:

针对企业"违反强制性标准"的行政违法行为,《标准化法实施条例》第33条规定:"生产不符合强制性标准的产品的,应当责令其停止生产,并没收产品,监督销毁或作必要技术处理;处以该批产品货值金额百分之二十至百分之五十的罚款;对有关责任者处以五千元以下罚款。销售不符合强制性标准的商品的,应当责令其停止销售,并限期追回已售出的商品,监督销毁或作必要技术处理;没收违法所得;处以该批商品货值金额百分之十至百分之二十的罚款;对有关责任者处以五千元以下罚款。进口不符合强制性标准的产品的,应当封存并没收该产品,监督销毁或作必要技术处理;处以进口产品货值金额百分之二十至百分之五十的罚款;对有关责任者给予行政处分,并可处以五千元以下罚款。本条规定的责令停止生产、行政处分,由有关行政主管部门决定;其他行政处罚由标准化行政主管部门和工商行政管理部门依据职权决定。"

针对企业"违反认证制度"的行政违法行为,《标准化法实施条例》第35条规定:"获得认证证书的产品不符合认证标准而使用认证标志出厂销售的,由标准化行政主管部门责令其停止销售,并处以违法所得二倍以下的罚款;情节严重的,由认证部门撤销其认证证书。"第36条规定:"产品未经认证或者认证不合格而擅自使用认证标志出厂销售的,由标准化行政主管部门责令其停止销售,处以违法所得三倍以下的罚款,并对单位负责人处以五千元以下罚款。"(对此问题,《标准化法》第21条和第22条已有原则性规定。)

(二)违反标准化法律法规的刑事责任

违反标准化法律法规的刑事责任,包括标准适用对象的刑事责任和标准管理主体的刑事责任这两类情形。

一方面,根据《标准化法实施条例》第34条:"生产、销售、进口不符合强制性标准的产品,造成严重后果,构成犯罪的,由司法机关依法追究直接责任人员的刑事责任。"我们认为,生产、销售、进口不符合强制性标准的产品,造成严重后果的,可能构成"生产、销售伪劣商品罪"。而关于该罪的构成要件,可参见我国《刑法》分则第三章《破坏社会主义市场经济秩序罪》第一节《生产、销售伪劣商品罪》的具体规定。

另一方面,《标准化法实施条例》第39条规定:"标准化工作的监督、检验、

管理人员有下列行为之一的,由有关主管部门给予行政处分,构成犯罪的,由司法机关依法追究刑事责任:(1)违反本条例规定,工作失误,造成损失的;(2)伪造、篡改检验数据的;(3)徇私舞弊、滥用职权、索贿受贿的。"

（三）违反标准化法律法规的民事责任

对于企业违反标准化法律法规时应当承担何种民事责任,及其所承担的民事责任与行政责任的关系,《标准化法》并未涉及。就此问题,《标准化法实施条例》第38条规定:"本条例第32条至第36条规定的处罚不免除由此产生的对他人的损害赔偿责任。受到损害的有权要求责任人赔偿损失。赔偿责任和赔偿金额纠纷可以由有关行政主管部门处理,当事人也可以直接向人民法院起诉。"由此明确了违反标准化法律法规应当同时承担行政责任和民事责任的原则。

根据相关法律法规,企业违反标准化法律法规所应当承担的民事责任,主要包括以下三种情况:

1. 产品瑕疵责任

产品瑕疵担保责任,是指产品不具备应有的使用性能,不符合明示采用的产品标准,或者不符合以产品说明、实物样品等方式表明的质量状况时,销售者所应承担的民事责任。根据《产品质量法》第40条的规定,售出的产品有上述情形之一的,销售者应当负责修理、更换、退货;给购买产品的消费者造成损失的,销售者应当赔偿损失。由此可见,"售出的产品不符合在产品或者其包装上注明采用的产品标准的"乃是可能构成产品瑕疵责任的条件之一。

需要注意的是,就法律性质而言,产品瑕疵责任是一种违约责任,从而区别于作为侵权责任的产品缺陷责任。这种责任的责任主体是销售者(而非生产者),责任承担的对象仅是购买产品的消费者,这就充分体现了"合同相对性原则"。与此同时,销售者承担产品瑕疵责任不以主观过错为前提条件。而就责任承担方式来看,销售者应当承担的修理、更换、退货、赔偿损失(给购买产品的消费者造成损失时)也都是违约责任的典型表现形式。

2. 产品缺陷责任

产品缺陷责任(又称产品缺陷损害赔偿责任),是指因产品存在缺陷,造成人身、他人财产损害,所应当承担的民事侵权赔偿责任。

作为一种采取无过错责任原则的侵权责任,产品缺陷责任的构成要件,包括"缺陷"、"损害事实"、"因果关系"等三个要素。而根据《产品质量法》第46

条的规定:"本法所称缺陷,是指产品存在危及人身、他人财产安全的不合理的危险;产品有保障人体健康和人身、财产安全的国家标准、行业标准的,是指不符合该标准。"由此可见,"产品不符合保障人体健康和人身、财产安全的国家标准、行业标准",乃是"产品缺陷"的衡量标准之一,从而也就成为产品缺陷责任的可能的构成要件之一。

需要指出的是,根据《产品质量法》第46条的规定,对于产品"缺陷"的判断,有"不合理危险"和"国家标准、行业标准"这两种判断基准。而对于这两种判断基准在"缺陷"判断中的适用顺序及其相互间的关系,学理上仍存有争议。① 我们认为,即使产品的质量符合与之相关的国家标准、行业标准,但如果其"存在危及人身、他人财产安全的不合理的危险",也可以构成产品缺陷,进而导致产品缺陷责任的产生。也正因如此,"产品不符合保障人体健康和人身、财产安全的国家标准、行业标准"只是产品缺陷责任的"可能的"构成要件之一,但并不是必须的构成要件。

3. 违反食品安全标准的惩罚性赔偿

《食品安全法》第96条规定:"违反本法规定,造成人身、财产或者其他损害的,依法承担赔偿责任。生产不符合食品安全标准的食品或者销售明知是不符合食品安全标准的食品,消费者除要求赔偿损失外,还可以向生产者或者销售者要求支付价款十倍的赔偿金。"从而确立了违反食品安全标准的惩罚性赔偿制度,也将惩罚性赔偿的适用与食品安全标准紧密地联系在一起。然而,关于惩罚性赔偿的适用,尚有以下两个问题有待探讨:

首先,作为适用惩罚性赔偿的前提条件,"生产不符合食品安全标准的食品或者销售明知是不符合食品安全标准的食品"所指的"食品安全标准",其范围如何界定? 是否应当包括企业标准? 就此问题,有学者指出,我国实行的是食品安全国家标准主导的食品安全标准体系,食品安全地方标准则是对食品安全国家标准的单向补缺。而企业标准不是与国家标准、地方标准在同一意义上使用的标准,企业标准是事实标准,是企业内部的技术文件和生产技术规则,所以它只能在"企业内部使用"。但是,由于国家在政策上选择对此采取规制立场,使食品安全企业标准具有了外部性,成为了食品市场贸易的条件(标准)、召回的条件(标准)和消费者索赔的条件(标准),同时也就成为了监管机

---

① 参见周新军:《产品责任立法中的利益衡平——产品责任法比较研究》,中山大学出版社2007年版,第144~150页。

关监管食品安全的依据。① 因此，《食品安全法》第 96 条所指的"食品安全标准"，既包括食品安全国家标准，也包括食品安全地方标准，还应当包括食品安全企业标准。

其次，如何认定销售者"明知是不符合食品安全标准的食品"？根据《食品安全法》第 96 条，对于销售者来说，销售"明知是不符合食品安全标准的食品"是其承担十倍赔偿责任的前提条件。这里的"明知"，相对于生产者而言，既是惩罚性赔偿适用条件的紧缩，也是条件的扩展。所谓条件的紧缩，是指销售者在主观上必须是"明知"的，具有主观过错才承担惩罚性赔偿责任。而如何确认销售者是否"明知"的根据只有一个，那就是《食品安全法》第 39 条建立的进货查验记录制度。该制度要求食品销售者采购食品，应当查验供货者的许可证和食品合格的证明文件，并予以留存，建立食品进货查验记录，"如实记录食品的名称、规格、数量、生产批量、保质期、供货者名称及联系方式、进货日期等内容。"销售者完全符合该制度所要求的形式要件的，即推定销售者尽到谨慎义务，对于须凭借技术手段才能证实的内容，不能推定销售者具备这种能力。销售者未建立进货查验记录或记录不符合《食品安全法》要求的，即可推定其具有了"明知"的过错。而条件的扩展，是指销售者对于食品从生产者到销售者之间的运输、仓储环节负有查验义务，当出现第 28 条规定的禁止生产经营"被包装材料、容器、运输工具等污染的食品"时，销售者不得进货，已进货的不得进入销售；销售者自身在进货之后销售的过程中，必须按照《食品安全法》第40 条的要求尽到注意义务，即"食品经营者应当按照保证食品安全的要求贮存食品，定期检查库存食品，及时清理变质或者超过保质期的食品"。销售者若没有尽到查验义务和注意义务，也应当视为"明知"，相对于生产者的责任，此应为销售者适用十倍惩罚性赔偿责任的条件扩展。②

思考题

1. 简述我国的四级标准管理体制。
2. 简述国家标准和行业标准的制定程序。
3. 什么是标准实施？标准实施主要包括哪些方面？哪些步骤？

---

① 参见王艳林主编:《质检法教程》,中国政法大学出版社 2010 年版,第 123～124 页。
② 参见王艳林:《我国〈食品安全法〉中的消费者保护》,载《东方法学》2009 年第 2 期。

第三章 计量法律制度

第一节 计量法律制度概述

一、标准化与计量之关系

计量作为标准化较早成熟的形式,历来是统治者强制控制的标准化领域。统治者往往通过颁布法律,确保单位统一和量值准确,树立统治权威,保证国家统一、社会稳定。

就标准化与计量之关系而言,从历史的角度来看,计量是标准化发展到一定阶段后的产物,其出现标志着人类标准化达到了成熟阶段。之后,由于计量的重要性,其又独立成为与标准化并列的人类活动领域。

从现代的角度来看,标准化和计量相互渗透,相互依存。没有计量,标准的要求就失去定量的衡量,就无法保证。因此,制定标准时就应充分考虑标准中质量特性要求的可计量性,如果标准中要求的质量特性值无法计量或检测,那么标准中的要求也失去了实际意义;标准的实施需要计量工作支持,实施标准时,需要制定符合标准要求的计量检测方法,需要有符合标准要求、能完成计量任务的测试设备。所以,标准水平的提高也与计量技术的发展相互联系、相互促进。反之,标准化也是实现计量工作协作传递的必要条件,实现计量工作现代化的基础,标准化有利于促进计量测试设备品种的通用和合理发展,有利于保证计量器具的质量。因此,计量工作本身需要标准化,需要制定计量术语标准、计量测试器具的质量、检定方面的标准,测试方法和量值传递方面的标准,以规范计量工作。否则,计量工作就没有统一依据,就不能保证计量工作的一致性、准确性、溯源性。例如,除贯彻有关军民通用的计量测试标准外,国防计量测试方面要制定的国家军用标准按军用标准体系表的规划有 400 多

项。此外,计量测试工作,特别是通用、专用的计量测试器具、测试设备、基准的设计和研制、管理都要贯彻有关标准,都要按照标准化的原理和原则开展标准化工作,以满足国民经济市场发展的需要、满足新型武器装备研制和新技术发展的需要。可以说,标准化和计量工作今后将永远相互渗透,相互依存,相互促进,密不可分。

二、我国的计量法律体系

截至"十一五"末,我国已形成了以《中华人民共和国计量法》为核心,由 8 件国务院行政法规,27 件部门行政规章,29 件地方性条例以及 15 件地方政府规章组成的行政管理领域的计量法律制度和 2700 余件计量技术法规组成的计量技术管理领域的计量法律制度。[①] 行政管理领域的计量法律制度和技术管理领域的计量法律制度构成了现行计量法律制度,对统一我国计量单位,确保量值准确可靠,保证生产、贸易和科学技术发展,保障经济社会有序运行,发挥着重要的基础作用。

我国计量法律制度中的基本法是《中华人民共和国计量法》(以下简称《计量法》),该法于 1985 年 9 月 6 日经第六届人大常委会第十二次会议通过颁布,于 1986 年 7 月 1 日起实施。《计量法》用法律的形式确定了我国计量管理工作中遵循的基本原则,是我国计量管理的最根本依据。

《计量法》及《计量法实施细则》和《计量法条文解释》制定于有计划的商品经济阶段,侧重于对计量器具的规范和管理,从计量基、标准的建立和管理,计量检定,计量器具的制造、修理、销售、使用的管理,到日常监督检查,对计量器具从"过程"到"结果"进行全站式监控,俗称为"器具法"。其内容结构可用图 3-1 表示。

其中,计量基、标准的建立、管理和计量检定用于准确复现计量单位的量值并自上而下进行传递,以统一单位和量值,对应图 3-1 中的"量值传递";计

---

① 《韩毅司长介绍"十一五"期间计量工作成就并答记者问》,载陕西省计量科学研究院网站:http://www.sims.ac.cn/News_Show.aspx? id＝42&articleid＝764,下载时间:2011 年 8 月 18 日。有些学者将计量技术法规列入法规的层次,与地方计量法规并列,见洪生伟:《技术监督法律教程》,中国计量出版社 2007 年版,第 274 页;有些学者主张计量技术法规应作为规范性文件,法律阶次在规章之下,见陆志方:《计量管理培训教材》,中国计量出版社 2006 年版,第 132 页。本章采用了多数学者的观点,即计量技术法规与计量行政法规相区别,与计量行政法规并列,作为计量法律制度的两大组成部分之一。

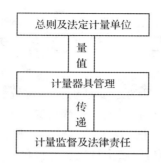

图 3-1　计量法内容结构示意图

量检定,计量器具的制造、修理、销售、使用的管理用以确保计量器具出具量值的准确性和稳定性,对应"计量器具管理"。

随着经济社会的发展,现实社会中需要规范的商品量大量出现,如定量包装商品的重量、长度、面积、体积等商品量。为加强对商品计量的监督管理,国家先后出台了《零售商品称重计量监督管理办法》、《定量包装商品计量监督管理办法》、《商品量计量违法行为处罚规定》等规章和《定量包装商品生产企业计量保证能力评价规定》等规范性文件,以及计量技术规范《定量包装商品净含量计量监督检验规则》(JJF 1070-2005),为我国加强对商品量和定量包装商品生产企业的管理提供了依据。

综上,我国的计量行政法规对我国计量立法的宗旨和范围、计量基准和标准、计量检定、计量器具产品、商品量的计量监督和检验等各项计量工作的法制管理要求,以及计量法律责任都作出了明确的规定。

计量技术法规包括《国家计量检定系统表》、《国家计量检定规程》和《国家计量技术规范》。

《计量检定系统表》,在国际上称为《计量器具溯源等级图》。它是根据从国家计量基准提供的准确量值,依据准确度等级顺序自上而下传递至工作计量器具所需准确度而设计的一种等级传递途径。

《计量检定规程》是由国家或省级政府计量行政部门或国务院有关主管部门制定的技术性法规,是型式批准、计量检定,尤其是强制计量检定等工作的重要依据。

《计量技术规范》包括计量校准规范和一些《计量检定规程》所不能包含的、计量工作中具有指导性、综合性、基础性、程序性的技术规范。

第二节　法定计量单位

计量法律制度的基本目的之一是确保单位统一。早在 1984 年 2 月 27 日,国务院就发布了《关于在我国统一实行法定计量单位的命令》,此命令明确规定:我国的计量单位一律采用法定计量单位。其后颁布的《计量法》及《计量法实施细则》中也明确规定:国家实行法定计量单位制度。

一、我国法定计量单位的构成

我国的法定计量单位,是以国际单位制的单位为基础,根据我国的情况,适当增加了一些其他单位构成的。其构成如图 3-2 所示。

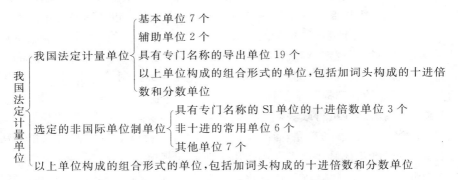

图 3-2　我国法定计量单位的构成示意图

如图 3-2 所示,我国法定计量单位包括三大类:国际单位制单位;16 个非国际单位制的单位;根据需要和使用的方便,由国际单位制单位与选定的非国际单位制的单位构成的组合形式的单位。下面分别介绍。

(一)国际单位制单位

国际单位制是在米制基础上发展起来的,被称为米制的现代化形式。由于它比较先进、实用、简单、科学,并适用于文化教育、经济建设和科学技术的各个领域,因此,自 1960 年第 11 届国际计量大会通过以来,被世界各国以及国际性组织广泛采用。

国际单位制是以米(m)、千克(kg)、秒(s)、安培(A)、开尔文(K)、摩尔

（mol）和坎德拉（cd）为基本单位所构成的单位制，缩写符号为"SI"。国际单位制的构成如下：

1. 国际单位制的基本单位

所谓基本单位，是指构成其他计量单位基础的单位。国际单位制选定了7个单位作为基本单位，这7个基本单位满足以下条件：（1）任意1个不可能从其余的6个导出；（2）从7个基本单位能导出其余物理量的单位。7个基本单位的名称、符号及对应的量的名称，见表3-1。

表 3-1　国际单位制的基本单位

量的名称	单位名称	单位符号
长度	米	m
质量	千克（公斤）	kg
时间	秒	s
电流	安（培）	A
热力学温度	开（尔文）	K
物质的量	摩（尔）	mol
发光强度	坎（德拉）	cd

2. 国际单位制的辅助单位

表 3-2　国际单位制的辅助单位

量的名称	单位名称	单位符号
平面角	弧度	rad
立体角	球面度	sr

注：这2个辅助单位在有些情况下具有基本单位的性质，而在另一些情况下具有导出单位的性质。故既可以作基本单位使用，又可以作为导出单位使用。

3. 具有专门名称的导出单位

导出单位是在选定了基本单位后，按物理量之间的关系，由基本单位用算式导出的单位。国际单位制中具有专门名称的导出单位共19个，详见表3-3。

表 3-3　国际单位制中具有专门名称的导出单位

量的名称	单位名称	单位符号	导出关系
频率	赫(兹)	HZ	s-1
力、重力	牛(顿)	N	kg・m/s^2
压力、压强、应力	帕(斯卡)	Pa	N/m^2
能、功、热	焦(耳)	J	N・m
功率、辐射通量	瓦(特)	W	J/s
电荷量	库(仑)	C	A・s
电位、电压、电动势	伏(特)	V	W/A
电容	法(拉)	F	C/V
电阻	欧(姆)	Ω	V/A
电导	西(门子)	S	A/V
磁通量	韦(伯)	Wb	V・s
磁通量密度,磁感应强变	特(斯拉)	T	W$_b$/m^2
电感	亨(利)	H	W$_b$/A
摄氏温度	摄氏度	℃	K+273.16
光通量	流(明)	Im	cd・sr
光照度	勒(克斯)	Ix	Im/m^2
放射性活变	贝可(勒尔)	Bq	s^{-1}
吸收剂量	戈(瑞)	Gy	J/kg
剂量当量	希(沃特)	Sv	J/kg

4. 十进倍数和分数单位

按约定比率,由给定单位形成的一个更大(或更小)的计量单位,称为倍数(或分数)单位,常用的是十进倍数和分数单位,这些单位的构成为十进倍数或分数词头+给定单位。表 3-4 是用于构成十进倍数和分数单位的词头。

表 3-4　用于构成十进倍数和分数单位的词头

所表示的因数	词头名称	符号表示	所表示的因数	词头名称	符号表示
10^{18}	艾(可萨)	E	10^{-1}	分	d
10^{15}	柏(它)	P	10^{-2}	厘	c

续表

所表示的因数	词头名称	符号表示	所表示的因数	词头名称	符号表示
10^{12}	太(拉)	T	10^{-3}	毫	m
10^9	吉(咖)	G	10^{-6}	微	μ
10^6	兆	M	10^{-9}	纳(诺)	n
10^3	千	k	10^{-12}	皮(可)	p
10^2	百	h	10^{-15}	飞(母托)	f
10	十	da	10^{-18}	阿(托)	a

注:(1)10^4 称万,10^8 称亿,10^{12} 为万亿,这类数字的使用不受词头名称的影响,但不应与词头混淆。(2)词头不能重叠使用,如毫微米(mμm),应改用纳米(nm);微微法拉,应改用皮法(PF)。词头也不能单独使用,如 15 微米不能写成 15m。(3)一般应使量的数值处于 0.1~1000 范围之内。如 1.2×10^4 N(牛顿),词头应选用 k(10^3)写成 12 kN,不能选用 M(10^6),写成 0.012 MN。又如 0.00394 m 应写 3.94 mm;11401 Pa 应写成 11.401 kPa;又如 3.1×10^{-9} s(秒),词头应选取 n(10^{-9})写成 31 ns(纳秒),不能选用 P(10^{-12}),写出 3100 Ps。(4)但在一些场合中习惯使用的单位可不受数值限制。如机械制图中长度单位全部用毫米(mm);导线截面积单位用平方毫米(mm²),国土面积用平方千米(km²)等。

(二)我国选定的非国际单位制单位

表 3-5 国家选定的非国际单位制单位

量的名称	单位名称	单位符号	换算关系和说明
时间	分	min	1 min＝60s
	(小)时	h	1h＝60 min＝3600 s
	天(日)	d	1d＝24 h
	年	a	1a＝365 d
平面角	(角)秒	(″)	1″＝(π/648000)rad
	(角)分	(′)	1′＝60″
	度	(°)	1°＝60′
旋转速度	转每分	r/min	1 r/min＝(1/60)s^{-1}
长度	海里	n mile	1n mile＝1852m（只用于航行）

续表

量的名称	单位名称	单位符号	换算关系和说明
速度	节	kn	$1kn＝1n\ mile/h$ $＝(1852/3600)m/s$ （只用于航行）
质量	吨 原子质量单位	t u	$1t＝10^3\,kg$ $1u≈1.650565×10^{-27}\,kg$
体积	升	L(l)	$1L＝1dm^3＝10^{-3}\,m^3$
能	电子伏	eV	$1eV≈1.6021892×10^{-19}\,J$
级差	分贝	dB	—
线密度	特(克斯)	tex	$1tex＝1g/km$

注:(1)周、月为一般常用时间单位。(2)角度单位度、分、秒的符号不处于数字后时，用括弧。(3)升的符号中，小写字母 l 为备用符号。(4)人民生活和贸易中，质量习惯为重量。

（三）组合单位

由以上单位构成的组合形式的单位简称组合单位,也就是指由两个或两个以上的单位用相乘、相除的形式组合而成的新单位。构成组合单位可以是国际单位制单位和国家选定的非国际制单位,也可以是它们的十进倍数或分数单位。

二、法定计量单位的适用范围与实施要求

为实现向法定计量单位的过渡,1984 年,国务院批准发布了《全面推行我国法定计量单位的意见》,同年,国家计量行政部门颁布了《法定计量单位使用方法》。1993 年,国家标准化行政部门又发布了《国际单位制及其应用》(GB 3100),这些法规、规章和技术法规对我国法定计量单位的实施要求和实施方法作了具体规定。

根据规定,从事下列活动应当使用国家法定计量单位:(1)制发公文、公报、统计报表;(2)编播广播、电视节目、传输信息;(3)制作、发布广告和网页;(4)制定标准、规程等技术文件;(5)出版发行出版物;(6)印制票据、票证、账册;(7)出具计量、检测数据;(8)生产、销售商品,标注商品标识,编制产品使用说明书;(9)国家和地方规定应当使用国家法定计量单位的其他计量活动。

第三节　计量基标准和量值传递

保证全国量值统一和单位准确可靠，是计量立法的中心环节。量值一般通过使用计量器具将被测量与单位量进行比较获得。在单位统一的基础上，要确保量值的准确可靠需要三个条件：一是准确复现单位量，二是将单位量准确传递到使用的计量器具上，三是使用的计量器具处于稳定的工作状态。为了确保这三个条件，我国将计量器具分为三个等级，分别进行管理。本节主要介绍计量基准和计量标准的管理。

计量器具是指能用以直接或间接测出被测对象量值的装置、仪器仪表、量具和用于统一量值的标准物质。计量器具广泛应用于生产、科研、生活等各方面，在整个计量立法中处于相当重要的地位，是我国计量监督管理的主要对象。计量器具按其在量值传递中的地位和作用可分为计量基准器具、计量标准器具和工作计量器具。

为了保证被测对象所测得量值的准确可靠，需要通过某种方式或手段，将计量基准所复现的计量单位量值，通过计量标准逐级传递到工作计量器具，这个过程称为量值传递。量值传递一般是自上而下，由高等级向低等级传递，它体现了一种政府的意志，有法制性的特点，对应的方式为计量检定，即量值传递是指自上而下通过逐级检定而构成检定系统。同时，使用中的计量器具也可以主动向上溯源，直接或通过计量标准间接与计量基准所复现的计量单位量值进行比较，以保证出具量值的准确可靠，这个过程称为量值溯源。量值溯源一般是自下而上的活动，带有主动性和自愿性，对应的方式为计量校准，即量值溯源是指自下而上通过校准而构成溯源体系。①

一、计量基准及其管理

(一)计量基准

计量基准，是计量基准器具的简称，是在特定领域内复现和保存计量单位

---

① 　金华彰:《计量管理基础知识系列讲座:第一讲　测量与计量》,载《江苏现代测量》2008 年第 1 期。

（或其倍数或分数）并具有最高计量特性的计量器具，是统一量值的最高依据。"计量基准"这一术语主要是苏联和东欧的一些国家以及我国使用，其他各国则多使用"原始计量标准"（primary standard）或"最高计量标准"。①

经国家正式确认，具有本国科学技术所能达到的最高计量特性的计量基准，称为国家计量基准（简称国家基准），是国内单位量值传递的源头，是给定量的所有其他计量器具在国内的最高依据。

经国际协议公认，具有当代科学技术所能达到的最高计量特性的计量基准，称为国际计量基准（简称国际基准），是国际范围内单位量值传递的源头，是给定量的所有其他计量器具在国际上的最高依据。

（二）计量基准的特性及其分类

在技术上，计量基准应具备下列条件：（1）符合或最接近计量单位定义所依据的基本原理。（2）具有良好的复现性，并且所复现和保存的计量单位（或其倍数或分数）具有当代（或本国）的最高准确度。（3）性能稳定，计量特性长期不变。（4）能将所复现和保存的计量单位（或其倍数或分数）通过一定的方法或手段传递下去。

在管理上，计量基准应具备下列条件：（1）经国家鉴定合格。（2）具有正常工作所需的环境条件，包括工作场所、温度、湿度、防尘、防震、防腐性、抗干扰等。（3）具有考核合格的保存、维护、使用人员。（4）具有完善的管理制度，包括保存、维护使用制度和操作规范等。

凡符合上述条件的，经国家计量行政部门审批并颁发计量基准证书后，方可使用。

根据各种量在单位制中构成的主从关系，可以将计量基准分为以下几种类型：

1.复现单位制中基本量（或与其密切相关的量）的可称为基本量计量基准。例如，SI 单位制中基本量长度单位米、质量单位千克、时间单位秒、温度单位开尔文、发光强度单位坎德拉已在我国被准确复现并作为国家计量基准。非 SI 基本量单位，但与基本量电流单位安培密切相关的电压单位伏特和电阻单位欧姆也已在我国复现和建立。

2.复现单位制中主要（或重要的）导出单位的可称为导出量计量基准。

---

① 谢少锋：《计量管理基础知识系列讲座：第六讲 计量校准基础知识》，载《江苏现代测量》2008 年第 4 期。

它们有的是复现具有专门名称的重要导出单位,还有的是复现由这些导出单位与其他单位组合表示的更为复杂的单位。

3. 复现由上述单位导出的更为间接而实用的单位或由单位的倍数和分数单位组成的单位而形成的基准,可称为实用计量基准。

（三）计量基准的建立

计量基准一般由国家计量行政部门根据我国国民经济发展和科学技术进步的客观需要,统一规划组织建立。我国计量基准的建立采取"大集中,小分散"的原则,根据《计量基准管理办法》(2007)规定:"基础性、通用性的计量基准,建立在国家质检总局设置或授权的计量技术机构;专业性强、仅为个别行业所需要,或工作条件要求特殊的计量基准,可以建立在有关部门或者单位所属的计量技术机构。"

必要时,有关部门或机构可以根据国民经济或科学技术发展需要,研制计量基准,但必须由国家质检总局根据社会、经济发展和科学技术进步的需要,统一规划,组织建立。

建立计量基准,可以由相应的计量技术机构向国家质检总局申报。计量技术机构申报计量基准,必须按照规定的条件和程序报国家质检总局批准。

申报计量基准的计量技术机构应当具备以下条件:(1)能够独立承担法律责任;(2)具有从事计量基准研究、保存、维护、使用、改造等各项工作的专职技术人员和管理人员;(3)具有保存、维护和改造计量基准装置及正常工作所需实验室环境(包括工作场所、温度、湿度、防尘、防震、防腐蚀、抗干扰等)的条件;(4)具有保证计量基准量值定期复现和保持计量基准长期可靠稳定运行所需的经费和技术保障能力;(5)具有相应的质量管理体系;(6)具备参与国际比对、承担国内比对的主导实验室和进行量值传递工作的技术水平。

经批准的计量基准,由提出申报的计量技术机构保存和维护,其负责保存和维护计量基准的实验室为国家计量基准实验室。

（四）计量基准的维护

保存、维护计量基准的计量技术机构,应当保证持续满足建立计量基准时的条件,并且应当定期或不定期参加国际比对,确保计量基准量值的稳定并与国际上量值的等效一致;定期进行计量基准单位量值的复现。

计量技术机构不得擅自改造、拆迁计量基准;需要改造、拆迁的,应当报国

家质检总局批准。改造、拆迁完成，并通过稳定性运行实验后，需要恢复该计量基准的，计量技术机构应当按申报计量基准的程序重新报国家质检总局批准。

对计量基准改值或因相应计量单位改制而改变计量基准的，计量技术机构应当报国家质检总局批准。计量技术机构应当定期检查计量基准的技术状况，保证计量基准正常运行，按规范要求使用计量基准进行量值传递。对因有关原因造成计量基准用于量值传递中断的，计量技术机构应当向国家质检总局报告。

国家质检总局应当及时废除不适应计量工作需要或者技术水平落后的计量基准，撤销原计量基准证书，并向社会公告。国家质检总局可以对计量基准进行定期复核和不定期监督检查，复核周期一般为 5 年。复核和监督检查的内容包括：计量基准的技术状态、运行状况、量值传递情况、人员状况、环境条件、质量体系、经费保障和技术保障状况等。根据复核和监督检查结果，国家质检总局可以组织或责令有关计量技术机构对有关计量基准进行整改。

二、计量标准及其管理

（一）计量标准及其建立

计量标准器具，简称计量标准，是在特定计量领域内复现和保存计量单位（或其倍数或分数），并具有较高计量特性的计量器具。这里的"较高计量特性"，是针对计量基准（即原始计量标准或最高计量标准）与普通计量器具而言，是个相对的比较概念。

从本义上说，计量标准应包含最高计量标准或原始计量标准——计量基准。然而，我国多年来习惯于将最高计量标准称为计量基准，以区别于其他计量标准。

根据实际需要，我国将计量标准按所复现的量值的精确度分为若干等级。高等级的计量标准可以作为统一低等级的计量标准的量值的依据，所有等级的计量标准均可作为统一工作计量器具的量值的依据。各等级的计量标准必须直接或间接地接受计量基准的量值传递。

我国计量法将计量标准分为社会公用计量标准、部门计量标准和企事业单位计量标准。社会公用计量标准是指经过政府计量行政部门考核、批准，作为统一本地区量值的依据,在社会上实施计量监督具有公证作用的计量标准。社会公用计量标准由县级以上地方人民政府计量行政部门根据本地区的需要建立。

国务院有关主管部门和省、自治区、直辖市人民政府有关主管部门,在社会公用计量标准不能适应某部门的特殊需要时,可以建立本部门使用的计量标准,该标准在本部门内部使用,作为统一本部门量值的依据。

企业、事业单位根据生产、科研、经营管理等需要,可以建立本单位使用的计量标准,在本单位内部使用,作为统一本单位量值的依据。

建立计量标准应当具备以下条件:(1)计量标准的量值能够溯源至相应的计量基准或者社会公用计量标准,测量重复性和稳定性等计量性能符合要求;(2)具有与所开展量值传递工作相适应的条件和要求的保存、维护、使用人员;(3)有符合要求并确保计量标准正常工作所需的环境条件;(4)具有完善的运行、维护和管理制度。

（二）计量标准的考核

社会公用计量标准,部门和企事业单位建立的各项最高计量标准,必须经过相应计量行政部门主持考核合格后方能使用。计量标准考核是指国家和地方各级计量行政部门对计量标准测量能力的评定和开展量值传递资格的确认。计量标准考核是计量法制监督的一项重要内容,从计量技术的角度讲,要保证全国量值准确可靠,就必须使计量标准经常处于准确、可靠、稳定的技术状态,保证其量值的溯源性。而对计量标准进行考核,则是保证计量标准经常处于良好技术状态的一项有效措施。只有经过考核合格,才能从技术上确认计量标准出具的结果是准确可靠的,才有资格进行量值传递。

计量标准考核是计量法赋予计量行政部门的一项重要工作,属于国家行政许可范畴,实施专家考评制度。考核包括对新建计量标准的考核和对计量标准的复查考核。

按照《计量标准考核办法》的规定,不同的计量标准应向不同的政府计量行政部门申请考核。申请计量标准考核应提供的资料、计量标准考核的方式、计量标准考核的内容、计量标准考核的程序,按照《计量标准考核规范》(JJF 1033-2008)规定执行。

计量标准考核的主要内容:一是计量标准的运行状况和计量性能;二是计量标准使用的环境条件;三是计量标准的维护和使用人员的资格条件;四是各项规章制度和技术档案。

三、标准物质

标准物质指"具有一种或多种准确确定的特性值(如物理、化学或其他计量学特性值),用以校准计量器具、评价测量方法或给材料赋值,并附有经批准的鉴定机构发给证书的物质或材料"①,包括化学成分分析标准物质、物理特性与物理化学特性测量标准物质和工程技术特性测量标准物质。按精度等级不同,标准物质可分为一级标准物质和二级标准物质。

四、计量检定

(一)计量检定概述

根据《通用计量术语及定义》(JJF 1001-1998),检定的定义是"查明和确认计量器具是否符合法定要求的程序,它包括检查、加标记和(或)出具检定证书"。由此可见,检定是一种检查和确认的程序,具有法制性。

检定的对象是依法管理的计量标准和工作计量器具。我国制定了《中华人民共和国依法管理的计量器具目录》(简称《依法管理的计量器具目录》),列入该目录的计量标准和工作计量器具是检定的对象。

检定的目的是查明和确认计量器具是否符合法定要求。法定要求是指对依法管理的计量器具的技术和管理要求。对每一种计量器具的法定要求反映在相关的国家以及部门、地方的计量检定规程和计量技术规范中。

检定工作的内容包括对计量器具进行检查,它是为确定计量器具是否符合有关法定要求所进行的操作。这种操作就是依据《国家计量检定系统表》所规定的量值传递关系,按照《计量检定规程》中规定的检定条件、检定项目和检定方法进行实验操作和数据处理。最后按检定规程规定的计量性能要求(如准确度等级、最大允许误差、测量不确定度、影响量、稳定性、干扰量等)和通用技术要求(如外观结构、防止欺骗、操作的适应性和安全性以及强制性标记和说明性标记等),根据试验结果对计量器具合格与否,符合或不符合哪一准确度等级作出结论,按检定规程规定的要求出具证书或加盖印记。结论为合格的出具检定证书或加盖合格印,不合格的出具检定结果通知书。

---

① 参见 ISO 指南 30《标准物质常用术语和定义》。

　　计量检定必须按照《国家计量检定系统表》进行。《国家计量检定系统表》是指从计量基准到各等级的计量标准直至工作计量器具的检定程序所作的技术规定,它由文字和框图构成,简称国家计量检定系统,由国务院计量行政部门制定。

　　计量检定必须执行《计量检定规程》。计量检定规程是指对计量器具的计量性能、检定项目、检定条件、检定方法、检定周期以及检定数据处理所作的技术规定,包括国家计量检定规程、部门和地方计量检定规程。国家计量检定规程由国务院计量行政部门制定,在全国范围内施行。没有国家计量检定规程的,国务院有关主管部门可制定部门计量检定规程,在本部门内施行。省、自治区、直辖市人民政府计量行政部门可制定地方计量检定规程,在本行政区内施行。部门和地方计量检定规程须向国务院计量行政部门备案。

　　计量法规定计量检定工作应当符合经济合理、就地就近的原则,不受行政区划和部门管辖的限制。

　　(二)强制检定与非强制检定

　　为保障社会公众利益不受损害,对于易引发矛盾和利益冲突以及在需要得到公众特别信任领域使用的计量器具,实行强制检定。强制检定是指县级以上人民政府计量行政部门所属或者授权的计量检定机构,对社会公用计量标准,部门和企、事业单位使用的最高计量标准,以及用于贸易结算、安全防护、医疗卫生、环境监测等方面,并列入《强制检定的工作计量器具目录》的工作计量器具强制实行的定点定期检定。属于强制检定范围的计量器具,未按照规定申请检定或者检定不合格继续使用的,属违法行为,将追究法律责任。

　　强制检定的对象包括两类:一类是计量标准,它们是社会公用计量标准,以及部门和企、事业单位使用的最高计量标准。这些计量标准肩负着全国量值传递和量值溯源的重任。另一类是工作计量器具,它们是列入《强制检定的工作计量器具目录》,且在贸易结算、安全防护、医疗卫生、环境监测中实际使用的工作计量器具。这些工作计量器具直接关系市场经济秩序的维护,交易的公平,人民群众健康、安全的切身利益和国家环境、资源的保护。目前,我国纳入强制检定范围的工作计量器具共有 60 项 117 种,如表 3-6 所示。

表 3-6　强制检定工作计量器具目录

序号	名称	序号	名称	序号	名称
1	尺	21	乳汁计	41	声级计
2	面积计	22	煤气表	42	听力计
3	玻璃液体温度计	23	水表	43	有害气体分析仪
4	体温计	24	流量计	44	酸度仪
5	石油闪点温度计	25	压力表	45	瓦斯仪
6	谷物水分测定仪	26	血压计	46	测汞仪
7	热量计	27	眼压计	47	火焰光度计
8	砝码	28	出租汽车里程计价表	48	分光光度计
9	天平	29	测速仪	49	比色计
10	秤	30	测振仪	50	烟尘、粉尘测量仪
11	定量包装机	31	电能表	51	水质污染监测仪
12	轨道衡	32	测量互感器	52	呼出气体酒精含量探测器
13	容量器	33	绝缘电阻、接地电阻	53	血球计数器
14	计量罐、计量罐车	34	场强计	54	屈光度计
15	燃油加油机	35	心、脑电图仪	55	热能表
16	液体量提	36	照射量计	56	验光仪
17	食用油售油器	37	电离辐射防护仪	57	燃气加气机
18	酒精计	38	活度计	58	棉花水分测量仪
19	密度计	39	激光能量、功率计（含医用激光源）	59	电子计时计费表
20	糖量计	40	超声功率计（含医用超声源）	60	微波辐射与泄漏测量仪

　　按强制检定的管理要求，社会公用计量标准及部门和企、事业单位最高计量标准的使用者应向主持该计量标准考核的政府计量行政部门申报，并按计量标准考核批准程序考核合格后方能使用。强制检定的工作计量器具的使用者应将这类计量器具登记造册，报当地政府计量行政部门备案，并向其指定的计量检定机构申请检定，按检定计划进行检定。

　　根据强制检定的工作计量器具的结构特点和使用状况,强制检定采取两种形式:一类是只作首次强制检定。(按其实施方式不同,又可分为两类,即只作首次强制检定,失准报废;或者只作首次强制检定,限期使用,到期轮换。)另一类是进行周期检定。

　　承担强制检定任务的计量检定机构,包括国家法定计量检定机构和各级政府计量行政部门授权开展强制检定的计量检定机构,应就所承担的任务制订检定计划,按计划通知使用者,安排接收使用者送来的计量器具或到现场进行检定,完成强制检定后应出具检定证书或检定结果通知书或加盖检定印记。计量检定机构应按检定规程的规定确定被检计量器具的检定方式;周期检定的,要确定检定周期,使用者必须在证书给出的检定有效期到期之前按时送检。

　　除了强制检定的计量器具以外的其他依法管理的计量标准和工作计量器具,是非强制检定的计量器具。非强制检定是指由使用单位自己依法进行的定期检定,或者本单位不能检定的,送有权对社会开展量值传递工作的其他计量检定机构进行的检定。县级以上人民政府计量行政部门对其进行监督检查。

　　强制检定与非强制检定,是对计量器具依法管理的两种形式。不按规定进行周期检定的,都要负法律责任。

五、校准与溯源

(一)溯源的概念和意义

　　溯源是指通过一条具有规定不确定度的不间断的比较链,使测量结果的值能够与规定的参考标准(通常是与国家计量基准或国际计量基准)联系起来的过程。

　　任何测量设备,由于种种原因,都具有不同程度的误差,测量设备的误差只有在允许的范围内才能应用,否则将带来错误的测量结果。溯源可以使测量设备的同种量值,都追溯到同一个参考标准,从而使准确性和一致性得到保证。因此,量值溯源是保证测量设备量值准确可靠的重要手段。

(二)校准概述

　　校准是用户自主选择的溯源方式之一,是国际通行的溯源方法,是产品质量管理过程中非常重要的环节。根据国家计量技术规范《通用计量术语和定义》(JJFI 1001-1998),校准的定义为:在规定条件下,为确定测量仪器或测量

系统所指示的量值,或实物量具或参考物质所代表的量值,与对应的由标准所复现的量值之间关系的一组操作。

也就是说,校准的主要功能是为了确定测量仪器的示值和标准值之间的关系(即示值误差)。校准结果既可给出被测量的示值,又可确定示值的修正值,校准也可确定其他计量特性,如影响量的作用。

受计划经济影响,我国计量法更多地把计量看成行政管理工作,只有检定的概念,并无校准的概念。在国外,随着工业社会的到来,工业生产要求标准化、规模化,工业品要求一致性、互换性,对计量提出了更高的要求,这不是为了法制,而是为了规模生产、提高质量、降低成本,因此出现了校准。随着市场经济的发展,校准方式作为用户自主选择的溯源方式得到广泛应用,校准得到了大发展。改革开放后,外资、合资企业大量涌现。不少外资厂虽然将工厂设在我们国家,但是其仪器设备的计量却送回本国去实施,或者请外国的计量机构来中国现场计量,这样,逐渐将校准的概念引入中国。

目前,全国的生产、科研、质检领域已广泛开展校准活动,校准的概念和定义已写入《通用计量术语和定义》(JJFI 1001-1998),而《检测和校准实验室能力的通用要求》(GB/T 27025-2008)国家标准已经颁布实施。

计量校准机构应当具备以下条件:(1)能够独立承担法律责任;(2)有与计量校准服务范围相适应的计量校准设备,其用于校准服务项目的相关最高计量标准应当获得有关质量技术监督部门颁发的计量标准考核证书,并定期向社会公用计量标准或者国家计量基准溯源;(3)具备与开展校准服务相适应的人员和管理制度。

计量校准机构开展校准服务的依据是校准规范、校准方法或双方认同的其他技术文件,可以是技术规则、规范或顾客要求,也可以由校准机构自行制定。校准结果记录在校准证书或校准报告中,也可用校准因数或校准曲线等形式表示校准结果。

六、检定与校准的关系

检定与校准既有联系,也有区别。

(一)校准与检定的共同点

两者都是计量工作的组成部分,都是实现量值准确可靠的重要措施,都能确定测量仪器的示值与标准值之间的关系。

（二）校准与检定的不同点

1. 法律制约力不同。检定具法制性，属计量管理的执法行为，对象是法制管理范围内的计量器具，人员应取得有关计量行政部门颁发的检定员证，收费执行国家法规的规定，无论强制检定还是非强制检定，都属于法制检定。而校准无法制性要求，它是用户的自觉自愿行为，服务范围、服务收费通过双方协议的形式确定。

2. 依据不同。检定必须依据检定规程，检定机构须对被检器具作出合格与否的结论。校准依据校准规范、校准方法或双方认同的其他技术文件，可以是技术规则、规范或顾客要求，也可以由校准机构自行制定，校准机构一般不需要作出符合性声明，由测量仪器的使用方根据校准结果对被校准的对象进行评价，必要时也可确定其某一性能是否符合预期的要求。

3. 从保证量值准确一致的方式上，检定是自上而下地将国家计量基准所复现的量值逐级传递给各级计量标准直至普通计量器具，校准是自下而上地将量值溯源到国家基准，可以越级，用户可根据需要选择提供溯源服务的实验室、溯源时间和方式。

4. 结果报告的形式不同。检定出具检定证书或检定结果通知书，校准通常发给校准证书。

5. 检定的项目多于校准。检定是对仪器计量特性及技术要求符合性的全面评定，包含定性试验和定量试验两部分内容；校准主要是确定测量仪器的示值误差，一般仅涉及定量试验。

第四节　计量器具的管理

计量器具是一种特殊的产品，其质量直接关系到工农业生产和贸易活动的正常进行，对安全、健康、环保及许多社会管理产生直接或间接的影响。我国计量法规对计量器具的制造、修理、进口、销售和使用均作了规定。

一、计量器具的制造

制造以销售为目的，并列入《依法管理的计量器具目录（型式批准部分）》的计量器具的单位或个人，必须取得制造计量器具许可。

申请制造计量器具许可,应当具备以下条件:(1)具有与所制造计量器具相适应的技术人员和检验人员;(2)具有与所制造计量器具相适应的固定生产场所及条件;(3)具有保证所制造计量器具量值准确的检验条件;(4)具有与所制造计量器具相适应的技术文件;(5)具有相应的质量管理制度和计量管理制度;(6)按照规定取得计量器具型式批准证书,并具有提供售后技术服务的条件和能力。

申请制造属于国家规定重点管理范围内的计量器具,应当向所在地省级人民政府计量行政部门提出申请。申请制造其他计量器具,应当向所在地省级人民政府计量行政部门或者所在地省级人民政府计量行政部门依法确定的市、县级人民政府计量行政部门提出申请。受理申请的计量行政部门聘请考评员组成考核组对申请人实施现场考核,根据现场考核报告作出是否核准的决定,作出核准决定的,向申请人颁发制造计量器具许可证;作出不予核准决定的,书面告知申请人并说明理由。

制造量程扩大或者准确度提高等超出原有许可范围的相同类型计量器具新产品,或者因有关技术标准和技术要求改变导致产品性能发生变更的计量器具的,应当另行办理制造计量器具许可。其有关现场考核手续可以简化。因场地迁移、检验条件或技术工艺发生变化、兼并或重组等原因造成制造条件改变的,也应当重新办理制造计量器具许可。

取得制造计量器具许可的,应当在其产品的明显部位(或铭牌)、使用说明书和包装上标注国家统一规定的制造计量器具许可证标志和编号。受产品表面面积限制而难以标注的,可以仅在使用说明书和包装上标注制造计量器具许可证标志和编号。

采用委托加工方式制造计量器具的,被委托方应当取得与委托加工产品项目相应的制造计量器具许可,并与委托方签订书面委托合同。委托加工的计量器具,应当标注被委托方的制造计量器具许可证标志和编号。

二、计量器具的修理

以经营为目的修理《依法管理的计量器具目录(型式批准部分)》范围内的计量器具,必须取得修理计量器具许可。

申请修理计量器具许可,应当具备以下条件:(1)具有与所修理计量器具相适应的技术人员和检验人员;(2)具有与所修理计量器具相适应的固定生产场所及条件;(3)具有保证所修理计量器具量值准确的检验条件;(4)具有与所修理计量器具相适应的技术文件;(5)具有相应的质量管理制度和计量管理制度。

修理计量器具许可一般由当地县级质监部门考核发证,当地不能考核的再由上一级政府计量行政部门考核发证。

三、计量器具的进口

进口或者外商在中国境内销售列入《进口计量器具型式审查目录》内的计量器具的,应当向国务院计量行政部门申请办理型式批准。属进口的,由外商申请型式批准;属外商在中国境内销售的,由外商或其代理人申请型式批准。① 型式批准包括计量法制审查和定型鉴定。

申请型式批准,须递交以下申请资料:(1)型式批准申请书;(2)计量器具样机照片;(3)计量器具技术说明书。

国务院计量行政部门对型式批准的申请资料在 15 日内完成计量法制审查。审查的主要内容为:(1)是否采用我国法定计量单位;(2)是否属于国务院明令禁止使用的计量器具;(3)是否符合我国计量法律法规的其他要求。

国务院计量行政部门在计量法制审查合格后,确定鉴定样机的规格和数量,委托技术机构进行定型鉴定,并通知外商或者其代理人在商定的时间内向该技术机构提供试验样机和下列技术资料:(1)技术说明;(2)总装图、主要结构图和电路图;(3)技术标准文件和检验方法;(4)样机试验报告;(5)安全保证说明;(6)使用说明书;(7)提供检定和铅封的标志位置说明。

定型鉴定应当按照鉴定大纲进行。鉴定大纲由承担定型鉴定的技术机构根据国家有关计量检定规程、计量技术规范或者参照国际法制计量组织的国际建议制定。没有国家有关计量检定规程、计量技术规范或者国际建议的,可以按照合同的有关要求或者明示技术指标制定。

定型鉴定的主要内容包括:外观检查,计量性能考核以及安全性、环境适应性、可靠性或者寿命试验等项目。定型鉴定审核合格的,由国务院计量行政部门向申请办理型式批准的外商或者其代理人颁发《中华人民共和国进口计量器具型式批准证书》,并准予其在相应的计量器具产品上和包装上使用进口计量器具型式批准的标志和编号。定型鉴定审核不合格的,由国务院计量行政部门提出书面意见并通知申请人。

---

① 按照《进口计量器具监督管理办法实施细则》,此处的外商包括外国制造商、经销商,以及港、澳、台地区的制造商、经销商。外商代理人含国内经销者。

进口计量器具经型式批准后,由国务院计量行政部门予以公布。对于不符合计量法制管理要求和技术落后的进口计量器具,国务院计量行政部门有权废除原批准的型式。

申请进口《依法管理的计量器具目录》所列计量器具的,应当到进口所在地区、部门的机电产品进口管理机构申请登记,并提供符合我国法定计量单位的证明;申请进口《进口计量器具型式审查目录》所列计量器具的,还应当提供经型式批准的证明。进口以销售为目的的列入《依法管理的计量器具目录》内的计量器具,在海关验放后,订货单位必须向所在的省、自治区、直辖市人民政府计量行政部门申请检定。当地不能检定的,向国务院计量行政部门申请检定。检定合格的,由政府计量行政部门出具检定证书、检定合格证或加盖检定合格印,并准予销售。订货单位应将检定结果报告所在地的商检机构,如果检定不合格,需要索赔,则向商检机构申请复验出证。进口不以销售为目的的计量器具,按照国家关于一般进口商品检验工作的管理办法办理。

四、计量器具的销售和使用

任何单位和个人不得销售没有产品合格印、证和《制造计量器具许可证》标志的计量器具;不得经营销售残次计量器具零配件,不得使用残次零配件组装和修理计量器具;不准在工作岗位上使用无检定合格印、证或者超过检定周期以及经检定不合格的计量器具,但在教学示范中使用计量器具不受此限;不得破坏计量器具准确度,不得擅自改动、拆装计量器具,不得破坏铅(签)封,不得弄虚作假。

第五节　商品量计量监督管理

市场经济是商品经济,商品交易是市场经济中的基本行为,被交易商品的量是否准确,是交易各方最为关注的问题之一。为保证商品量的准确可靠,我国先后出台了一系列有关商品量计量监督管理的规章制度和计量技术规范,对散装零售商品、预包装及定量包装商品、商品房面积等商品量的计量作出了规定。

一、零售商品的称重计量要求

我国开始对商品的量进行监督的第一个法规性文件是《零售商品称重计

量监督规定》，由原国家技术监督局、国内贸易部和国家工商行政管理局于1993年10月联合发布。其后，国家质检总局和工商总局对该规章作了进一步修订，于2004年发布了《零售商品称重计量监督管理办法》。该办法明确规定：零售商品经销者销售商品时，必须使用合格的计量器具，其最大允许误差应当优于或等于所销售商品的负偏差；零售商品经销者使用称重计量器具当场称重商品，必须按照称重计量器具的实际示值结算，保证商品量计量合格；被核称商品的含水量计算应当符合国家标准、行业标准的有关规定。

　　零售商品称重计量监督管理的对象是散装称重商品，重点在于对使用的计量器具准确度的控制，并使之与商品量交易的允许负偏差相联系，提出了散装商品量的负偏差要求。《零售商品称重计量监督管理办法》对食品类的计量管理按品种和价格档次分为四类，每类又按照日常交易量情况根据称重范围规定了允许最大负偏差值，见表3-7。

表 3-7　各类食品称重负偏差

食品品种、价格档次	称重范围(m)	负偏差
粮食、蔬菜、水果或不高于 6元/千克的食品	$m \leqslant 1\ \mathrm{kg}$	20 g
	$1\ \mathrm{kg} < m \leqslant 2\ \mathrm{kg}$	40 g
	$2\ \mathrm{kg} < m \leqslant 4\ \mathrm{kg}$	80 g
	$4\ \mathrm{kg} < m \leqslant 25\ \mathrm{kg}$	100 g
肉、蛋、禽*、海(水)产品*、糕点、糖果、调味品或高于 6元/千克，但不高于30元/千克的食品	$m \leqslant 2.5\ \mathrm{kg}$	5 g
	$2.5\ \mathrm{kg} < m \leqslant 10\ \mathrm{kg}$	10 g
	$10\ \mathrm{kg} < m \leqslant 15\ \mathrm{kg}$	15 g
干菜、山(海)珍品或高于 30元/千克，但不高于100元/千克的食品	$m \leqslant 1\ \mathrm{kg}$	2 g
	$1\ \mathrm{kg} < m \leqslant 4\ \mathrm{kg}$	4 g
	$4\ \mathrm{kg} < m \leqslant 6\ \mathrm{kg}$	6 g
高于100元/千克的食品	$m \leqslant 500\ \mathrm{g}$	1 g
	$500\ \mathrm{g} < m \leqslant 2\ \mathrm{kg}$	2 g
	$2\ \mathrm{kg} < m \leqslant 5\ \mathrm{kg}$	3 g

　　注：* 活禽、活鱼、水发物除外。

　　对于金、银饰品的计量，要求相当严格，只有用专门的精密计量仪器才能达到要求，其允许最大负偏差值见表3-8。

表 3-8　金银饰品称重负偏差

名称	称重范围（m）	负偏差
金饰品	m（每件）$\leqslant 100$ g	0.01 g
银饰品	m（每件）$\leqslant 100$ g	0.1 g

二、定量包装商品计量要求

定量包装商品是指以销售为目的，在一定量限范围内具有统一的质量、体积、长度、面积、计数标注等标识内容的预包装商品。而预包装商品系指销售前预先用包装材料或者包装容器将商品包装好，并有预先确定的量值（或者）数量的商品。随着我国市场经济的发展，超级市场形式的商品交易方式逐渐成为主流，预包装零售商品急剧发展，尤其是定量包装商品成为市场销售商品的主要形式。1995 年 12 月，原国家技术监督局发布了《定量包装商品计量监督规定》，并制定了配套的技术指导性文件，即《定量包装商品净含量计量检验规则》（JJF 1070-2000），这些法制文件将预包装商品的计量监督纳入法制管理的内容。此后，国家质检总局根据国际法制计量组织（OIML）国际建议《预包装商品的量》（2004 年版）的要求，对《定量包装商品计量监督规定》作了修订，于 2005 年 12 月发布了《定量包装商品计量监督管理办法》。该办法明确了我国对预包装商品中的定量包装商品进行法制监管的两种模式。

（一）由计量行政部门对已生产或销售的定量包装商品进行计量监督检查

县级以上行政部门应当定期或不定期地对生产、销售的定量包装商品进行计量监督检查，不论其在企业成品库、批发商、零售商的哪一环节都可以随机抽取样品，委托已授权的检验机构进行检验，并可以根据检验结果判定合格与否。"十一五"期间，国家质检总局连续 3 年在 30 个省、自治区的省会城市和直辖市级针对方便面、奶粉、茶叶、葡萄酒等 20 种定量包装商品组织开展了 6 次定量包装商品净含量国家监督跟踪抽查。[①] 各级计量行政部门在本辖区内对定量包装商品开展了抽查。定量包装商品抽查检验的主要内容是净含量

---

① 《韩毅司长介绍"十一五"期间计量工作成就并答记者问》，载陕西省计量科学研究院网站：http://www.sims.ac.cn/News_Show.aspx? id＝42&articleid＝764，下载时间：2011 年 8 月 18 日。

及其标注。

定量包装商品的生产者、销售者应当在其商品包装的显著位置正确、清晰地标注定量包装商品的净含量,标注应使用法定计量单位,法定计量单位的选择应当符合表 3-9 的规定。

表 3-9　法定计量单位的选择

	标注净含量(Q_n)的量限	计量单位
质量	$Q_n<1000$ 克	g(克)
	$Q_n\geqslant1000$ 克	kg(千克)
体积	$Q_n<1000$ 毫升	mL(ml)(毫升)
	$Q_n\geqslant1000$ 毫升	L(l)(升)
长度	$Q_n<100$ 厘米	mm(毫米)或者 cm(厘米)
	$Q_n\geqslant100$ 厘米	m(米)
面积	$Q_n<100$ 平方厘米	mm^2(平方毫米)或者 cm^2(平方厘米)
	1 平方厘米$\leqslant Q_n<100$ 平方分米	dm^2(平方分米)
	$Q_n\geqslant1$ 平方米	m^2(平方米)

定量包装商品净含量标注字符的最小高度应当符合表 3-10 的规定。

表 3-10　标注字符高度

标注净含量(Q_n)	字符的最小高度(mm)
$Q_n\leqslant50$ g $Q_n\leqslant50$ mL	2
50 g$<Q_n\leqslant200$ g 50 mL$<Q_n\leqslant200$ mL	3
200 g$<Q_n\leqslant1000$ g 200 mL$<Q_n\leqslant1000$ mL	4
$Q_n>1$ kg $Q_n>1$ L	6
以长度、面积、计数单位标注	2

单件定量包装商品的标注净含量与实际含量之差不得大于表 3-11 规定的允许短缺量。

表 3-11　允许短缺量

质量或体积定量包装商品的标注净含量(Q_n)/g 或 mL	允许短缺量(T)*/g 或 mL	
	Q_n 的百分比	g 或 mL
0～50	9	—
50～100	—	4.5
100～200	4.5	—
200～300	—	9
300～500	3	—
500～1000	—	15
1000～10000	1.5	—
10000～15000	—	150
15000～50000	1	
长度定量包装商品的标注净含量（Q_n)	允许短缺量(T)/m	
$Q_n \leqslant 5$ m	不允许出现短缺量	
$Q_n > 5$ m	$Q_n \times 2\%$	
面积定量包装商品的标注净含量（Q_n)	允许短缺量(T)	
全部 Q_n	$Q_n \times 3\%$	
计数定量包装商品的标注净含量（Q_n)	允许短缺量(T)	
$Q_n \leqslant 50$	不允许出现短缺量	
$Q_n > 50$	$Q_n \times 1\%$**	

注：* 对于允许短缺量(T)，当 $Q_n \leqslant 1$ kg(L)时，T 值的 0.01 g(mL)位修约至 0.1 g (mL)；当 $Q_n > 1$ kg(L)时，T 值的 0.1 g(mL)位修约至 g(mL)；** 以标注净含量乘以 1%，如果出现小数，就把该数进位到下一个紧邻的整数。这个值可能大于 1%，但这是可以接受的，因为商品的个数为整数，不能带有小数。

批量定量包装商品平均实际含量应当大于或者等于其标注净含量。对批量定量包装商品的监督检验，按照表 3-12 规定的抽样方法及平均偏差计算方法进行抽样检验和计算。样本中单件定量包装商品的标注净含量与其实际含量之差大于允许短缺量的件数以及样本的平均实际含量应当符合表 3-12 的规定。

表 3-12　计量检验抽样方案

第一栏	第二栏	第三栏		第四栏	
		样本平均实际含量修正值($\lambda \cdot s$)		允许大于 1 倍,小于或者等于 2 倍允许短缺量的件数	允许大于 2 倍允许短缺量的件数
检验批量 N	抽取样本量 n	修正因子 $\lambda = t\,0.995 \times \dfrac{1}{\sqrt{n}}$	样本实际含量标准偏差 s		
1～10	N	—	—	0	0
11～50	10	1.028	s	0	0
51～99	13	0.848	s	1	0
100～500	50	0.379	s	3	0
501～3200	80	0.295	s	5	0
大于 3200	125	0.234	s	7	0

样本平均实际含量应当大于或者等于标注净含量减去样本平均实际含量修正值($\lambda \cdot s$),即

$$\overline{q} \geqslant (Q_n - \lambda \cdot s)$$

式中:$\overline{q}$—— 样本平均实际含量 $\overline{q} = \dfrac{1}{n}\sum\limits_{i=1}^{n} q_i$

Q_n——标注净含量

λ——修正因子

s——样本实际含量标准偏差 $s = \sqrt{\dfrac{1}{n-1}\sum\limits_{i=1}^{n}(q_i - \overline{q})^2}$

注:(1)本抽样方案的置信度为 99.5%;(2)本抽样方案对于批量为 1～10 件的定量包装商品,只对单件定量包装商品的实际含量进行检验,不作平均实际含量的计算。

（二）自愿申请使用"C"标志

《定量包装商品计量监督管理办法》鼓励定量包装商品生产者自愿参加计量保证能力评价工作,保证计量诚信。由省级部门按照《定量包装商品生产企业计量保证能力评价规范》的要求,对生产者进行核查,对符合要求的予以备案,并颁发全国统一的《定量包装商品生产企业计量保证能力证书》,允许在其生产的定量包装商品上使用全国统一的计量保证能力合格标志,即"C"标志,如图 3-3 所示。

图 3-3　计量保证能力合格标志

105

"C"标志（China 的首个大写字母）是我国借鉴欧洲在定量包装商品上实行"e"标志的经验，而实施的一种符合性评定程序。实质上是政府对包装企业计量能力的检查制度，形式上由企业自愿申请。

三、其他商品量的计量监督管理

（一）商品房销售面积的计量监督

为了进一步规范商品房市场的计量行为，维护商品交易的正常秩序和公平、公正交易，切实保障商品房购销双方的正当合法权益。我国于 1998 年制定了《商品房销售面积测量与计算》（JJF 1058-1998）；1999 年发布了《商品房销售面积计量监督管理办法》，规定：

1. 销售者销售商品房，必须明示商品房的销售面积，并注明该商品房的套内建筑面积及应当分摊的共有建筑面积。商品房销售面积的标注应当以平方米（m^2）为计量单位。

2. 商品房的销售面积与实际面积之差不得超过国家计量技术规范《商品房销售面积测量与计算》规定的商品房面积测量限差。按套或者单元销售的商品房，各套或者各单元销售面积之和不得大于整幢商品房的实际总面积。

3. 商品房销售者应当接受质量技术监督部门对商品房销售面积进行的计量监督检查，并如实提供与商品房面积计量有关的图纸、资料等。

（二）大宗物料计量监督管理

大宗物料通常是指企业与企事业单位之间进行的以重量或体积交接而不以件数交接的物料，如粮食、钢铁、煤炭、石油、化肥、建筑材料等。而散装的大宗物料一般又是通过汽车、火车、船舶等运输工具，由供需双方之间进行贸易结算交接，这种交接可能是单次的，也可能是多次的。

大宗物料交接中的计量对防止资源流失、合理配制资源具有重要意义。同时也是计量行政部门建立正常的市场竞争机制和市场交易秩序，维护供需双方利益的重要任务之一。

我国部分省、市的地方计量法规和国务院计量行政部门颁发的规章，对大宗物料交接中的计量管理进行了规定。其管理方式大体有四类：

1. 通过计量公正服务机构进行管理。如《北京市计量监督管理规定》第 9 条规定："大宗物料交易的结算数据交易双方有约定的，以约定为准；无约定的,以计量公正服务机构提供的计量公证数据为准。"《上海市计量监督管理条例》第 22 条规定:"政府采购大宗物料需要计量的,应当委托有资质的计量鉴证机构进行计量。"国家质检总局《能源计量监督管理办法》第 13 条规定:"用能单位可以委托具备法定资质的社会公正计量行(站)对大宗能源的贸易交接、能源消耗状况实行第三方公正计量。"

2. 对用于大宗物料交易的计量器具进行重点管理。如《四川省计量监督管理条例》第 20 条规定:"涉及人体健康、安全防护以及用于重要商品和大宗物料交接、判定法定责任或与消费者利益密切相关的新型计量器具,由省技术监督行政主管部门拟定目录并报经省人民政府批准后,可以纳入强制检定范围。"《成都市重点计量器具检定管理办法》第 2 条规定:"本办法所称重点计量器具是指国家强制检定计量器具目录之外的涉及人体健康、人身财产安全、生态环境,以及用于重要商品和大宗物料交易、判定法定责任方面,并列入《成都市重点计量器具目录》的计量器具。"

3. 由计量行政部门设立公证计量器具进行管理。如《深圳经济特区计量条例》第 24 条规定:"市主管部门应在生产资料和生活资料市场以及其他有大宗物料计量的场所设立公证计量器具,加强计量监督。"

4. 援引国家或地方标准进行管理。如《河北省计量监督管理条例》第 29 条规定:"大宗物料交易应当按照国家或者省规定的计量方法进行计量和结算。"《甘肃省计量监督管理条例》第 14 条规定:"大宗物料的交易,凡具备称重条件的,应当以称重方法计量结算;不具备称重条件的,可以采取国家标准规定的公式方法计量,并完整地明示物料量值的计算要素。"

第六节 计量监督及法律责任

计量监督是"为核查计量器具是否依据计量法律、法规正确使用和诚实使用,而对计量器具制造、安装、修理或使用进行控制的程序。这种监督也可扩展到对预包装品上指示量正确性的控制"。[1] 依据我国计量法律、法规、规章,我国当前计量监督体制的构成包括计量行政管理体系、计量技术保障体系和计量中介服务体系,它们各司其职,行使法律赋予或行政部门授权的监督职能,保证计量法律制度的贯彻实施。任何单位和个人违反了法律规定,都要承

---

[1] 见《通用计量术语及定义》(JJF 1001-1998)。

担相应的法律责任。

一、我国的计量监督体制

（一）计量行政管理体系

根据《计量法》的规定，国务院计量行政部门对全国计量工作实施统一监督管理。国家质量监督检验检疫总局是国务院主管全国质量、计量、出入境卫生检疫、出入境动植物检疫和认证认可、标准化等工作，并行使行政执法职能的直属机构。

省级计量行政管理部门为省、市、自治区质量技术监督局。现行管理体制为省级质量技术监督局业务归属国家质检总局管理，人事财务仍属当地政府管理。省级以下质量技术监督局由省级质量技术监督局直接管理。质量技术监督局一般下设有计量检定所（院），由局直接管理。

我国计量行政管理部门的职责范围为：推行国家法定计量单位；组织量值传递和溯源；组织建立和管理社会公用计量标准；组织制定、修改和管理地方计量技术规范和检定规程；对计量器具的制造、修理、销售、进口、使用和检定进行监督管理；对计量检定机构、产品质量监督检验机构和为社会提供公正数据的实验室进行计量授权、计量认证和监督管理；规范和监督商品量计量行为；调解计量纠纷，组织仲裁检定。

多数职能前已有述，以下对计量授权、计量认证和计量纠纷的仲裁与调解进行介绍。

1. 计量授权。计量授权是指县级以上政府计量行政部门，依法授权其他部门或单位的计量检定机构或技术机构，执行计量法规定的强制检定和其他检定、测试任务。

依据计量法律、法规和《计量授权管理办法》等规章，国务院计量行政部门负责国家级计量技术机构和跨省承担任务的计量技术机构的计量授权，包括对建立计量基准和承担计量器具新产品定型鉴定的计量技术机构进行授权。县级以上政府计量行政部门根据需要，授权计量检定机构或技术机构执行以下任务：建立社会公用计量标准、计量检定、计量器具产品质量监督检验以及商品量计量监督检验等，为提供计量监督提供技术保证。

2. 计量认证。《计量法》中规定：为社会提供公证数据的产品质量检验机构，必须经省级以上人民政府计量行政部门对其计量检定、测试能力和可靠性考核合格,这种考核称为计量认证。计量认证是我国通过计量立法,对为社会出具公证数据的检验机构(实验室)进行强制考核的一种手段。经计量认证合格的产品质量检验机构所提供的数据,用于贸易出证、产品质量评价、成果鉴定作为公证数据,具有法律效力。

3. 计量纠纷的仲裁和调解。《计量法实施细则》第 37 条规定,县级以上人民政府计量行政部门负责计量纠纷的调解和仲裁检定,并可根据司法机关、合同管理机关、涉外仲裁机关或者其他单位的委托,指定有关计量检定机构进行仲裁检定。

《计量法实施细则》第 39 条规定,计量纠纷当事人对仲裁检定不服的,可以在接到仲裁检定通知书之日起 15 日内向上一级人民政府计量行政部门申诉。上一级人民政府计量行政部门进行的仲裁检定为终局仲裁检定。

仲裁检定是用计量基准或社会公用计量标准所进行的以裁决为目的的检定、测试活动。仲裁检定是为解决计量纠纷而实施的。计量纠纷一般是由于对计量器具准确度的评价不同,或因为破坏计量器具准确度进行不诚实的测量,或伪造数据等原因,对测量结果发生争执。这类检定可以由纠纷的当事人向政府计量行政部门申请,也可以由司法部门、仲裁机构、合同管理部门等委托政府计量行政部门进行。政府计量行政部门在受理仲裁检定申请后,应确定仲裁检定的时间地点,指定法定计量检定机构承担仲裁检定任务,并发出仲裁检定通知。纠纷双方在接到通知后,应对与纠纷有关的计量器具实行保全措施,即不允许以任何理由破坏其原始状态。进行仲裁检定时双方当事人应在场,无正当理由拒不到场的,可进行缺席仲裁检定。

仲裁检定必须使用国家基准或社会公用计量标准,依据国家计量检定规程,或政府计量行政部门指定的检定方法文件进行。仲裁检定需在规定的时限内完成,并出具仲裁检定证书。

当事人一方或双方对一次仲裁检定结果不服的,可向上一级政府计量行政部门申请二次仲裁检定,二次仲裁检定即为终局仲裁检定。如果承担仲裁检定的检定人员有可能影响检定数据公正的应当回避,当事人也有权以口头或书面方式申请其回避。

仲裁检定的结果将作为计量调解的依据,如果是伪造数据或破坏计量器具准确度造成的纠纷,将作为追究违法行为的证据。

(二)计量技术机构体系

县级以上人民政府计量行政部门依法设置的计量检定机构,为国家法定

计量检定机构。其职责为：负责研究建立计量基准、社会公用计量标准，进行量值传递，执行强制检定和法律规定的其他检定、测试任务，起草技术规范，为实施计量监督提供技术保证，并承办有关计量监督工作。县级以上人民政府计量行政部门可以根据需要，采取以下形式授权其他单位的计量检定机构和技术机构，在规定的范围内执行强制检定和其他检定、测试任务：

1. 授权专业性或区域性计量检定机构，作为法定计量检定机构。

2. 授权建立社会公用计量标准。

3. 授权某一部门或某一单位的计量检定机构，对其内部使用的强制检定计量器具执行强制检定。

4. 授权有关技术机构，承担法律规定的其他检定、测试任务。

因此，各级人民政府计量行政部门下设的计量技术机构包括两种：一是县级以上人民政府计量行政部门依法设置的计量检定机构，为国家法定计量检定机构；二是县级以上人民政府计量行政部门可以根据需要，授权专业性或区域性计量检定机构，作为法定计量检定机构。

此外，还有一些其他的计量检定机构和技术机构，虽然不是法定计量检定机构，但是经过政府计量行政部门的授权，可以承担建立社会公用计量标准，对其内部使用的强制检定计量器具执行检定或承担法律规定的其他检定、测试任务。

（三）计量中介服务体系

计量中介服务机构是指从事社会计量公正检测，咨询、仲裁服务的机构，如社会公正计量行（站）、测量管理体系认证机构及其他从事计量中介工作活动的组织。它们构成了我国的计量中介服务体系。

1. 社会公正计量行（站）

社会公正计量行（站）是指经省级人民政府计量行政部门考核批准，在流通领域为社会提供计量公正数据的中介服务机构。社会公正计量行（站）为社会提供的计量公正数据可作为贸易结算的依据。

建立社会公正计量行（站），须具备下列条件：（1）具有法人资格，独立于交易双方；（2）具有提供计量公正服务的能力，并取得省级人民政府计量行政部门批准颁发的社会公正计量行（站）计量认证合格证书。计量认证的内容和要求为：计量检测设备及配套设施满足计量检测的要求，并可溯源到社会公用计量标准；工作环境适应计量检测的要求；计量检测人员经考核合格；具有保证计量检测工作质量的管理制度。

社会公正计量行(站)应当履行以下义务:(1)遵守国家法律、法规和有关社会公正计量行(站)的规章制度,接受当地人民政府计量行政部门的监督;(2)维护和保养计量检测设备,保证计量检测设备在使用周期内准确、可靠;(3)妥善保管计量检测数据原始记录,并对其出具的数据承担法律和经济责任。

2. 计量咨询机构

为加强对测量管理体系认证工作的管理,保证计量单位的统一和量值的准确可靠,推动我国企业计量工作的发展,国家质量监督检验检疫总局、国家认证认可监督管理委员会制定了《测量管理体系认证管理办法》。

测量管理体系认证工作,是指由测量管理体系认证机构(以下简称认证机构)证明企业(或其他组织)能够满足顾客、组织、法律法规等对测量过程和测量设备的质量管理要求,并符合国家标准(GB/T 19022-2003)《测量管理体系 测量过程和测量设备的质量管理要求》的认证活动。

从事测量管理体系认证的认证机构,属于计量咨询机构,由国家认监委按照认证认可条例有关规定审核批准,并征求国家质检总局意见。获得批准的认证机构,方可从事测量管理体系认证活动。申请设立从事测量管理体系认证的认证机构及其认证人员应当具备认证认可条例规定的条件,从事测量管理体系认证的认证机构应当有 30 名以上具有测量管理体系认证资格的专职审核人员。

国家质检总局和国家认监委制定测量管理体系认证实施规则,确定认证标准、技术规范和认证程序。认证机构可以制定内部相关规范、规则,报国家认监委备案后实施。

从事测量管理体系认证的认证机构履行以下职责:(1)在批准的业务范围内按规定要求开展认证工作;(2)按照规定对获得认证的企业,颁发或者撤销认证证书,决定允许或者停止使用认证标志;(3)对认证标志使用情况进行监督管理;(4)对认证企业的持续符合性进行监督检查;(5)受理有关的认证投诉、申诉和争议工作。

认证机构应当根据申请材料、现场审核报告等进行综合评价,并作出认证决定。向获得认证的申请人颁发测量管理体系认证证书,准许使用测量管理体系认证标志。测量管理体系认证证书有效期 5 年。认证机构应当对获证企业的测量管理体系每年进行一次跟踪监督检查,也可根据情况进行不定期抽查。

二、计量法律责任

计量法律责任是指违反了计量法律、法规和规章的规定所应当承担的法律后果。根据违法的情节及造成后果的程度不同,计量法律责任有三种。

(一)行政法律责任

所谓行政法律责任是国家执法机关对有违法行为而不构成犯罪的一种法律制裁。行政法律责任包括行政处罚与行政处分。我国《计量法》及《计量法实施细则》规定要承担行政责任的违法行为包括:(1)未按规定使用法定计量单位的;(2)制造、销售和进口国务院规定废除的非法定计量单位的计量器具和国务院禁止使用的其他计量器具的;(3)属于强制检定范围的计量器具,未按规定申请检定或检定不合格还继续使用的;(4)未取得《制造计量器具许可证》、《修理计量器具许可证》进行制造和修理计量器具的;(5)制造、销售未经审查合格的计量器具新产品的;制造、修理、销售的计量器具不合格的;(6)使用不合格的计量器具或者破坏计量器具的准确度,给国家和消费者造成损失的;(7)制造、销售、使用以欺骗消费者为目的的计量器具的;(8)未取得计量认证合格证书的产品质量检验机构,为社会提供公证数据的;(9)伪造、盗用、倒卖强制检定印、证的。计量监督管理人员违法失职,徇私舞弊,情节轻微的,给予行政处分。对计量违法行为实施行政处罚,由县级以上地方政府计量行政部门决定,其中,对使用不合格的计量器具或者破坏计量器具的准确度,给国家和消费者造成损失的行政处罚,也可由工商行政管理部门决定。行政处罚的目的在于制止计量违法行为人继续违法,使其不再重犯。

(二)民事法律责任

如果违法行为构成侵害他人权利,造成财产损失的,则要负民事责任。如使用不合格的计量器具或破坏计量器具准确度,给国家和消费者造成损失的,就要赔偿损失。

(三)刑事责任

已构成犯罪,由司法机关处理的,属刑事法律责任。我国《计量法》规定:制造、修理、销售以欺骗消费者为目的的计量器具造成人身伤亡或重大财产损失的,伪造、盗用、倒卖检定印、证的,计量监督管理人员违法失职、徇私舞弊、构成犯罪的，要追究刑事责任。

思考题

1. 简述我国法定计量单位的构成。
2. 简述我国计量器具的三个等级及其管理制度。
3. 简述我国商品量计量监督管理制度。
4. 简述我国的计量行政管理体制。

第四章　标准化与质量管理

第一节　产品质量监督管理制度

一、产品质量出厂检验制度

(一)产品质量出厂检验制度的定义

所谓产品质量出厂检验制度,就是指:企业在其生产的产品出厂以前,必须对产品是否符合相应标准和质量要求进行检验,只有经检验合格的产品,才能投入流通的制度。

该制度的法律依据为:《产品质量法》第 12 条规定:"产品质量应当检验合格,不得以不合格产品冒充合格产品。"第 19 条规定:"产品质量检验机构必须具备相应的检测条件和能力,经省级以上人民政府产品质量监督部门或者其授权的部门考核合格后,方可承担产品质量检验工作。法律、行政法规对产品质量检验机构另有规定的,依照有关法律、行政法规的规定执行。"《企业标准化管理办法》第 18 条规定:"企业生产的产品,必须按标准组织生产,按标准进行检验。经检验符合标准的产品,由企业质量检验部门签发合格证书。企业生产执行国家标准、行业标准、地方标准或企业产品标准,应当在产品或其说明书、包装物上标注所执行标准的代号、编号、名称。"

(二)产品质量出厂检验制度的法律特征

根据上述法律法规对于产品质量出厂检验制度所作的规定,我们认为,该制度具有以下三个方面的法律特征:

首先,产品质量出厂检验的检验主体是企业自身。虽然企业的产品质量检验机构必须经省级以上人民政府产品质量监督部门或者其授权的部门考核合格后,方可承担产品质量检验工作。但产品质量监督部门及其授权的部门并不是产品质量检验的主体。

其次,产品质量出厂检验的依据,是企业在生产该产品时所执行的国家标准、行业标准、地方标准与企业产品标准。特别需要指出的是,这里所谓"企业所执行的标准",应当包括两类情况:一是法律法规规定强制执行的国家标准、行业标准、地方标准;二是企业在产品或其说明书、包装物上标注的其所执行的推荐性的国家标准、行业标准、地方标准及企业产品标准。换言之,对于与产品质量有关的推荐性国家标准、行业标准、地方标准,法律法规虽未要求强制执行,但如果企业明确表示采用,则应当将此类标准作为产品质量出厂检验的依据。至于经过登记备案的且在产品或其说明书、包装物上标注的企业产品标准,则亦如此。

最后,产品质量出厂检验的内容,是企业所生产的产品,必须符合其所执行的国家标准、行业标准、地方标准或企业产品标准。

(三)产品质量出厂检验制度的法律意义

产品质量出厂检验,从本质上说,是《产品质量法》和《企业标准化管理办法》赋予所有生产企业的一种产品质量义务,同时也是赋予生产企业的实施标准化生产和管理的一种义务。

通过产品质量出厂检验,一方面确保了强制性标准的实施,推进了企业标准化生产和管理。《产品质量法》第13条规定:"可能危及人体健康和人身、财产安全的工业产品,必须符合保障人体健康和人身、财产安全的国家标准、行业标准;未制定国家标准、行业标准的,必须符合保障人体健康和人身、财产安全的要求。禁止生产、销售不符合保障人体健康和人身、财产安全的标准和要求的工业产品。"而产品质量出厂检验制度恰恰是企业遵守和执行强制性标准的关键一环。同时,企业的产品质量出厂检验义务与其"按标准组织生产"的义务、企业产品标准的备案制度相结合,又可以有效地确保和推进企业实施标准化生产和管理的水平。

另一方面,产品质量出厂检验构成了企业对其产品质量的"默示担保",检验所依据的标准即为企业对于产品质量的承诺。在产品投入流通以后,如果消费者与企业之间对于产品所应当具有的质量水平或者产品质量是否合格存有争议,而双方订立的买卖合同中又没有关于产品质量的明确和详尽的约定,此时,相关的强制执行的国家标准、行业标准、地方标准或者在产品或其说明

书、包装物上标注执行的标准,即可作为判断产品质量是否符合合同要求的依据(至少是依据之一)。① 从而起到保护消费者合法权益、解决产品质量纠纷的作用。

当然,上述两个方面的法律意义,归根结底,其作用都在于确保产品质量符合保障人体健康和人身、财产安全的要求和当事人之间所约定的合同要求,并且促进企业不断提升产品质量。

二、工业产品生产许可证制度

1984 年 4 月 7 日,国务院发布《工业产品生产许可证试行条例》,开始对我国的部分工业产品实行工业产品生产许可证制度。凡是实行生产许可证制度的产品,企业必须取得生产许可证,方可生产该产品。2005 年 7 月 9 日,国务院颁布《工业产品生产许可证管理条例》,对工业产品生产许可证制度进行了修改与完善。该条例于 2005 年 9 月 1 日起实施,《工业产品生产许可证试行条例》同时废止。

(一)工业产品实行生产许可证管理的范围

根据《工业产品生产许可证管理条例》第 2 条和第 3 条的规定,国家对生产下列重要工业产品的企业实行生产许可证制度:(1)乳制品、肉制品、饮料、米、面、食用油、酒类等直接关系人体健康的加工食品;(2)电热毯、压力锅、燃气热水器等可能危及人身、财产安全的产品;(3)税控收款机、防伪验钞仪、卫星电视广播地面接收设备、无线广播电视发射设备等关系金融安全和通信质量安全的产品;(4)安全网、安全帽、建筑扣件等保障劳动安全的产品;(5)电力铁塔、桥梁支座、铁路工业产品、水工金属结构、危险化学品及其包装物、容器等影响生产安全、公共安全的产品;(6)法律、行政法规要求依照本条例的规定实行生产许可证管理的其他产品。工业产品的质量安全通过消费者自我判断、企业自律和市场竞争能够有效保证的,不实行生产许可证制度。工业产品的质量安全通过认证认可制度能够有效保证的,不实行生产许可证制度。

根据上述关于确定工业产品生产许可证管理的范围的原则,国务院工业

---

① 根据我国《合同法》第 62 条第 1 项,当事人就有关合同内容约定不明确,依照本法第 61 条的规定仍不能确定的,适用下列规定:质量要求不明确的,按照国家标准、行业标准履行;没有国家标准、行业标准的,按照通常标准或者符合合同目的的特定标准履行。

产品生产许可证主管部门会同国务院有关部门,制定《国家实行生产许可证制度的工业产品目录》(以下简称《目录》),并征求消费者协会和相关产品行业协会的意见,报国务院批准后向社会公布。国务院工业产品生产许可证主管部门应当会同国务院有关部门适时对《目录》进行评价、调整和逐步缩减,报国务院批准后向社会公布。

根据国家质检总局于 2010 年 8 月 25 日发布的《关于公布实行生产许可证制度管理的产品目录的公告》,我国目前对人造板等 64 类产品实行生产许可证制度管理。实行生产许可证制度管理的产品目录如下:

表 4-1 国家实行生产许可证制度管理的产品目录

序号	产品名称	序号	产品名称
1	人造板	33	特种劳动防护用品
2	建筑用钢筋	34	建筑钢管脚手架扣件
3	预应力混凝土用钢材	35	建筑卷扬机
4	耐火材料	36	摩托车乘员头盔
5	钢丝绳	37	水泥
6	轴承钢材	38	输水管
7	泵	39	摩擦材料及密封制品
8	空气压缩机	40	建筑防水卷材
9	蓄电池	41	铜及铜合金管材
10	机动脱粒机	42	铝、钛合金加工产品
11	防爆电气	43	广播通信铁塔及桅杆
12	砂轮	44	电力金具
13	内燃机	45	输电线路铁塔
14	电线电缆	46	电力调度通讯设备
15	电焊条	47	水工金属结构
16	电力整流器	48	水文仪器
17	轻小型起重运输设备	49	岩土工程仪器
18	卫星电视广播地面接收设备	50	制冷设备
19	集成电路卡及集成电路卡读写机	51	救生设备
20	化肥	52	抽油设备

续表

序号	产品名称	序号	产品名称
21	农药	53	燃气器具
22	橡胶制品	54	饲料粉碎机械
23	防喷器及防喷器控制装置	55	人民币伪钞鉴别仪
24	钻井悬吊工具	56	危险化学品
25	电热毯	57	危险化学品包装物、容器
26	助力车	58	棉花加工机械
27	眼镜	59	防伪技术产品
28	预应力混凝土枕	60	无线广播电视发射设备
29	预应力混凝土铁路桥简支梁	61	税控收款机
30	港口装卸机械	62	加工食品
31	公路桥梁支座	63	直接接触食品的材料等食品相关产品
32	汽车制动液	64	化妆品

根据《工业产品生产许可证管理条例》第 5 条的规定,任何企业未取得生产许可证不得生产列入目录的产品。任何单位和个人不得销售或者在经营活动中使用未取得生产许可证的列入目录的产品。

(二)工业产品生产许可证的管理体制

1. 生产许可证的管理模式

经过多年的发展,我国工业产品生产许可证的管理,已经形成了"两级发证,三级操作"的管理模式。

所谓"两级发证",即国家质检总局负责质量安全风险大、技术含量高的产品的生产许可证审批和发证,省局负责量大面广、风险较小的产品的生产许可证审批和发证。两级发证的具体目录由国家质检总局分期分批公布实施。截至目前,国家质检总局已经将建筑外窗、验配眼镜、乳制品、婴幼儿配方奶粉等产品的生产许可证的审批和发证下放到省局。

而所谓"三级操作",即按照便民、高效的原则,国家质检总局把部分产品生产许可工作中的受理申请、现场核查、发证检验等具体事项委托省局组织实施。省局也要将由省局审批发证的产品生产许可工作中的部分事项委托市局实施,但生产许可证均盖省局公章,省局对审查发证负责。

2. 生产许可证管理机构

根据《工业产品生产许可证管理条例实施办法》的相关规定,我国的生产许可证管理机构主要包括:国家质检总局、全国工业产品生产许可证办公室、工业产品生产许可证产品审查机构、省级质量技术监督局、省级许可证办公室、县级以上地方质量技术监督局等。在国家质检总局的统一领导下,各管理机构分工协作、各司其职。

(1)国家质检总局

国家质检总局负责全国工业产品生产许可证统一管理工作,对实行生产许可证制度管理的产品,统一产品目录,统一审查要求,统一证书标志,统一监督管理。

(2)全国工业产品生产许可证办公室(全国许可证办公室)

全国工业产品生产许可证办公室(简称全国许可证办公室)是国家质检总局的内设机构,负责全国工业产品生产许可证管理的日常工作,制定产品发证实施细则,审核工业产品生产许可证产品审查机构(简称审查机构),指定承担发证检验任务的产品检验机构,统一管理核查人员资质以及审批发证等工作。

(3)省级质量技术监督局

根据需要,省级质量技术监督局可以负责部分产品的生产许可证审查发证工作,具体产品目录由国家质检总局确定并公布。省级质量技术监督局负责本行政区域内的工业产品生产许可证监督和管理工作,根据《管理条例》和国家质检总局规定,承担部分产品的生产许可证审查发证工作。

(4)省级许可证办公室

省级质量技术监督局内设工业产品生产许可证办公室(简称省级许可证办公室),负责本行政区域内的工业产品生产许可证管理的日常工作。

(5)县级以上地方质量技术监督局

县级以上地方质量技术监督局负责本行政区域内生产许可证的监督检查工作。

(6)工业产品生产许可证产品审查机构(审查机构)

工业产品生产许可证产品审查机构(简称审查机构)受国家质检总局的委托,承担起草相关产品发证实施细则、组织实地核查以及核查人员技术培训等工作。

(三)工业产品生产许可证的申请与审查

1. 申请的条件

根据《工业产品生产许可证管理条例》的相关规定,企业要取得生产许可证,应当符合下列条件:(1)有营业执照;(2)有与所生产产品相适应的专业技术人员;(3)有与所生产产品相适应的生产条件和检验检疫手段;(4)有与所生产产品相适应的技术文件和工艺文件;(5)有健全有效的质量管理制度和责任制度;(6)产品符合有关国家标准、行业标准以及保障人体健康和人身、财产安全的要求;(7)符合国家产业政策的规定,不存在国家明令淘汰和禁止投资建设的落后工艺、高耗能、污染环境、浪费资源的情况。法律、行政法规有其他规定的,还应当符合其规定。

国务院工业产品生产许可证主管部门依照上述条件,根据工业产品的不同特性,制定并发布取得列入目录产品生产许可证的具体要求;需要对列入目录产品生产许可证的具体要求作特殊规定的,应当会同国务院有关部门制定并发布。制定列入目录产品生产许可证的具体要求,应当征求消费者协会和相关产品行业协会的意见。

2. 申请的受理

企业生产列入目录的产品,应当向企业所在地的省、自治区、直辖市工业产品生产许可证主管部门申请取得生产许可证。企业正在生产的产品被列入目录的,应当在国务院工业产品生产许可证主管部门规定的时间内申请取得生产许可证。企业的申请可以通过信函、电报、电传、传真、电子数据交换和电子邮件等方式提出。

省、自治区、直辖市工业产品生产许可证主管部门收到企业的申请后,应当依照《中华人民共和国行政许可法》的有关规定办理。省、自治区、直辖市工业产品生产许可证主管部门以及其他任何单位不得另行附加任何条件,限制企业申请取得生产许可证。

3. 对企业的审查

省、自治区、直辖市工业产品生产许可证主管部门受理企业申请后,应当组织对企业进行审查。依照列入目录产品生产许可证的具体要求,应当由国务院工业产品生产许可证主管部门组织对企业进行审查的,省、自治区、直辖市工业产品生产许可证主管部门应当自受理企业申请之日起5日内将全部申请材料报送国务院工业产品生产许可证主管部门。

对企业的审查包括对企业的实地核查和对产品的检验。

(1)实地核查

对企业进行实地核查,国务院工业产品生产许可证主管部门或者省、自治区、直辖市工业产品生产许可证主管部门应当指派2名至4名核查人员,企业应当予以配合。核查人员经国务院工业产品生产许可证主管部门组织考核合格，取得核查人员证书，方可从事相应的核查工作。

核查人员依照企业取得生产许可证所应当符合的条件（如前所述）和列入目录产品生产许可证的具体要求对企业进行实地核查。

国务院工业产品生产许可证主管部门或者省、自治区、直辖市工业产品生产许可证主管部门应当自受理企业申请之日起 30 日内将对企业实地核查的结果书面告知企业。核查不合格的，应当说明理由。

（2）对产品的检验

企业经实地核查合格的，应当及时进行产品检验。需要送样检验的，核查人员应当封存样品，并告知企业在 7 日内将该样品送达具有相应资质的检验机构。需要现场检验的，由核查人员通知检验机构进行现场检验。

检验机构应当依照国家有关标准、要求进行产品检验，在规定时间内完成检验工作。检验机构和检验人员应当客观、公正、及时地出具检验报告。检验报告经检验人员签字后，由检验机构负责人签署。检验机构和检验人员对检验报告负责。

检验机构和检验人员进行产品检验，应当遵循诚信原则和方便企业的原则，为企业提供可靠、便捷的检验服务，不得拖延，不得刁难企业。检验机构和检验人员不得从事与其检验的列入目录产品相关的生产、销售活动，不得以其名义推荐或者监制、监销其检验的列入目录产品。

由省、自治区、直辖市工业产品生产许可证主管部门组织对企业进行审查的，省、自治区、直辖市工业产品生产许可证主管部门应当在完成审查后将审查意见和全部申请材料报送国务院工业产品生产许可证主管部门。

4. 审查决定的作出

自受理企业申请之日起 60 日内，国务院工业产品生产许可证主管部门应当作出是否准予许可的决定，作出准予许可决定的，国务院工业产品生产许可证主管部门应当自作出决定之日起 10 日内向企业颁发工业产品生产许可证证书（以下简称许可证证书）；作出不准予许可决定的，国务院工业产品生产许可证主管部门应当书面通知企业，并说明理由。检验机构进行产品检验所需时间不计入审查决定作出的期限。

国务院工业产品生产许可证主管部门应当将作出的相关产品准予许可的决定及时通报国务院发展改革部门、国务院卫生主管部门、国务院工商行政管理部门等有关部门。

国务院工业产品生产许可证主管部门认为需要听证的涉及公共利益的重

大许可事项,应当向社会公告,并举行听证。

国务院工业产品生产许可证主管部门作出的准予许可的决定应当向社会公布。国务院工业产品生产许可证主管部门和省、自治区、直辖市工业产品生产许可证主管部门应当将办理生产许可证的有关材料及时归档,公众有权查阅。

5.许可证的有效期及其变动

生产许可证有效期为 5 年,但是,食品加工企业生产许可证的有效期为 3 年。

(1)生产许可证的换证

生产许可证有效期届满,企业继续生产的,应当在生产许可证有效期届满6 个月前向所在地省、自治区、直辖市工业产品生产许可证主管部门提出换证申请。国务院工业产品生产许可证主管部门或者省、自治区、直辖市工业产品生产许可证主管部门应当依照本条例规定的程序对企业进行审查。

(2)重新核查和检验

在生产许可证有效期内,产品的有关标准、要求发生改变的,国务院工业产品生产许可证主管部门或者省、自治区、直辖市工业产品生产许可证主管部门可以依照相关规定重新组织核查和检验。

在生产许可证有效期内,企业生产条件、检验手段、生产技术或者工艺发生变化的,企业应当及时向所在地省、自治区、直辖市工业产品生产许可证主管部门提出申请,国务院工业产品生产许可证主管部门或者省、自治区、直辖市工业产品生产许可证主管部门应当依照相关规定重新组织核查和检验。

(四)工业产品生产许可证的证书和标志

1.工业产品生产许可证证书的内容与样式

全国工业产品生产许可证证书(以下简称生产许可证证书)分为正本和副本,具有同等法律效力。生产许可证证书由国家质检总局统一印制。

生产许可证证书应当载明企业名称、住所、生产地址、产品名称、证书编号、发证日期、有效期。集团公司的生产许可证证书还应当载明与其一起申请办理的所属单位的名称、生产地址和产品名称。

工业产品生产许可证编号由大写汉语拼音 XK 加十位阿拉伯数字编码组成:XK ××-×××-×××××。其中,XK 代表许可,前两位(××)代表行业编号,中间三位(×××)代表产品编号,后五位(×××××)代表企业生产许可证编号。

2.工业产品生产许可证标志的内容与样式

工业产品生产许可证标志由"企业产品生产许可"拼音 Qiyechanpin

Shengchanxuke 的缩写"QS"和"生产许可"中文字样组成。标志主色调为蓝色，字母"Q"与"生产许可"四个中文字样为蓝色，字母"S"为白色。QS 标志由企业自行印（贴）。可以按照规定放大或者缩小。标志的式样如下：

图 4-1

3. 工业产品生产许可证证书和标志的使用和管理

企业名称发生变化的，企业应当及时向企业所在地的省、自治区、直辖市工业产品生产许可证主管部门提出申请，办理变更手续。

企业应当妥善保管许可证证书，许可证证书遗失或者损毁，应当申请补领，企业所在地的省、自治区、直辖市工业产品生产许可证主管部门应当及时受理申请，办理补领手续。

在生产许可证有效期内，企业不再从事列入目录产品的生产活动的，应当办理生产许可证注销手续。企业不办理生产许可证注销手续的，国务院工业产品生产许可证主管部门应当注销其生产许可证并向社会公告。

企业必须在其产品或者包装、说明书上标注生产许可证标志和编号。裸装食品和其他根据产品的特点难以标注标志的裸装产品，可以不标注生产许可证标志和编号。

销售和在经营活动中使用列入目录产品的企业，应当查验产品的生产许可证标志和编号。

任何单位和个人不得伪造、变造许可证证书、生产许可证标志和编号。取得生产许可证的企业不得出租、出借或者以其他形式转让许可证证书和生产许可证标志。

三、产品质量监督抽查制度

（一）产品质量监督抽查制度的定义与特征

根据国家质检总局于 2010 年 12 月 29 日颁布，并自 2011 年 2 月 1 日起

实施的《产品质量监督抽查管理办法》第 2 条的规定,监督抽查是指质量技术监督部门为监督产品质量,依法组织对在中华人民共和国境内生产、销售的产品进行有计划的随机抽样、检验,并对抽查结果公布和处理的活动。

根据《产品质量法》和《产品质量监督抽查管理办法》的相关规定,我们认为,产品质量监督抽查制度具有以下三个方面的法律特征:

首先,就监督抽查的主体而言,国务院产品质量监督部门负责规划和组织监督抽查工作。县级以上地方产品质量监督部门在本行政区域内也可以组织监督抽查。法律对产品质量的监督检查另有规定的,依照有关法律的规定执行。(例如,《食品安全法》对食品监督抽查另有相关规定的,从其规定。)

其次,就监督抽查的对象而言,监督抽查的产品主要有以下三类:一是涉及人体健康和人身、财产安全的产品,二是影响国计民生的重要工业产品,三是消费者、有关组织反映有质量问题的产品。

最后,就监督抽查的方式而言,主要是通过对样品的抽样和检验。抽查的样品应当在市场上或者企业成品仓库内的待销产品中随机抽取。国家监督抽查的产品,地方不得另行重复抽查;上级监督抽查的产品,下级不得另行重复抽查。根据监督抽查的需要,可以对产品进行检验。检验抽取样品的数量不得超过检验的合理需要,并不得向被检查人收取检验费用。监督抽查所需检验费用按照国务院规定列支。对依法进行的产品质量监督检查,生产者、销售者不得拒绝。

(二)产品质量监督抽查的依据

产品质量监督抽查的规范依据,是由国家质检总局制定并公告发布的《产品质量监督抽查实施规范》。根据《产品质量监督抽查管理办法》第 13 条的规定,国家质检总局依据法律法规、有关标准、国家相关规定等制定并公告发布《产品质量监督抽查实施规范》(以下简称《实施规范》),作为实施监督抽查的工作规范。组织监督抽查的部门,可以根据监管工作需要,依据实施规范确定具体抽样检验项目和判定要求。对尚未制定实施规范的产品,需要组织实施监督抽查时,组织监督抽查的部门应当制定实施细则。

截至目前,国家质检总局已经制定并公布两批《产品质量监督抽查实施规范》,适用于 244 种产品(第一批经修订后为 143 种,第二批 101 种)的监督抽查。《实施规范》对监督抽查的范围、产品分类、企业规模划分、检验依据、抽样、检验要求、判定原则、异议处理、复检等作出了详尽规定。所有《实施规范》的文本均登载于国家质检总局产品质量监督司子网站"技术规范"专栏(http://cpzljds. aqsiq. gov. cn/zcfg/jsgf/)。

　　进一步而言,各种产品的质量监督抽查,其所依据和执行的质量要求则又包括以下三种情况:一是与产品质量相关的各种标准,包括国家标准、行业标准、地方标准和经备案现行有效的企业标准。这些标准可以是强制性标准,也可以是推荐性标准,以各种产品质量监督抽查的《实施规范》的规定为准。二是产品明示质量要求,包括在产品说明书、质量保证书、食物样品、产品标识上所表明的产品质量状况和质量指标。三是相关法律法规、部门规章对于产品质量的规定。这是一个兜底性的质量要求,是对于产品质量标准和产品明示质量要求的补充性规定。例如,《产品质量法》第5条所规定的"禁止在生产、销售的产品中掺杂、掺假,以假充真,以次充好",就可以作为产品质量监督抽查的依据。

　　以大米质量的监督抽查为例,根据《大米产品质量监督抽查实施规范》的规定,检验依据为:"GB 1354 大米、GB 2715 粮食卫生标准、GB 2760 食品添加剂使用卫生标准、GB/T 5009.11 食品中总砷及无机砷的测定、GB 5009.12 食品安全国家标准食品中铅的测定、GB/T 5009.15 食品中镉的测定、GB/T 5009.17 食品中总汞及有机汞的测定、GB/T 5009.19 食品中有机氯农药多组分残留量的测定、GB/T 5009.22 食品中黄曲霉毒素 B_1 的测定、GB/T 23372 食品中无机砷的测定液相色谱—电感耦合等离子体质谱法,相关的法律法规、部门规章和规定,经备案现行有效的企业标准及产品明示质量要求。"

　　综上所述,产品质量监督抽查的依据主要是标准,但却又不仅限于标准。产品质量监督抽查的内容,可以是针对产品是否符合标准的问题,也可以是针对其他的产品质量问题。产品质量监督抽查制度,既是标准实施的一种重要制度,同时也是一种重要的产品质量监督管理制度。

　　(三)监督抽查的组织实施

　　1. 监督抽查的组织

　　根据《产品质量监督抽查管理办法》的相关规定,国家质检总局负责制订年度国家监督抽查计划,并通报省级质量技术监督部门。省级质量技术监督部门负责制订本行政区域年度监督抽查计划,报国家质检总局备案。

　　组织监督抽查的部门应当依据法律法规的规定,指定有关部门或者委托具有法定资质的产品质量检验机构(以下简称检验机构)承担监督抽查相关工作。委托检验机构承担监督抽查相关工作的,组织监督抽查的部门应当与被委托的检验机构签订行政委托协议书,明确双方的权利、义务、违约责任等内

容。被委托的检验机构应当保证所承担监督抽查相关工作的科学、公正、准确，如实上报检验结果和检验结论，并对检验工作负责，不得分包检验任务，未经组织监督抽查的部门批准，不得租赁或者借用他人的检测设备。组织监督抽查的部门应当加强对抽样人员和检验机构的监督管理，制定相应的考核办法，对监督抽查实施过程及相关机构和人员开展监督检查。对存在违反本办法相关规定的检验机构，必要时可暂停其3年承担监督抽查任务的资格，并按照有关规定处罚。

组织监督抽查的部门应当根据监督抽查计划，制订监督抽查方案，将监督抽查任务下达所指定的部门或者委托的检验机构。监督抽查方案应当包括以下内容：(1)适用的实施规范或者制定的实施细则；(2)抽查产品范围和检验项目；(3)拟抽查企业名单或者范围。

2. 抽样

抽样人员应当是承担监督抽查的部门或者检验机构的工作人员。抽样人员应当熟悉相关法律、法规、标准和有关规定，并经培训考核合格后方可从事抽样工作。

抽样人员不得少于2名。抽样前，应当向被抽查企业出示组织监督抽查的部门开具的监督抽查通知书或者相关文件复印件和有效身份证件，向被抽查企业告知监督抽查性质、抽查产品范围、实施规范或者实施细则等相关信息后，再进行抽样。

抽样人员应当核实被抽查企业的营业执照信息，确定企业持照经营。对依法实施行政许可、市场准入和相关资质管理的产品，还应当核实被抽查企业的相关法定资质，确认抽查产品在企业法定资质允许范围内后，再进行抽样。抽样人员现场发现被抽查企业存在无证无照生产等不需检验即可判定明显违法的行为，应当终止抽查，并及时将有关情况报送当地质量技术监督部门和相关部门进行处理。

监督抽查的样品应当由抽样人员在市场上或者企业成品仓库内待销的产品中随机抽取，不得由企业抽样。抽取的样品应当是有产品质量检验合格证明或者以其他形式表明合格的产品。监督抽查的样品由被抽查企业无偿提供，抽取样品应当按有关规定的数量抽取，没有具体数量规定的，抽取样品不得超过检验的合理需要。

有下列情形之一的，抽样人员不得抽样：(1)被抽查企业无监督抽查通知书或者相关文件复印件所列产品的；(2)有充分证据证明拟抽查的产品是不用于销售的；(3)产品不涉及强制性标准要求，仅按双方约定的技术要求加工生产,且未执行任何标准的;(4)有充分证据证明拟抽查的产品为企业用于出口,并且出口合同对产品质量另有规定的;(5)产品或者标签、包装、说明书标有"试制"、"处理"或者"样品"等字样的;(6)产品抽样基数不符合抽查方案要求的。

有下列情形之一的,被抽查企业可以拒绝接受抽查:(1)抽样人员少于2人的;(2)抽样人员无法出具监督抽查通知书、相关文件复印件或者有效身份证件的;(3)抽样人员姓名与监督抽查通知书不符的;(4)被抽查企业和产品名称与监督抽查通知书不一致的;(5)要求企业支付检验费或者其他任何费用的。

抽样人员封样时,应当采取防拆封措施,以保证样品的真实性。抽取的样品需送至承担检验工作的检验机构的,应当由抽样人员负责携带或者寄送。需要企业协助寄、送样品时,所需费用纳入监督抽查经费。对于易碎品、危险化学品、有特殊贮存条件等要求的样品,抽样人员应当采取措施,保证样品运输过程中状态不发生变化。抽取的样品需要封存在企业的,由被检企业妥善保管。企业不得擅自更换、隐匿、处理已抽查封存的样品。

在市场抽取样品的,抽样单位应当书面通知产品包装或者铭牌上标称的生产企业,依据前述相关规定确认企业和产品的相关信息。生产企业对需要确认的样品有异议的,应当于接到通知之日起15日内向组织监督抽查的部门或者其委托的异议处理机构提出,并提供证明材料。逾期无书面回复的,视为无异议。组织监督抽查的部门应当核查生产企业提出的异议。样品不是产品标称的生产企业生产的,移交销售企业所在地的相关部门依法处理。

3.检验

检验机构接收样品时应当检查、记录样品的外观、状态、封条有无破损及其他可能对检验结果或者综合判定产生影响的情况,并确认样品与抽样文书的记录是否相符,对检验和备用样品分别加贴相应标识后入库。在不影响样品检验结果的情况下,应当尽可能将样品进行分装或者重新包装编号,以保证不会发生因其他原因导致不公正的情况。

检验机构应当妥善保存样品。制定并严格执行样品管理程序文件,详细记录检验过程中的样品传递情况。

检验过程中遇有样品失效或者其他情况致使检验无法进行的,检验机构必须如实记录即时情况,提供充分的证明材料,并将有关情况上报组织监督抽查的部门。

检验原始记录必须如实填写,保证真实、准确、清晰,并留存备查;不得随意涂改,更改处应当经检验人员和报告签发人共同确认。对需要现场检验的产品,检验机构应当制定现场检验规程,并保证对同一产品的所有现场检验遵守相同的规程。

除检验过程中遇有样品失效或者其他情况致使检验无法进行的情况外,检验机构应当出具抽查检验报告,检验报告应当内容真实齐全、数据准确、结论明确。检验机构应当对其出具的检验报告的真实性、准确性负责。禁止伪造检验报告或者其数据、结果。

检验工作结束后,检验机构应当在规定的时间内将检验报告及有关情况报送组织监督抽查的部门。国家监督抽查同时抄送生产企业所在地的省级质量技术监督部门。

检验结果为合格的样品应当在检验结果异议期满后及时退还被抽查企业。检验结果为不合格的样品应当在检验结果异议满三个月后退还被抽查企业。样品因检验造成破坏或者损耗而无法退还的,应当向被抽查企业说明情况。被抽查企业提出样品不退还的,可以由双方协商解决。

4. 异议复检

组织监督抽查的部门应当及时将检验结果和被抽查企业的法定权利书面告知被抽查企业,也可以委托检验机构告知。在市场上抽样的,应当同时书面告知销售企业和生产企业,并通报被抽查产品生产企业所在地的质量技术监督部门。

被抽查企业对检验结果有异议的,可以自收到检验结果之日起 15 日内向组织监督抽查的部门或者其上级质量技术监督部门提出书面复检申请。逾期未提出异议的,视为承认检验结果。

质量技术监督部门应当依法处理企业提出的异议,也可以委托下一级质量技术监督部门或者指定的检验机构处理企业提出的异议。对需要复检并具备检验条件的,处理企业异议的质量技术监督部门或者指定检验机构应当按原监督抽查方案对留存的样品或抽取的备用样品组织复检,并出具检验报告,于检验工作完成后 10 日内作出书面答复。复检结论为最终结论。

复检结论表明样品合格的,复检费用列入监督抽查经费。复检结论表明样品不合格的,复检费用由样品生产者承担。

检验机构应当将复检结果及时报送组织监督抽查的部门。国家监督抽查应当同时抄报企业所在地省级质量技术监督部门。

（四）监督抽查的结果处理

1. 监督抽查的结果发布

组织监督抽查的部门应当汇总分析监督抽查结果，依法向社会发布监督抽查结果公告，向地方人民政府、上级主管部门和同级有关部门通报监督抽查情况。对无正当理由拒绝接受监督抽查的企业，予以公布。对监督抽查发现的重大质量问题，组织监督抽查的部门应当向同级人民政府进行专题报告，同时报上级主管部门。

2. 限期整改

负责监督抽查结果处理的质量技术监督部门（以下简称负责后处理的部门）应当向抽查不合格产品生产企业下达责令整改通知书，限期改正。监督抽查不合格产品生产企业，除因停产、转产等原因不再继续生产的，或者因迁址、自然灾害等情况不能正常办公且能够提供有效证明的以外，必须进行整改。

企业应当自收到责令整改通知书之日起，查明不合格产品产生的原因，查清质量责任，根据不合格产品产生的原因和负责后处理的部门提出的整改要求，制订整改方案，在 30 日内完成整改工作，并向负责后处理的部门提交整改报告，提出复查申请；企业不能按期完成整改的，可以申请延期一次，并应在整改期满 5 日前申请延期，延期不得超过 30 日；确因不能正常办公而造成暂时不能进行整改的企业，应当办理停业证明，停止同类产品的生产，并在办公条件恢复正常后，按要求进行整改、复查。企业在整改复查合格前，不得继续生产销售同一规格型号的产品。

监督抽查不合格产品生产企业应当自收到检验报告之日起停止生产、销售不合格产品，对库存的不合格产品及检验机构按规定退回的不合格样品进行全面清理；对已出厂、销售的不合格产品依法进行处理，并向负责后处理的部门书面报告有关情况。对因标签、标志或者说明书不符合产品安全标准的产品，生产企业在采取补救措施且能保证产品安全的情况下，方可继续销售。

3. 复查及后续处理

负责后续处理的部门接到企业复查申请后，应当在 15 日内组织符合法定资质的检验机构按照原监督抽查方案进行抽样复查。监督抽查不合格产品生产企业整改到期无正当理由不申请复查的，负责后续处理的部门应当组织进行强制复查。复查检验费用由不合格产品生产企业承担。

监督抽查不合格产品生产企业经复查其产品仍然不合格的,由所在地质量技术监督部门责令企业在 30 日内进行停业整顿;整顿期满后经再次复查仍不合格的,通报有关部门吊销相关证照。

监督抽查不合格产品生产企业有下列逾期不改正的情形的,由省级以上质量技术监督部门向社会公告:(1)监督抽查产品质量不合格,无正当理由拒绝整改的;(2)监督抽查产品质量不合格,在整改期满后,未提交复查申请,也未提出延期复查申请的;(3)企业在规定期限内向负责后处理的部门提交了整改报告和复查申请,但并未落实整改措施且产品经复查仍不合格的。

监督抽查发现产品存在区域性、行业性质量问题,或者产品质量问题严重的,负责后处理的部门可以会同有关部门,组织召开质量分析会,督促企业整改。各级质量技术监督部门应当加强对监督抽查不合格产品生产企业的跟踪检查。

4. 对严重质量问题的行政处罚

监督抽查发现产品存在严重质量问题的,或者监督抽查不合格产品生产企业收到检验报告后未立即停止生产和销售不合格产品的,由所在地质量技术监督部门按照《中华人民共和国产品质量法》的相关规定,处以行政处罚。具体规定如下:

生产、销售不符合保障人体健康和人身、财产安全的国家标准、行业标准的产品的,责令停止生产、销售,没收违法生产、销售的产品,并处违法生产、销售产品(包括已售出和未售出的产品,下同)货值金额等值以上三倍以下的罚款;有违法所得的,并处没收违法所得;情节严重的,吊销营业执照;构成犯罪的,依法追究刑事责任。

在产品中掺杂、掺假,以假充真,以次充好,或者以不合格产品冒充合格产品的,责令停止生产、销售,没收违法生产、销售的产品,并处违法生产、销售产品货值金额 50％以上三倍以下的罚款;有违法所得的,并处没收违法所得;情节严重的,吊销营业执照;构成犯罪的,依法追究刑事责任。

生产国家明令淘汰的产品的,销售国家明令淘汰并停止销售的产品的,责令停止生产、销售,没收违法生产、销售的产品,并处违法生产、销售产品货值金额等值以下的罚款;有违法所得的,并处没收违法所得;情节严重的,吊销营业执照。

对生产者专门用于生产不符合保障人体健康和人身、财产安全的国家标准、行业标准的产品、国家明令淘汰的产品或者以假充真的产品的原辅材料、包装物、生产工具,应当予以没收。

第二节　认证认可法律制度

一、合格评定与认证认可概述

(一)合格评定的定义

根据国际标准化组织(ISO)和国际电工委员会(IEC)颁布的《ISO/IEC 导则 2》所给出的定义,所谓"合格评定",是指直接或间接确定是否符合规定要求的任何活动。其评价活动包括了第一方、第二方、第三方[①]的各类检验、检查、鉴定、抽样、测试、比对、验证、验收以及认证、注册和对各类机构进行的认可活动。合格评定活动在一定意义上可视为证明符合技术性法律法规、技术标准和合同要求的活动。[②]

(二)合格评定的产生与发展

从合格评定产生与发展的原因来看,它是与市场经济和工业化的发展紧密联系在一起的。因为在市场经济和现代工业不断发展的条件下,无论对于作为市场主体的经营者和消费者而言,抑或是对于作为市场监管主体的政府而言,如何确保产品或服务符合安全保障和质量要求、符合合同的约定,都是一个重要的问题。而要解决上述问题,就需要一种对于商品或服务的质量和安全性予以公正、科学和客观评价的制度。唯有如此,才能保证产品和服务的质量和安全性,才能保证市场主体的诚实信用,也才能保证市场机制在资源配置中的合理性和高效性。于是,合格评定应运而生了。

从合格评定产生与发展的历史来看,最初的合格评定活动是以认证活动

---

① 在合格评定活动中,通常将产品、过程或服务的供应方称为"第一方",将产品、过程或服务的采购或获取方称为"第二方",而独立于第一方和第二方的一方,称之为"第三方"。在合格评定活动中,第三方与第一方和第二方均没有直接的行政上的隶属关系和经济上的利益关系。参见李春田主编:《标准化概论》,中国人民大学出版社 2005 年第 4 版,第 222 页。

② 参见李春田主编:《标准化概论》,中国人民大学出版社 2005 年第 4 版,第 223 页。

为主的。1903 年,英国率先以英国国家标准为依据,在政府引导下开展规范性的认证工作,对英国铁轨进行认证并授予风筝标志,由此开创了国家认证制度的先河。认证工作从单纯的民间活动,成为政府指导下的规范性活动,使认证为贸易服务的功能更好地得以实现。由于政府通过立法而开展认证活动,因而形成了法规性认证(强制性认证)和自愿性认证两大类型。而随着市场经济的发展,对于各类商品和服务交换所进行的评价活动,除了认证之外,又逐渐新增了检测、检查、注册、检验、鉴定、认可等多种形式的评价活动,涉及诸多法律法规、标准、技术规范,乃至国际标准、导则、条约、协议等。为了用一个简单的词汇来概括和反映各类评价活动的内容,国际标准化组织和国际电工委员会经过多年的讨论,于 1985 年决定采用"合格评定"一词(英文"conformity assessment")来描述这一事物,同时将原国际标准化组织的认证委员会更名为"合格评定委员会"。至此,在全世界范围内统一了"合格评定"这一概念。

截至目前,合格评定活动已经经历了一个多世纪的发展,其发展过程大致可分为以下四个阶段:第一阶段,第二次世界大战之前,一些工业化国家建立起以本国法规、标准为基础的国家认证制度,只对本国市场上流通的本国产品实施认证制度。第二阶段,第二次世界大战后至 20 世纪 70 年代,开始了本国认证制度对外开放,国与国之间认证制度的双边、多边互认,进而发展到以区域标准或法规为依据的区域认证制度(如欧共体的电工产品认证制度)。第三阶段,20 世纪 80 年代至 90 年代初,国际组织开始实施以国际标准和规则为依据的国际认证制度(如电工产品安全认证制度)。与此同时,为了更加方便贸易,减少重复评审,英国率先制定了评价供方质量管理体系的英国国家标准(BS 5750 标准)。国际标准化组织在总结英国实施质量管理体系标准和认证的经验的基础上,于 1987 年发布了《质量管理和质量保证标准》,即 ISO 9000 标准,从而推动了世界范围的质量管理体系认证活动的开展。第四阶段,20 世纪 90 年代以后,多数国家为规范其本国认证机构的行为,分别建立了国家认可制度,以便对认证机构和认证从业人员的行为加以约束。为了更加有效地推动贸易发展,减少贸易中的技术壁垒,开始启动在承认认可结果的基础上,进而承认认证证书的认可制度的国际或区域互认制度[如国际认可论坛(IAF)、亚太实验室认可合作组织(APLAC)]。①

---

① 参见李春田主编:《标准化概论》,中国人民大学出版社 2005 年第 4 版,第 223~224 页。

二、认证

(一)认证的定义与特征

根据 2003 年 9 月 3 日由国务院发布,并于同年 11 月 1 日起实施的《认证认可条例》第 2 条第 1 款的定义,认证,是指由认证机构证明产品、服务、管理体系符合相关技术规范、相关技术规范的强制性要求或者标准的合格评定活动。

根据上述定义,认证具有以下几个方面的法律特征:

首先,认证的主体是独立于政府机关和市场主体的第三方社会组织(认证机构)。认证机构,应当经国务院认证认可监督管理部门批准,并依法取得法人资格后,方可从事批准范围内的认证活动。未经批准,任何单位和个人不得从事认证活动。

其次,认证的对象包括产品、服务和管理体系这三大类。需要说明的是,国际标准化组织将服务作为产品的一种(国际标准化组织将产品划分为四种类型:硬件、软件、服务和流程性材料),但我国则将服务作为与产品相并列的一种认证对象。

再次,认证的依据是相关技术规范、相关技术规范的强制性要求或者标准。

复次,认证的内容是证明产品、服务、管理体系符合相关技术规范、相关技术规范的强制性要求或者标准。

最后,认证以自愿为原则,但同时对部分产品实施强制性产品认证。任何法人、组织和个人可以自愿委托依法设立的认证机构进行产品、服务、管理体系认证。与此同时,为了保护国家安全、防止欺诈行为、保护人体健康或者安全、保护动植物生命或者健康、保护环境,国家对于部分产品实施强制性产品认证。

(二)认证机构

1. 认证机构设立的条件

根据《认证认可条例》的相关规定,设立认证机构,应当经国务院认证认可监督管理部门批准,并依法取得法人资格后,方可从事批准范围内的认证活动。未经批准,任何单位和个人不得从事认证活动。

设立认证机构,应当符合下列条件:(1)有固定的场所和必要的设施;(2)

有符合认证认可要求的管理制度;(3)注册资本不得少于人民币 300 万元;(4)有 10 名以上相应领域的专职认证人员。从事产品认证活动的认证机构,还应当具备与从事相关产品认证活动相适应的检测、检查等技术能力。

设立外商投资的认证机构除应当符合以上条件外,还应当符合下列条件:(1)外方投资者取得其所在国家或者地区认可机构的认可,(2)外方投资者具有 3 年以上从事认证活动的业务经历。设立外商投资认证机构的申请、批准和登记,按照有关外商投资法律、行政法规和国家有关规定办理。

2. 认证机构设立的程序

设立认证机构的申请和批准程序是:(1)设立认证机构的申请人,应当向国务院认证认可监督管理部门提出书面申请,并提交符合前述规定条件的证明文件。(2)国务院认证认可监督管理部门自受理认证机构设立申请之日起90 日内,应当作出是否批准的决定。涉及国务院有关部门职责的,应当征求国务院有关部门的意见。决定批准的,向申请人出具批准文件,决定不予批准的,应当书面通知申请人,并说明理由。(3)申请人凭国务院认证认可监督管理部门出具的批准文件,依法办理登记手续。国务院认证认可监督管理部门应当公布依法设立的认证机构名录。

境外认证机构在中华人民共和国境内设立代表机构,须经批准,并向工商行政管理部门依法办理登记手续后,方可从事与所从属机构的业务范围相关的推广活动,但不得从事认证活动。境外认证机构在中华人民共和国境内设立代表机构的申请、批准和登记,按照有关外商投资法律、行政法规和国家有关规定办理。

3. 认证机构的权利义务

根据《认证认可条例》的相关规定,认证机构的权利,主要是依法、独立地从事认证活动,并且收取合理的费用。

认证机构的义务,主要包括以下四个方面:一是保证独立性的义务。认证机构不得与行政机关存在利益关系。不得接受任何可能对认证活动的客观公正产生影响的资助,不得从事任何可能对认证活动的客观公正产生影响的产品开发、营销等活动。不得与认证委托人存在资产、管理方面的利益关系。二是确保认证活动的客观性、科学性的义务。认证活动应当遵循客观独立、公开公正、诚实信用的原则。认证机构应当具备与其所从事的认证活动相适应的检测、检查等技术能力和条件。三是人员管理的义务。认证人员从事认证活动,应当在一个认证机构执业,不得同时在两个以上认证机构执业。四是保密义务。从事认证活动的机构及其人员,对其所知悉的国家秘密和商业秘密负有保密义务。

（三）认证实施

国家根据经济和社会发展的需要，推行产品、服务、管理体系认证。任何法人、组织和个人可以自愿委托依法设立的认证机构进行产品、服务、管理体系认证。

认证机构应当按照认证基本规范、认证规则从事认证活动。认证基本规范、认证规则由国务院认证认可监督管理部门制定；涉及国务院有关部门职责的，国务院认证认可监督管理部门应当会同国务院有关部门制定。属于认证新领域，有关部门尚未制定认证规则的，认证机构可以自行制定认证规则，并报国务院认证认可监督管理部门备案。

认证机构应当公开认证基本规范、认证规则、收费标准等信息。认证机构不得以委托人未参加认证咨询或者认证培训等为理由，拒绝提供本认证机构业务范围内的认证服务，也不得向委托人提出与认证活动无关的要求或者限制条件。

认证机构以及与认证有关的检查机构、实验室从事认证以及与认证有关的检查、检测活动，应当完成认证基本规范、认证规则规定的程序，确保认证、检查、检测的完整、客观、真实，不得增加、减少、遗漏程序。认证机构以及与认证有关的检查机构、实验室应当对认证、检查、检测过程作出完整记录，归档留存。

认证机构及其认证人员应当及时作出认证结论，并保证认证结论的客观、真实。认证结论经认证人员签字后，由认证机构负责人签署。认证机构及其认证人员对认证结果负责。认证结论为产品、服务、管理体系符合认证要求的，认证机构应当及时向委托人出具认证证书。

获得认证证书的，应当在认证范围内使用认证证书和认证标志，不得利用产品、服务认证证书、认证标志和相关文字、符号，误导公众认为其管理体系已通过认证，也不得利用管理体系认证证书、认证标志和相关文字、符号，误导公众认为其产品、服务已通过认证。

认证机构可以自行制定认证标志，并报国务院认证认可监督管理部门备案。认证机构自行制定的认证标志的式样、文字和名称，不得违反法律、行政法规的规定，不得与国家推行的认证标志相同或者近似，不得妨碍社会管理，不得有损社会道德风尚。

认证机构应当对其认证的产品、服务、管理体系实施有效的跟踪调查，认

证的产品、服务、管理体系不能持续符合认证要求的,认证机构应当暂停其使用直至撤销认证证书,并予公布。

(四)产品认证

1. 产品认证的定义与分类

产品认证,是指认证机构按照一定程序规则证明产品符合相关标准和技术规范要求的合格评定活动。[①]

根据认证目的的不同,我们可以将产品认证分为"安全认证"和"合格认证":凡属涉及保护人类健康和安全、保护动植物生命和健康的产品,世界上许多国家均制定了专门的安全标准,并通过政府的法令规定,对这些产品实行安全认证。因此,凡是以安全标准为依据进行的产品认证,或者只对产品标准中的安全项目进行的认证,称之为"产品安全认证"。产品安全认证通常属于法规性认证,未获得产品安全认证的产品,不得进口、销售和使用。与之相对应的,产品合格认证,是指由第三方认证机构证实,某一经鉴定的产品质量符合特定标准或其他技术规范的活动。产品合格认证通常属于自愿性认证,其主要作用,是指导消费者选购性能良好的商品,全面提高产品的性能和提高企业持续稳定地生产符合标准要求的能力。[②] 与产品认证的分类相适应,产品认证标志也可分为"安全标志"和"合格标志"这两类,分别使用在获得安全认证和合格认证的产品上。

2. 产品认证的基本要素

产品认证包括以下四个基本要素:[③]

(1)型式检验。型式检验是为了证明产品是否能够满足产品技术标准的全部要求所进行的检验。检验用样品可由生产厂家送样,由独立的检验机构依据标准进行检验,所出具的检验结果,只对所送样品负责。

(2)质量管理体系检查。质量管理体系检查是对产品生产厂的质量保证能力进行的检查和评定。质量管理体系包括组织机构、责任制度、各项管理办法、工作程序等。由于产品认证活动是要证明产品质量是否符合标准或技术规范的要求,而要证明产品质量有可能持续符合标准的要求,对生产厂的质量管理体系进行检查和评定,是一种经济且简便的方法。

---

① 王艳林主编:《质检法教程》,中国政法大学出版社 2010 年版,第 135 页。
② 参见李春田主编:《标准化概论》,中国人民大学出版社 2005 年第 4 版,第 232 页。
③ 参见李春田主编:《标准化概论》,中国人民大学出版社 2005 年第 4 版,第 233 页。

（3）监督检验。监督检验是对获准认证的产品从生产企业的最终产品中，或从市场上抽取样品，由认可的独立实验室进行检验。

（4）监督检查。监督检查是对获准认证产品的生产厂的质量管理体系进行定期的复查。这是保证认证产品质量持续符合标准要求的一项监督措施。

3. 产品认证的模式

对于某种特定的产品认证而言，其并不一定同时采用了前述四种产品认证的基本要素（或者说产品认证的四种基本方法），而可能只是采用了其中的一种或者几种方法。因此，所谓产品认证的模式，就是指某种产品认证所采用的具体方法。

国际标准化组织按照对世界各国和地区所采用的产品认证模式的分析，总结出了产品认证的八种模式：[①]

（1）型式检验。按规定的检验方法对产品的样品进行检验，以证明样品符合标准或技术规范的全部要求。

（2）型式检验＋认证后的监督（市场抽样检验）。带有监督形式的型式检验。监督的办法是从市场上购买样品或从批发商、零售商的仓库中随机抽取样品进行检验，以证明产品持续符合标准或技术规范的要求。

（3）型式检验＋认证后的监督（工厂抽样检验）。带有监督形式的型式检验。监督的办法是从生产厂家随机抽取样品进行检验，以证明产品持续符合标准或技术规范的要求。

（4）型式检验＋认证后的监督（市场和工厂抽样检验）。带有监督形式的型式检验。监督的办法是既从市场购买，又从生产厂家随机抽取样品进行检验，以证明产品持续符合标准或技术规范的要求。

（5）型式检验＋质量管理体系检查＋认证后的监督（质量管理体系复查＋市场和工厂抽样检验）。这种认证制度的显著特点是，增加了对产品生产厂的质量管理体系的检查、评定，及在批准认证后的监督中增加了对生产厂的质量管理体系的复查。此种认证制度包括了认证的全部要素，无论是取得认证的资格条件，还是认证后的监督措施，均是最完善的。因其集中了各种认证模式的优点，因而能向消费者提供最大的公信力。这种认证制度是各国普遍采用的一种类型，被称为"典型的认证模式"，也是国际标准化组织向各国推荐的一种认证类型。

[①]　参见李春田主编：《标准化概论》，中国人民大学出版社 2005 年第 4 版，第 233～234 页。

（6）企业质量管理体系检查。这种认证制度是对生产厂家按特定的技术标准制造产品的质量保证能力进行检查和评定。

（7）批检。根据规定的抽样方案，对一批产品进行抽样检验，并据此作出该批产品是否符合标准或技术规范的判断。

（8）百分之百检验。每一件产品在出厂前，均要依据标准经认可的检验机构进行检验。

（五）管理体系认证

管理体系认证，是指由认证机构依据公开发布的管理体系标准，遵照相应认证程序要求，对供方的管理体系进行科学公正的评价，由认证机构颁发管理体系认证证书，并实施监督的活动。① 目前，世界范围内存在着多种针对不同管理对象的管理体系认证，其中在市场交易和贸易活动中十分重要的管理体系认证主要有：ISO 9000 质量管理体系认证、ISO 14000 环境管理体系认证和职业健康安全管理体系认证。

1. ISO 9000 质量管理体系认证

质量管理体系认证，是指由认证机构依据公开发布的质量管理体系标准和补充文件，遵照相应认证制度要求，对供方的质量管理体系进行评价，符合的由认证机构颁发质量管理体系认证证书，予以注册并实施监督的活动。

1987 年，国际标准化组织发布了 ISO 9000 质量管理和质量保证系列标准，它是全球统一的质量管理体系建立和认证用标准，为在全球范围内质量管理体系认证的全面展开和相互承认认证结果奠定了基础。该系列标准发布以后，即在全球范围内掀起了以 ISO 9000 为依据的质量管理体系认证热潮，几乎所有的国家都开展了这项认证工作，认证的范围也逐渐从单纯的生产硬件产品的企业，扩展到软件产业、流程性材料产业以及提供无形产品的服务业，如建筑业、运输仓储业、通信业、金融保险业、餐饮旅游业等。

2000 年 12 月 15 日，ISO/TC 176 正式发布了 2000 年版的 ISO 9000 族标准，包括核心标准、其他标准、技术报告和小册子四个部分。其中，核心标准有四项，即：（1）《质量管理体系——基础和术语》（ISO 9000），（2）《质量管理体系——要求》（ISO 9001），（3）《质量管理体系——业绩改进指南》（ISO 9004），（4）《质量和/或环境管理体系审核指南》（ISO 19011）。此后，2008 年 11 月 15 日，ISO/TC 176 又发布了 2008 年版的 ISO 9001 标准。2008 年版标准以 ISO

---

① 参见李春田主编：《标准化概论》，中国人民大学出版社 2005 年第 4 版，第 236 页。

9001 标准为唯一进行认证的依据。①

2. 环境管理体系认证

环境管理体系认证，是由第三方认证机构按照《环境管理体系要求及使用指南》(ISO 14001)，对申请企业建立的环境管理体系是否符合标准要求进行验证，对符合要求的颁发认证证书的活动。

ISO 14000 环境管理体系的系列标准，是由国际标准化组织根据英美等发达国家在环境管理方面的成功经验，在一些国家的环境管理体系标准的基础上制定的，于 1996 年正式发布实施。该系列标准发布时共有 5 个标准，其中 3 个与审核有关的标准已经被 ISO 19011 取代。ISO 14001 是这个系列标准的核心标准，该标准既可用于指导企业建立环境管理体系，同时也可用于认证，作为对企业环境管理体系有效性的评审依据。②

3. 职业健康安全管理体系认证

职业健康安全管理体系(OHSAS)是 20 世纪 90 年代国际上兴起的现代化安全生产与工业卫生管理模式，它与 ISO 9000 和 ISO 14000 等系列标准并称为后工业化时代的管理方法。20 世纪 90 年代后期，一些发达国家借鉴 ISO 9000 和 ISO 14000 标准及认证的成功经验，开展了实施职业健康安全管理体系的活动。英国率先颁布了《职业健康安全管理体系指南》(BS 8800)，之后美国、澳大利亚、日本、挪威等国家的一些认证组织提出了职业健康安全评价系列标准，即《职业健康安全管理体系规范》(OHSAS 18001)和《职业健康安全管理体系实施指南》(OHSAS 18002)。国际标准化组织也多次提议制定相关的国际标准，并且预留了相应的标准号，但由于部分国家反对而没有继续进行。目前，许多国家和国际组织开始在本国和所在地区开展职业健康安全管理体系认证，使其成为继质量管理体系认证、环境管理体系认证之后的又一认证热点。③

(六)服务认证

服务认证，是指认证机构按照一定的标准或规范，证明服务是否符合相关

① 参见宋明顺等编著：《管理体系与认证》，中国标准出版社 2010 年版，第 30～32 页。

② 参见王克娇主编：《认证工作法律知识简明实用教程》，中国计量出版社 2010 年版，第 65 页。

③ 参见王克娇主编：《认证工作法律知识简明实用教程》，中国计量出版社 2010 年版，第 65 页。

的服务质量标准或要求的合格评定活动。例如在体育、旅游、餐饮、风景区、汽车修理、医疗、美容、保健等行业或领域,都可以开展相应的服务认证。

特别需要说明的是,虽然国际标准化组织把产品划分为四种类型(即硬件、软件、服务和流程性材料),但我国的《认证认可条例》仍将服务单独作为一个认证的对象予以明确,从而使得服务认证与产品认证和管理体系认证相并列。这是针对我国目前服务领域认证工作现状所作出的特别要求。因为将服务作为独立的认证对象,有助于尽快建立协调一致、规范有序的服务认证制度,为加强服务认证工作、全面提高我国服务质量、发展第三产业创造良好环境。①

在我国,体育服务认证是最早建立起来的服务认证制度。为规范体育服务认证活动、提高体育服务质量、促进体育服务业的发展,国家认监委于 2005 年 11 月 10 日发布了《体育服务认证管理办法》(以下简称《办法》),并于 2006 年 1 月 1 日起正式实施。《办法》所称体育服务认证,是指由认证机构证明体育场所、体育活动的组织与推广等服务,符合相关标准和技术规范要求的合格评定活动。

根据《办法》的规定,国家实行统一的体育服务认证制度。全国体育服务认证的监督管理工作,由国家认证认可监督管理委员会、国家体育总局按照各自职责,分工协作,共同实施。体育服务认证采用统一的认证标准、技术规范和认证程序,执行统一的认证收费标准,使用统一的认证标志和认证标牌。国家鼓励体育场所、体育活动的组织与推广等服务的提供者(简称体育服务提供者)申请体育服务认证。

国家认证认可监督管理委员会会同国家体育总局制定体育服务认证规则。体育服务认证规则由国家认证认可监督管理委员会发布。国家认证认可监督管理委员会和国家体育总局共同组建体育服务认证技术专家组,为体育服务认证活动提供技术支持,并负责起草体育服务认证规则。

体育服务认证包括服务流程管理文件、行为规范、设施和设备、健康和卫生、安全保障和环境保护、服务承诺等内容的现场审查,以及获证后的监督审查。

体育服务认证的申请人应当向认证机构提交书面申请,并提交以下材料:(1)申请人基本情况,包括名称、地址、资产状况、从业人员和主要体育设施设备的配置基本情况等;(2)申请人的法人证明以及其他合法经营资质的证明;

---

① 参见王克娇主编:《认证工作法律知识简明实用教程》,中国计量出版社 2010 年版,第 65 页。

（3）申请人的服务流程管理文件；（4）保证执行体育服务标准和技术规范，以及认证申报材料真实性的声明；（5）必要时有关工种从业人员职业技能鉴定的资质证明；（6）体育服务认证相关的检测项目的检测报告；（7）其他有关材料。

认证机构受理体育服务认证申请后，应当按照体育服务认证规则、认证标准和技术规范的规定，实施认证活动，在规定的时间内作出认证结论。认证结论为符合认证要求的，认证机构应当及时向申请人出具体育服务认证证书，准许使用体育服务认证标志和认证标牌。对不符合认证要求的，应当书面通知申请人，并说明理由。

认证机构应当对持有体育服务认证证书的体育服务提供者（简称认证证书持有人）符合认证要求的持续性，每年进行不少于一次的跟踪审查，并根据审查情况作出认证证书的保持、暂停或者撤销的决定。认证机构应当定期向国家认证认可监督管理委员会、国家体育总局报告认证证书持有人的相关信息，并定期公布认证证书持有人的名单和相关信息。

三、强制性产品认证制度

为了保护国家安全、防止欺诈行为、保护人体健康或者安全、保护动植物生命或者健康、保护环境，国家对于与此相关的部分产品实施强制性产品认证制度。对于纳入强制性产品认证范围的产品，必须经过认证并标注认证标志以后，方可出厂、销售、进口或者在其他经营活动中使用。国家对必须经过认证的产品，统一产品目录，统一技术规范的强制性要求、标准和合格评定程序，统一标志，统一收费标准。

（一）强制性产品认证的组织管理

1. 认证主体

强制性产品认证的认证主体，是由国务院认证认可监督管理部门指定的认证机构。而国务院认证认可监督管理部门（现为中国国家认证认可监督管理委员会，简称认监委），则负责认证机构的审批和监管。

根据《认证认可条例》的相关规定，国务院认证认可监督管理部门指定的从事列入目录产品认证活动的认证机构以及与认证有关的检查机构、实验室（以下简称指定的认证机构、检查机构、实验室），应当是长期从事相关业务、无不良记录，且已经依照《认证认可条例》的规定取得认可、具备从事相关认证活动能力的机构。国务院认证认可监督管理部门指定从事列入目录产品认证活

动的认证机构,应当确保在每一列入目录产品领域至少指定两家符合条例规定条件的机构。

国务院认证认可监督管理部门指定认证机构、检查机构、实验室,应当事先公布有关信息,并组织在相关领域公认的专家组成专家评审委员会,对符合前述规定要求的认证机构、检查机构、实验室进行评审;经评审并征求国务院有关部门意见后,按照资源合理利用、公平竞争和便利、有效的原则,在公布的时间内作出决定。

国务院认证认可监督管理部门应当公布指定的认证机构、检查机构、实验室名录及指定的业务范围。未经指定,任何机构不得从事列入目录产品的认证以及与认证有关的检查、检测活动。

列入目录产品的生产者或者销售者、进口商,均可自行委托指定的认证机构进行认证。指定的认证机构、检查机构、实验室应当在指定业务范围内,为委托人提供方便、及时的认证、检查、检测服务,不得拖延,不得歧视、刁难委托人,不得牟取不当利益。指定的认证机构不得向其他机构转让指定的认证业务。

指定的认证机构、检查机构、实验室开展国际互认活动,应当在国务院认证认可监督管理部门或者经授权的国务院有关部门对外签署的国际互认协议框架内进行。

2.认证的范围

强制性产品认证的认证范围的确定,其依据是由国务院认证认可监督管理部门发布的实施强制性产品认证的产品目录。

根据《认证认可条例》的规定,国家对必须经过认证的产品,制定统一的产品目录。此种统一的产品目录由国务院认证认可监督管理部门会同国务院有关部门制定、调整,由国务院认证认可监督管理部门发布,并会同有关方面共同实施。列入目录的产品,必须经国务院认证认可监督管理部门指定的认证机构进行认证。

2001年12月3日,国家质检总局、国家认监委发布了《第一批实施强制性产品认证的产品目录》。此后,产品目录作了多次调整。截至目前,根据国家认监委公布的《强制性产品认证目录与实施规则对照表》,及其于2007年4月17日发布的《强制性认证产品目录描述与界定表》,我国强制性产品认证的认证产品范围,总计有22大类159种,包括:电线电缆(共5种),电路开关及保护或连接用电器装置(共6种),低压电器(共9种),小功率电动机(共1种),电动工具(共16种),电焊机(共15种),家用和类似用途设备(共18种),

音视频设备类(不包括广播级音响设备和汽车音响设备)(共 16 种),信息技术设备(共 12 种),照明设备(共 2 种)(不包括电压低于 36 V 的照明设备),机动车辆及安全附件(共 17 种),轮胎产品(共 3 种),安全玻璃(共 3 种),农机产品(共 2 种),乳胶制品(共 1 种),电信终端设备(共 9 种),医疗器械产品(共 7 种),消防产品(共 3 种),安全技术防范产品(共 4 种),无线局域产品(共 1 种),装饰装修材料(共 3 种),玩具(共 6 种)。

对于上述各种实行强制性认证的产品,在符合特定条件的情况下,可"无需办理强制性产品认证"或可"免于办理强制性产品认证"。就此问题,国家认监委 2005 年 3 月 3 日发布了《对于〈实施强制性产品认证的产品目录〉中的产品无需办理强制性产品认证或可免于办理强制性产品认证的条件的公告》,作出如下规定:

符合以下条件的,无须办理强制性产品认证:(1)外国驻华使馆、领事馆和国际组织驻华机构及其外交人员自用的物品;(2)香港、澳门特区政府驻内地官方机构及其工作人员自用的物品;(3)入境人员随身从境外带入境内的自用物品;(4)政府间援助、赠送的物品。符合以上条件的《目录》中的产品,无须申请强制性产品认证证书,也不需加施中国强制性产品认证标志。

符合以下条件的,可免于办理强制性产品认证:(1)为科研、测试所需的产品;(2)为考核技术引进生产线所需的零部件;(3)直接为最终用户维修目的所需的产品;(4)工厂生产线/成套生产线配套所需的设备/部件(不包含办公用品);(5)仅用于商业展示,但不销售的产品;(6)暂时进口后需退运出关的产品(含展览品);(7)以整机全数出口为目的而用一般贸易方式进口的零部件;(8)以整机全数出口为目的而用进料或来料加工方式进口的零部件。符合以上条件的《目录》中的产品,生产厂商、进口商、销售商或其代理人可向有关质检机构提出申请,并提交相关的申请书、证明符合免办条件的证明材料、责任担保书、产品符合性声明(包括型式试验报告)等资料,经批准获得《免于办理强制性产品认证证明》后,方可出厂销售、进口和在经营性活动中使用。

3. 认证的依据

强制性产品认证,除了要遵守《认证认可条例》以及由国家质检总局于 2009 年 7 月 3 日发布的《强制性产品认证管理规定》的一般性规定以外,对于各种强制性产品认证的实施而言,其直接和具体的法规依据,是由国家认监委制定、发布的《强制性产品认证规则》(以下简称《认证规则》)。目前,对于实行强制性认证的 22 大类、159 种产品,国家认监委均已分别制定和发布了相应的认证规则(具体可参见《强制性产品认证目录与实施规则对照表》)。

根据《强制性产品认证管理规定》的规定,认证规则应当包括以下内容:(1)适用的产品范围;(2)适用的产品所对应的国家标准、行业标准和国家技术规范的强制性要求;(3)认证模式;(4)申请单元划分原则或者规定;(5)抽样和送样要求;(6)关键元器件或者原材料的确认要求(需要时);(7)检测标准的要求(需要时);(8)工厂检查的要求;(9)获证后跟踪检查的要求;(10)认证证书有效期的要求;(11)获证产品标注认证标志的要求;(12)其他规定。

就认证模式而言,强制性产品认证应当适用以下单一认证模式或者多项认证模式的组合,具体模式包括:(1)设计鉴定;(2)型式试验;(3)生产现场抽取样品检测或者检查;(4)市场抽样检测或者检查;(5)企业质量保证能力和产品一致性检查;(6)获证后的跟踪检查。产品认证模式应当依据产品的性能,对涉及公共安全、人体健康和环境等方面可能产生的危害程度、产品的生命周期、生产、进口产品的风险状况等综合因素,按照科学、便利等原则予以确定。

(二)强制性产品认证的实施

根据《强制性产品认证管理规定》的相关规定,强制性产品认证的实施,一般可以分为以下几个步骤和阶段:

1. 认证申请

列入目录产品的生产者或者销售者、进口商(以下统称认证委托人)应当委托经国家认监委指定的认证机构(以下简称认证机构)对其生产、销售或者进口的产品进行认证。委托其他企业生产列入目录产品的,委托企业或者被委托企业均可以向认证机构进行认证委托。

认证委托人应当按照具体产品认证规则的规定,向认证机构提供相关技术材料。销售者、进口商作为认证委托人时,还应当向认证机构提供销售者与生产者或者进口商与生产者订立的相关合同副本。委托其他企业生产列入目录产品的,认证委托人还应当向认证机构提供委托企业与被委托企业订立的相关合同副本。

2. 型式试验和工厂检查

认证机构受理认证委托后,应当按照具体产品认证规则的规定,安排产品型式试验和工厂检查。

认证委托人应当保证其提供的样品与实际生产的产品一致,认证机构应当对认证委托人提供样品的真实性进行审查。认证机构应当按照认证规则的要求,根据产品特点和实际情况,采取认证委托人送样、现场抽样或者现场封样后由认证委托人送样等抽样方式,委托经国家认监委指定的实验室(以下简称实验室）对样品进行产品型式试验。

实验室对样品进行产品型式试验，应当确保检测结论的真实、准确，并对检测全过程作出完整记录，归档留存，保证检测过程和结果的记录具有可追溯性，配合认证机构对获证产品进行有效的跟踪检查。实验室及其有关人员应当对其作出的检测报告内容以及检测结论负责，对样品真实性有疑义的，应当向认证机构说明情况，并作出相应处理。

需要进行工厂检查的，认证机构应当委派具有国家注册资格的强制性产品认证检查员，对产品生产企业的质量保证能力、生产产品与型式试验样品的一致性等情况，依照具体产品认证规则进行检查。认证机构及其强制性产品认证检查员应当对检查结论负责。

3. 认证结论

认证机构完成产品型式试验和工厂检查后，对符合认证要求的，一般情况下自受理认证委托起 90 天内向认证委托人出具认证证书。对不符合认证要求的，应当书面通知认证委托人，并说明理由。认证机构及其有关人员应当对其作出的认证结论负责。

4. 认证后的监督

认证机构应当通过现场产品检测或者检查、市场产品抽样检测或者检查、质量保证能力检查等方式，对获证产品及其生产企业实施分类管理和有效的跟踪检查，控制并验证获证产品与型式试验样品的一致性、生产企业的质量保证能力持续符合认证要求。

认证机构应当对跟踪检查全过程作出完整记录，归档留存，保证认证过程和结果具有可追溯性。对于不能持续符合认证要求的，认证机构应当根据相应情形作出予以暂停或者撤销认证证书的处理，并予公布。

认证机构应当按照认证规则的规定，根据获证产品的安全等级、产品质量稳定性以及产品生产企业的良好记录和不良记录情况等因素，对获证产品及其生产企业进行跟踪检查的分类管理，确定合理的跟踪检查频次。

（三）强制性产品认证证书与认证标志

1. 认证证书与认证标志的内容与式样

根据《强制性产品认证管理规定》及国家认监委颁布的《强制性产品认证标志管理办法》（2002 年 5 月 1 日起施行）的相关规定，国家认监委统一规定强制性产品认证证书（以下简称认证证书）的格式、内容和强制性产品认证标志（以下简称认证标志）的式样、种类。

认证证书应当包括以下基本内容:(1)认证委托人名称、地址;(2)产品生产者(制造商)名称、地址;(3)被委托生产企业名称、地址(需要时);(4)产品名称和产品系列、规格、型号;(5)认证依据;(6)认证模式(需要时);(7)发证日期和有效期限;(8)发证机构;(9)证书编号;(10)其他需要标注的内容。

认证标志的式样由基本图案、认证种类标注组成。基本图案中"CCC"为"中国强制性认证"的英文名称"China Compulsory Certification"的英文缩写。在认证标志基本图案的右侧标注认证种类,由代表该产品认证种类的英文单词的缩写字母组成。国家认监委根据强制性产品认证工作的需要,制定有关认证种类标注的具体要求。

认证标志基本图案和认证标志图案(右下图中,认证标志基本图案右侧的"S"代表"安全认证")分别如下所示:

图 4-2

2. 认证证书与认证标志的使用

列入强制性产品认证目录的产品,必须获得国家认监委指定的认证机构颁发的认证证书,并在认证有效期内,符合认证要求,方可使用认证标志。列入目录的产品必须经认证合格、加施认证标志后,方可出厂、进口、销售和在经营活动中使用。

认证证书有效期为 5 年。认证机构应当根据其对获证产品及其生产企业的跟踪检查的情况,在认证证书上注明年度检查有效状态的查询网址和电话。认证证书有效期届满,需要延续使用的,认证委托人应当在认证证书有效期届满前 90 天内申请办理。

获证产品及其销售包装上标注认证证书所含内容的,应当与认证证书的内容相一致,并符合国家有关产品标识标注管理规定。认证委托人应当建立认证标志使用管理制度,对认证标志的使用情况如实记录和存档,按照认证规则规定在产品及其包装、广告、产品介绍等宣传材料中正确使用和标注认证标志。

任何单位和个人不得伪造、变造、冒用、买卖和转让认证证书和认证标志。

3. 认证证书的管理

（1）认证证书的变更

有下列情形之一的，认证委托人应当向认证机构申请认证证书的变更，由认证机构根据不同情况作出相应处理：①获证产品命名方式改变导致产品名称、型号变化或者获证产品的生产者、生产企业名称、地址名称发生变更的，经认证机构核实后，变更认证证书。②获证产品型号变更，但不涉及安全性能和电磁兼容内部结构变化；或者获证产品减少同种产品型号的，经认证机构确认后，变更认证证书。③获证产品的关键元器件、规格和型号，以及涉及整机安全或者电磁兼容的设计、结构、工艺和材料或者原材料生产企业等发生变更的，经认证机构重新检测合格后，变更认证证书。④获证产品生产企业地点或者其质量保证体系、生产条件等发生变更的，经认证机构重新工厂检查合格后，变更认证证书。⑤其他应当变更的情形。

（2）认证证书的扩展

认证委托人需要扩展其获证产品覆盖范围的，应当向认证机构申请认证证书的扩展，认证机构应当核查扩展产品与原获证产品的一致性，确认原认证结果对扩展产品的有效性。经确认合格后，可以根据认证委托人的要求单独出具认证证书或者重新出具认证证书。认证机构可以按照认证规则的要求，针对差异性补充进行产品型式试验或者工厂检查。

（3）认证证书的注销

有下列情形之一的，认证机构应当注销认证证书，并对外公布：①认证证书有效期届满，认证委托人未申请延续使用的；②获证产品不再生产的；③获证产品型号已列入国家明令淘汰或者禁止生产的产品目录的；④认证委托人申请注销的；⑤其他依法应当注销的情形。

（4）认证证书的暂停

有下列情形之一的，认证机构应当按照认证规则规定的期限暂停认证证书，并对外公布：①产品适用的认证依据或者认证规则发生变更，规定期限内产品未符合变更要求的；②跟踪检查中发现认证委托人违反认证规则等规定的；③无正当理由拒绝接受跟踪检查或者跟踪检查发现产品不能持续符合认证要求的；④认证委托人申请暂停的；⑤其他依法应当暂停的情形。

（5）认证证书的撤销

有下列情形之一的，认证机构应当撤销认证证书，并对外公布：①获证产品存在缺陷，导致质量安全事故的；②跟踪检查中发现获证产品与认证委托人提供的样品不一致的；③认证证书暂停期间，认证委托人未采取整改措施或者

整改后仍不合格的;④认证委托人以欺骗、贿赂等不正当手段获得认证证书的;⑤其他依法应当撤销的情形。

获证产品被注销、暂停或者撤销认证证书的,认证机构应当确定不符合认证要求的产品类别和范围。自认证证书注销、撤销之日起或者认证证书暂停期间,不符合认证要求的产品,不得继续出厂、销售、进口或者在其他经营活动中使用。

四、认可

(一)认可的定义与特征

根据《认证认可条例》第2条第2款的定义,认可,是指由认可机构对认证机构、检查机构、实验室以及从事评审、审核等认证活动人员的能力和执业资格,予以承认的合格评定活动。认可具有以下几个方面的法律特征:

首先,认可的主体,是由国务院认证认可监督管理部门确定的认可机构。除了认监委确定的认可机构外,其他任何单位不得直接或者变相从事认可活动。其他单位直接或者变相从事认可活动的,其认可结果无效。特别需要指出的是,与认证机构的多元化和社会化不同,自 2006 年以来,我国实行了统一的认可制度,中国合格评定国家认可委员会(CNAS)成为我国政府授权的唯一的国家认可机构。

其次,认可的对象,包括机构和人员两大类。其中,机构认可又包括认证机构认可、检查机构认可、实验室认可这三类。而人员认可则主要是对从事评审、审核等认证活动人员的认可。

再次,认可的依据,主要是相关的各类标准和规则、准则、指南(后三者也可视为标准)。以中国合格评定国家认可委员会(CNAS)为例,其认可规范包括:认可规则、认可准则、认可指南和认可方案文件。其中,认可规则(R 系列)是 CNAS 实施认可活动的政策和程序,包括通用规则和专项规则类文件;认可准则(C 系列)是 CNAS 认可的合格评定机构应满足的基本要求。包括基本准则(如等同采用的相关 ISO/IEC 标准、导则等)以及对其的应用指南或应用说明(如采用的 IAF、ILAC 制定的对相关 ISO/IEC 标准、导则的应用指南,或其他相关组织制定的规范性文件,以及 CNAS 针对特别行业制定的特定要求等)文件;认可指南(G 系列)是 CNAS 对认可准则的说明或应用指南,包括通用和专项说明或应用指南类文件;认可方案(S 系列)是 CNAS 针对特别领域或行业对上述认可规则、认可准则和认可指南的补充。

最后,我国目前实行自愿性认可与强制性认可相结合的认可模式。根据《认证认可条例》的相关规定,机构认可是自愿性认可。认证机构、检查机构、实验室可以通过认可机构的认可,以保证其认证、检查、检测能力持续、稳定地符合认可条件。而人员认可则为强制性认可。从事评审、审核等认证活动的人员,应当经认可机构注册后,方可从事相应的认证活动。认可机构应当按照国家标准和国务院认证认可监督管理部门的规定,对从事评审、审核等认证活动的人员进行考核,考核合格的,予以注册。

（二）认可机构

认可机构,是指由国家授权的,从事认证机构认可、实验室认可、认证培训机构和认证人员认可的机构。

1. 认可机构的设立条件

根据国家认监委于 2002 年 4 月 18 日发布的《国家认可机构监督管理办法》第 8 条,国家认可机构应当符合相关国际准则要求并具备以下基本条件:(1)具有法人资格,能够独立承担民事法律责任;(2)具有确保公正性的原则和程序,并以公正的方式实施管理;(3)具有确保其公正性的政策并形成文件,包括国家认可机构保证认证工作公正性的规则,有关认可事项的申诉、投诉程序等,并且保证有关各方均能参与认可制度的建立和实施;(4)根据认可范围和工作量,配备足够的人员,这些人员的教育、培训、技术知识和经历应当满足认可工作的要求;(5)确保管理者和全体人员不受任何可能影响其认可结果的商业、财务和其他方面的压力;(6)确保其相关机构的活动不影响认可活动的保密性、客观性和公正性。

2. 认可机构的权利与义务

根据《认证认可条例》的相关规定,认可机构的权利,主要是依法、独立地开展认可活动,并且收取合理的费用。

认可机构的义务,主要包括以下三个方面:一是确保认可活动客观独立、公开公正、诚实信用的义务。认可机构应当公开认可条件、认可程序、收费标准等信息。认可机构受理认可申请,不得向申请人提出与认可活动无关的要求或者限制条件。认可机构不得接受任何可能对认可活动的客观公正产生影响的资助。二是确保自身质量体系的义务。认可机构应当具有与其认可范围相适应的质量体系,并建立内部审核制度,保证质量体系的有效实施。三是保密义务。从事认可活动的机构及其人员,对其所知悉的国家秘密和商业秘密

负有保密义务。

3. 我国的认可机构

自 2006 年以来,我国实行了统一的认可制度,中国合格评定国家认可委员会(英文缩写为:CNAS)成为我国政府授权的唯一的国家认可机构。

(1)认可机构的历史沿革

中国合格评定国家认可委员会(CNAS)于 2006 年 3 月 31 日正式成立,是根据《中华人民共和国认证认可条例》的规定,由国家认证认可监督管理委员会批准设立并授权的国家认可机构,统一负责对认证机构、实验室和检查机构等相关机构的认可工作。

就其历史沿革而言,中国合格评定国家认可委员会是在原中国认证机构国家认可委员会(CNAB)和原中国实验室国家认可委员会(CNAL)的基础上整合而成的。

中国认证机构国家认可委员会(CNAB)成立于 2002 年 7 月,是经中国国家认监委依法授权设立的国家认可机构,负责对从事各类管理体系认证和产品认证的认证机构进行认证能力的资格认可。就其历史沿革而言,中国认证机构国家认可委员会(CNAB)又是由原中国质量体系认证机构国家认可委员会(CNACR)、原中国产品认证机构国家认可委员会(CNACP)、原中国国家进出口企业认证机构认可委员会(CNAB)和原中国环境管理体系认证机构认可委员会(CACEB)整合而成的。2004 年 4 月,根据国家认监委与有关部门协调的意见和决定,原全国职业健康安全管理体系认证机构认可委员会(CNASC)、原有机产品认可委员会分别将职业健康安全管理体系及有机产品认证认可工作移交 CNAB,从而进一步促进了统一的认证机构认可制度的深度融合。

中国实验室国家认可委员会(CNAL)成立于 2002 年 7 月,是经中国国家认监委批准设立并授权,统一负责实验室和检查机构认可及相关工作的国家认可机构。中国实验室国家认可委员会(CNAL)是在原国家技术监督局设立的实验室国家认可组织——中国实验室国家认可委员会(CNACL)和原国家进出口商品检验局设立的进出口领域的实验室和检查机构能力资格认可的实验室国家认可组织——中国国家出入境检验检疫实验室认可委员会(CCI-BLAC)的基础上合并成立的。

(2)中国合格评定国家认可委员会(CNAS)的主要职责

中国合格评定国家认可委员会的宗旨,是推进合格评定机构按照相关的标准和规范等要求加强建设,促进合格评定机构以公正的行为、科学的手段、准确的结果有效地为社会提供服务。

中国合格评定国家认可委员会的主要任务是：

①按照我国有关法律法规、国际和国家标准、规范等,建立并运行合格评定机构国家认可体系,制定并发布认可工作的规则、准则、指南等规范性文件;

②对境内外提出申请的合格评定机构开展能力评价,作出认可决定,并对获得认可的合格评定机构进行认可监督管理;

③负责对认可委员会徽标和认可标识的使用进行指导和监督管理;

④组织开展与认可相关的人员培训工作,对评审人员进行资格评定和聘用管理;

⑤为合格评定机构提供相关技术服务,为社会各界提供获得认可的合格评定机构的公开信息;

⑥参加与合格评定及认可相关的国际活动,与有关认可及相关机构和国际合作组织签署双边或多边认可合作协议;

⑦处理与认可有关的申诉和投诉工作;

⑧承担政府有关部门委托的工作;

⑨开展与认可相关的其他活动。

截至 2011 年 3 月底,我国累计认可各类认证机构 124 家,认可的认证机构领域总计 357 个,这些机构颁发的各类认证证书数量约 56 万份,其中质量认证证书数量和获证企业居全球第一;实验室认可数量已经达到 4431 个,在全球处于领先水平,检查机构认可数量 244 个。

（3）国际互认

中国合格评定国家认可制度在国际认可活动中有着重要的地位,其认可活动已经融入国际认可互认体系,并发挥着重要的作用。中国合格评定国家认可委员会是国际认可论坛（IAF）、国际实验室认可合作组织（ILAC）、亚太实验室认可合作组织（APLAC）和太平洋认可合作组织（PAC）的正式成员。目前我国已与其他 47 个国家和地区的质量管理体系认证和环境管理体系认证的认可机构签署了互认协议,已与其他国家和地区的 70 个实验室认可机构签署了互认协议。

（4）认证人员的注册和管理

中国认证认可协会（英文全称为 China Certification and Accreditation Association,缩写为 CCAA）成立于 2005 年 9 月 27 日,是由认证认可行业的认可机构、认证机构、认证培训机构、认证咨询机构、实验室、检测机构和部分获得认证的组织等单位会员和个人会员组成的非营利性、全国性的行业组织。

中国认证认可协会依法接受业务主管单位国家质检总局、社团登记管理机关民政部的业务指导和监督管理。

根据《中国认证认可协会章程》第 6 条的规定，中国认证认可协会（CCAA）的业务范围，包括"经政府授权，根据国际标准和国际组织规定，拟定各类认证及相关人员执业注册准则、规则，配合相关部门监督检查实施情况，接受政府委托负责各类认证认可人员的职业资格考试、考核、注册和管理工作"。据此，在获得政府主管部门授权和委托的前提下，中国认证认可协会负责具体规定各类认证人员及相关人员的任职资格条件，并负责认证人员及相关人员的认可和注册等工作。

截至目前，由中国认证认可协会（CCAA）负责注册和管理的认证人员包括：质量管理体系审核员（QMS Auditor），环境管理体系审核员（EMS Auditor），职业健康安全管理体系审核员（OHSMS Auditor），食品安全管理体系审核员（HACCP Auditor），强制性产品认证检查员（CCC Inspector），有机产品认证检查员（Organic Product Inspector），饲料产品认证检查员（Feed Product Inspector），质量管理体系认证咨询师（QMS Consultant），环境管理体系认证咨询师（EMS Consultant），职业健康安全管理体系认证咨询师（OHSMS Consultant）等。

（三）认可实施

根据《认证认可条例》的相关规定，认可机构应当公开认可条件、认可程序、收费标准等信息。认可机构受理认可申请，不得向申请人提出与认可活动无关的要求或者限制条件。

认可机构应当在公布的时间内，按照国家标准和国务院认证认可监督管理部门的规定，完成对认证机构、检查机构、实验室的评审，作出是否给予认可的决定，并对认可过程作出完整记录，归档留存。认可机构应当确保认可的客观公正和完整有效，并对认可结论负责。认可机构应当向取得认可的认证机构、检查机构、实验室颁发认可证书，并公布取得认可的认证机构、检查机构、实验室名录。

认可机构应当按照国家标准和国务院认证认可监督管理部门的规定，对从事评审、审核等认证活动的人员进行考核，考核合格的，予以注册。

认可机构委托他人完成与认可有关的具体评审业务的，由认可机构对评审结论负责。

认可证书应当包括认可范围、认可标准、认可领域和有效期限。认可证书的格式和认可标志的式样须经国务院认证认可监督管理部门批准。取得认可的机构应当在取得认可的范围内使用认可证书和认可标志。取得认可的机构不当使用认可证书和认可标志的,认可机构应当暂停其使用直至撤销认可证书,并予公布。

认可机构应当对取得认可的机构和人员实施有效的跟踪监督,定期对取得认可的机构进行复评审,以验证其是否持续符合认可条件。取得认可的机构和人员不再符合认可条件的,认可机构应当撤销认可证书,并予公布。取得认可的机构的从业人员和主要负责人、设施、自行制定的认证规则等与认可条件相关的情况发生变化的,应当及时告知认可机构。

境内的认证机构、检查机构、实验室取得境外认可机构认可的,应当向国务院认证认可监督管理部门备案。

第三节　食品安全标准

一、食品安全标准的历史沿革

(一)多元化的食品标准体系

从法学的意义上说,食品安全,是指食品的种植、养殖、加工、包装、贮藏、运输、销售、消费等活动符合国家强制性标准和要求,不存在损害或威胁消费者及其后代人体健康的有毒有害物质。[①] 显而易见,在现代社会中,食品安全治理是一个复杂的系统工程,而作为风险控制的一种有效工具,标准无疑在保障食品安全方面发挥着重要的作用。

由于食品安全既包括生产安全,也包括经营安全和消费安全;既包括结果安全,也包括过程安全;既包括现实安全,也包括未来安全,因此,为了与食品安全的多层次性和复杂性相适应,同时也基于我国所特有的多元化的标准制定和管理体制,自 20 世纪 90 年代以来,我国先后制定和发布了大量的与食品安全治理相关的标准。这些标准是由不同的主体予以制定和管理,并且也没有冠以统一的名称,只是在内容上均与食品安全密切相关,故而我们称之为

---

① 　参见张涛:《食品安全法律规制研究》,厦门大学出版社 2006 年版,第 25 页。

"多元化的食品标准体系"。

这里所谓"食品标准",并没有法定的概念和体系,从理论上说,就是指一定范围内为达到食品质量、安全、营养等要求,以及为保障人体健康,对食品及其生产加工销售过程中的各种相关因素所作的管理性规定或技术性规定。[①]

对于食品标准,我们可以根据不同的标准对其予以分类:例如,按照标准化对象的性质不同,食品标准可以分为"食品技术标准"和"食品管理标准"。食品技术标准又称为食品质量标准,通常是对食品产品的规格、理化指标、感官指标、卫生指标、微生物指标、包装材料和包装方法、贮藏条件和贮藏期以及上述指标的检验分析方法作出规定。食品管理标准则是将食品企业管理中的常规性例行活动,经过观察分析、研究改进,按照客观规律,对管理程序、所经过的路线、所需要的管理岗位、管理职责、管理凭证以及工作方法等加以明确规定,并用规章制度或职责条例固定下来,作为管理活动的准则。在食品安全标准体系中,食品质量标准在数量上占据大多数。[②]

我们也可以根据标准内容的不同,将食品标准划分为以下八大类:食品安全基础标准(如术语标准等)、食品中有毒有害物质限量标准、与食品接触材料卫生要求标准、食品安全检验检测方法标准、食品安全控制与管理标准、食品安全标签标识标准、特定食品产品标准(有机食品、绿色食品、特殊膳食食品和无公害产品标准)及其他。[③] 当然与之相类似的,也有学者认为,按标准内容不同,食品标准可以划分为:食品产品标准、食品安全卫生标准、食品工业基础及相关标准、食品包装材料及容器标准、食品添加剂标准、食品检验方法标准、各类食品卫生管理办法等。[④]

与此同时,还有一种非常重要的分类方法,即我们可以根据标准制定的法规依据(亦即标准的制定与管理主体)的不同,对食品标准进行分类。按照此种分类方法,截止到《食品安全法》实施以前,我国与食品安全相关的标准,大致可以划分为以下五类:

1. 农产品质量安全标准。农产品质量安全标准,是由《农产品质量安全

---

① 参见国家标准化管理委员会农轻和地方部编:《食品标准化》,中国标准出版社2006年版,第13页。

② 参见王艳林主编:《食品安全法概论》,中国计量出版社2005年版,第366页。

③ 参见于华江主编:《食品安全法》,对外经济贸易大学出版社2010年版,第55页。

④ 参见艾志录、鲁茂林主编:《食品标准与法规》,东南大学出版社2006年版,第53页。

法》明确规定的一种标准。按照《农产品质量安全法》的规定,国家建立健全农产品质量安全标准体系,农产品质量安全标准是强制性的技术规范,由农业行政主管部门与有关部门组织实施。当然,在农产品质量安全标准体系中,与食品安全关系最为紧密的,是食用农产品质量安全标准。

2. 食品卫生标准。食品卫生标准是由《食品卫生法》明确规定的一种标准。按照《食品卫生法》的规定,食品,食品添加剂,食品容器、包装材料,食品用工具、设备,用于清洗食品和食品用工具、设备的洗涤剂、消毒剂以及食品中污染物质、放射性物质容许量的国家卫生标准、卫生管理办法和检验规程,由国务院卫生行政部门制定或者批准颁发。需要指出的是,食品卫生标准不仅包括针对食品质量所制定的标准,而且也包括针对食品容器、包装材料,食品用工具、设备,用于清洗食品和食品用工具、设备的洗涤剂、消毒剂所提出的标准,后者对于保障食品安全,无疑也是极为重要的。2009 年 6 月 1 日,《食品安全法》正式实施,《食品卫生法》被同时废止。

3. 食品质量国家标准。食品质量国家标准并不是法律法规明确规定的一种标准,而是指国家标准化行政主管部门依据有关法律、行政法规,制定的有关食品质量要求的国家标准。《产品质量法》第 13 条第 1 款规定:"可能危及人体健康和人身、财产安全的工业产品,必须符合保障人体健康和人身、财产安全的国家标准、行业标准。"同时,根据《标准化法》第 2 条,对下列需要统一的技术要求,应当制定标准:工业产品的品种、规格、质量、等级或者安全、卫生要求;工业产品的设计、生产、检验、包装、储存、运输、使用的方法或者生产、储存、运输过程中的安全、卫生要求;有关环境保护的各项技术要求和检验方法。根据上述法律规定,国务院质检部门和标准化主管部门,可以就与食品安全相关的产品质量要求,及其在设计、生产、检验、包装、储存、运输、使用过程中的要求,制定国家标准。这些标准与食品安全息息相关,但却不属于前述的"食品卫生标准",而只能被笼统地称为"食品质量国家标准"。

4. 有关食品的行业标准。根据《标准化法》的规定,对没有国家标准而又需要在全国某个行业范围内统一的技术要求,可以制定行业标准。行业标准由国务院有关行政主管部门制定,并报国务院标准化行政主管部门备案,在公布国家标准之后,该项行业标准即行废止。行业标准分为强制标准和推荐性标准。保障人体健康,人身、财产安全的标准和法律、行政法规规定强制执行的标准是强制标准,其他标准是推荐性标准。根据上述法律规定,各个行业主管机关有权针对食品质量,以及与食品安全相关的技术要求和管理要求制定行业标准。有学者甚至研究指出,有关食品质量的标准,除了部分食品添加剂

具有国家标准以外,大多数为行业标准。① 由于这些行业标准与保障人体健康息息相关,故而多数属于强制性标准。

5. 有关食品的地方标准。根据《标准化法》的规定,对没有国家标准和行业标准而又需要在省、自治区、直辖市范围内统一的工业产品的安全、卫生要求,可以制定地方标准。地方标准由省、自治区、直辖市标准化行政主管部门制定,并报国务院标准化行政主管部门和国务院有关行政主管部门备案,在公布国家标准或者行业标准之后,该项地方标准即行废止。省级标准化行政主管部门制定的工业产品的安全、卫生要求的地方标准,在本行政区域内是强制性标准。

据国务院新闻办公室2007年发布的《中国的食品质量安全状况》白皮书统计,截至当年,中国已发布涉及食品安全的食用农产品质量安全标准、食品卫生标准、食品质量标准等国家标准1800余项,食品行业标准2900余项,其中强制性国家标准634项。包括农产品产地环境,灌溉水质,农业投入品合理使用准则,动植物检疫规程,良好农业操作规范,食品中农药、兽药、污染物、有害微生物等限量标准,食品添加剂及使用标准,食品包装材料卫生标准,特殊膳食食品标准,食品标签标准,食品安全生产过程管理和控制标准,以及食品检测方法标准等各种标准。②

应当看到,多元化的食品标准体系,对于保障食品安全发挥了重要的作用。但是,食用农产品质量安全标准、食品卫生标准、食品质量国家标准分别是由国务院农业行政部门、卫生行政部门和质检(标准化)行政部门制定,食品行业标准则是由食品相关行业的主管部门制定。这就造成了食品标准体系的复杂和混乱,标准体系结构设计不够科学合理,重复"制标"现象比较严重,实用性和可操作性较差,标准之间不相协调,甚至互相矛盾,一些标准与国际标准差距较大,技术指标落后。③

(二)"一元化"的食品安全标准

《食品安全法》第19条规定:"食品安全标准是强制执行的标准。除食品

<hr />

① 参见王艳林主编:《食品安全法概论》,中国计量出版社2005年版,第367～368页。

② 参见李援主编:《〈中华人民共和国食品安全法〉解读与适用》,人民出版社2009年版,第56～57页。

③ 关于多元化食品标准体系的缺陷性,参见王艳林主编:《食品安全法概论》,中国计量出版社2005年版,第385页。

安全标准外,不得制定其他的食品强制性标准。"第22条第1款规定:"国务院卫生行政部门应当对现行的食用农产品质量安全标准、食品卫生标准、食品质量标准和有关食品的行业标准中强制执行的标准予以整合,统一公布为食品安全国家标准。"从而以法律的形式,明确规定了与食品安全相关的强制性标准的名称与形式,正式确立了"一元化"的食品安全标准。

"一元化"食品安全标准的构建,其实质,是统一了与食品安全有关的强制性标准的制定主体,使得国务院卫生行政部门成为唯一合法的食品安全强制性标准的制定和管理主体。据此,国务院卫生行政部门(卫生部)应当将现行的与食品安全相关的强制性标准整合为食品安全国家标准——卫生部应当及时将现行的强制性标准整理、合并,消除标准间的重复和冲突,形成统一的食品安全国家标准,并予以公布。

特别需要指出的是,食品安全标准整合的对象,是食用农产品质量安全标准、食品卫生标准、食品质量标准和有关食品的行业标准中强制执行的标准。也就是说,上述四类标准,原本既包括了强制性标准,也包括了推荐性标准,而食品安全标准只整合其中的强制性标准。至于与食品安全相关的推荐性标准,不仅食品安全标准不予整合,而且仍然允许相关主体依据法律法规的规定,继续制定、管理和组织实施。这体现了在食品安全治理中,强化政府规制与尊重市场自治之间的平衡协调。

此外,根据《食品安全法》第22条第2款的规定,食品安全国家标准公布前,现行食用农产品质量安全标准、食品卫生标准、食品质量标准和有关食品的行业标准仍然有效,食品生产经营者应当按照现行标准生产经营食品。而在食品安全国家标准公布后,食用农产品质量安全标准、食品卫生标准、食品质量标准和有关食品的行业标准中相应的强制性标准即被整合和替代,食品生产经营者应当按照食品安全国家标准生产经营食品。

二、食品安全标准的内容与分类

一般而言,对于标准的内容,法律法规并不予以明确规定,而是由标准制定主体根据标准化工作需要和标准制定的基本原则来加以确定。具体来说,我国的《标准化法》及其实施条例并没有对各级各类标准所应当包括的具体内容作出规定,《国家标准管理办法》也只是要求负责起草单位应对所订国家标准的质量及其技术内容全面负责,应按 GBI《标准化工作导则》的要求起草国家标准征求意见稿,同时编写编制说明及有关附件。原《食品卫生法》也没有

对食品卫生标准所应当包括的具体内容作出明确界定。

但作为一种特殊的标准，食品安全标准的内容，既是食品安全行政主管机关制定食品安全标准、建立健全食品安全标准体系的规范性依据，又是食品生产经营企业组织食品生产经营的行为规范，同时也是行政执法机关进行食品安全监督管理，特别是认定食品是否合格的直接依据。基于此种特殊的重要性，《食品安全法》对于食品安全标准所应当包括的内容作出了明确界定——《食品安全法》第 20 条规定："食品安全标准应当包括下列内容：(1)食品、食品相关产品中的致病性微生物、农药残留、兽药残留、重金属、污染物质以及其他危害人体健康物质的限量规定；(2)食品添加剂的品种、使用范围、用量；(3)专供婴幼儿和其他特定人群的主辅食品的营养成分要求；(4)对与食品安全、营养有关的标签、标识、说明书的要求；(5)食品生产经营过程的卫生要求；(6)与食品安全有关的质量要求；(7)食品检验方法与规程；(8)其他需要制定为食品安全标准的内容。"

以此条款为依据，我们可以将食品安全标准，划分为以下八种类型（囿于篇幅，以下仅对食品安全国家标准予以介绍，而并不涉及食品安全地方标准和企业标准。资料更新截止于本书完稿之时）：

（一）食品安全限量标准

食品安全限量标准，是规定食品、食品相关产品中的致病性微生物、农药残留、兽药残留、重金属、污染物质以及其他危害人体健康物质的限量的标准。

截至本书完稿时，明确冠以"食品安全标准"名称的食品安全限量标准，仅有《食品中真菌毒素限量》(GB 2761-2011)。本标准所称真菌毒素，是指真菌在生长繁殖过程中产生的次生有毒代谢产物。本标准规定了食品中黄曲霉毒素 B1、黄曲霉毒素 M1、脱氧雪腐镰刀菌烯醇、展青霉素、赭曲霉毒素 A 及玉米赤霉烯酮的限量指标。

除此之外，卫生部和农业部先后于 2010 年 7 月 29 日、2011 年 1 月 21 日发布《食品中百菌清等 12 种农药最大残留限量》(GB 25193-2010)(2010 年 11 月 1 日起实施)、《食品中百草枯等 54 种农药最大残留限量》(GB 26130-2010)(2011 年 4 月 1 日起实施)。这两个标准虽然并未冠以"食品安全标准"的名称，但根据《食品安全法》第 21 条第 2 款："食品中农药残留、兽药残留的限量规定及其检验方法与规程由国务院卫生行政部门、国务院农业行政部门制定。"故而，也应当作为食品安全国家标准的组成部分。

（二）食品添加剂标准

根据《食品添加剂使用标准》（GB 2760-2011）的定义，食品添加剂，是指为改善食品品质和色、香、味，以及为防腐、保鲜和加工工艺的需要而加入食品中的人工合成或者天然物质。营养强化剂、食品用香料、胶基糖果中基础剂物质、食品工业用加工助剂也包括在内。

由于食品添加剂在食品安全治理中的关键性作用，尤其是考虑到近年来我国的许多重大食品安全事故都与食品添加剂的使用紧密相关，故而，自《食品安全法》实施以来，卫生部就将食品添加剂监管作为一项重点工作。早在2009 年 9 月 18 日，卫生部等 9 部门就联合发布了《关于加强食品添加剂监督管理工作的通知》，并将"完善食品添加剂标准"列为"近期的几项重点工作"之一。《通知》明确提出："加强国际食品添加剂标准制（修）订情况跟踪研究，借鉴国际上食品添加剂风险评估的经验，补充相关的检测方法标准，抓紧制订复合食品添加剂的通用安全标准，加快完善我国的食品添加剂标准体系。各有关部门要及时跟踪评价食品添加剂标准的执行情况，及时向卫生部门反馈标准执行中的问题，提出制（修）订标准的建议。对随着生产技术发展和进步，生产过程中已不是必须使用的食品添加剂品种，要及时提出清理和废止的意见并履行重新审核的程序。在 2010 年年底之前，要完成对现行食品添加剂标准的清理，公布新制（修）定的食品添加剂标准。"

2011 年 4 月 20 日，卫生部发布了《食品添加剂使用标准》（GB 2760-2011）（2011 年 6 月 20 日起实施）。本标准规定了食品添加剂的使用原则、允许使用的食品添加剂品种、使用范围及最大使用量或残留量。本标准代替《食品添加剂使用卫生标准》（GB 2760-2007）。本标准与（GB 2760-2007）相比，主要变化如下：修改了标准名称；增加了 2007 年至 2010 年第 4 号卫生部公告的食品添加剂规定；调整了部分食品添加剂的使用规定；删除了表 A.2 食品中允许使用的添加剂及使用量；调整了部分食品分类系统，并按照调整后的食品类别对食品添加剂使用规定进行了调整；增加了食品用香料、香精的使用原则，调整了食品用香料的分类；增加了食品工业用加工助剂的使用原则，调整了食品工业用加工助剂名单。

2011 年 7 月 5 日，卫生部发布《复配食品添加剂通则》（GB 26687-2011）（2011 年 9 月 5 日起实施）。本标准适用于除食品用香精和胶基糖果基础剂以外的所有复配食品添加剂。本标准所称"复配食品添加剂"，是指为了改善食品品质、便于食品加工，将两种或两种以上单一品种的食品添加剂，添加或

不添加辅料,经物理方法混匀而成的食品添加剂。

食品添加剂标准是我国现有数量最多的食品安全标准。除了上述两个有关于食品添加剂使用中原则性和一般性问题的标准之外,卫生部还针对各种常用的食品添加剂品种,分别制定了专门的食品添加剂标准,用以规范各种食品添加剂的技术要求、使用范围和用量等问题。

例如:《食品添加剂 二十二碳六烯酸油脂(发酵法)》(GB 26400-2011),《食品添加剂花生四烯酸油脂(发酵法)》(GB 26401-2011),《食品添加剂碘酸钾》(GB 26402-2011),《食品添加剂特丁基对苯二酚》(GB 26403-2011),《食品添加剂赤藓糖醇》(GB 26404-2011),《食品添加剂 叶黄素》(GB 26405-2011),《食品添加剂叶绿素铜钠盐》(GB 26406-2011)等。

(三)专供婴幼儿和其他特定人群的食品标准

从《食品安全法》实施至今,卫生部发布的专供婴幼儿和其他特定人群的食品标准有:《特殊医学用途婴儿配方食品通则》(GB 25596-2010),《婴幼儿罐装辅助食品》(GB 10770-2010),《婴幼儿谷类辅助食品》(GB 10769-2010),《较大婴儿和幼儿配方食品》(GB 10767-2010),及《婴儿配方食品》(GB 10765-2010)。

以《婴儿配方食品》(GB 10765-2010)为例,本标准对应于国际食品法典委员会(CAC)的标准 Codex Stan 72-1981(Revision 2007)*Standard for Infant Formula and Formulas for Special Medical Purposes Intended for Infants* 中 A 部分,本标准与 Codex Stan 72-1981 的一致性程度为非等效。本标准还参照了中国营养学会 2000 年编著的《中国居民膳食营养素参考摄入量》。

本标准适用于婴儿配方食品。本标准所称"婴儿",指 0～12 月龄的人。本标准所称"婴儿配方食品",包括"乳基婴儿配方食品"和"豆基婴儿配方食品"。其中,乳基婴儿配方食品是指,以乳类及乳蛋白制品为主要原料,加入适量的维生素、矿物质和/或其他成分,仅用物理方法生产加工制成的液态或粉状产品。适于正常婴儿食用,其能量和营养成分能够满足 0～6 月龄婴儿的正常营养需要;豆基婴儿配方食品是指,以大豆及大豆蛋白制品为主要原料,加入适量的维生素、矿物质和/或其他成分,仅用物理方法生产加工制成的液态或粉状产品。适于正常婴儿食用,其能量和营养成分能够满足 0～6 月龄婴儿的正常营养需要。

本标准对于婴儿配方食品的原料要求、感官要求、必需成分、可选择性成分、其他指标、污染物限量、真菌毒素限量、微生物限量、食品添加剂和营养强化剂、脲酶活性等技术要求作了明确规定。同时也对产品的标签、使用说明、包装等作了规定。

本标准代替《婴儿配方乳粉 I》(GB 10765-1997)、《婴儿配方乳粉 II、III》(GB 10766-1997)、《婴幼儿配方粉及婴幼儿补充谷粉通用技术条件》(GB 10767-1997)及其修改单。本标准与 GB 10765-1997、GB 10766-1997 和 GB 10767-1997 相比,主要变化如下:将三项标准整合为一项标准,标准名称改为《婴儿配方食品》;修改了标准中的各项条款。

(四)与食品安全、营养有关的标签、标识、说明书标准

截至目前,我国食品安全标准中与食品安全、营养有关的标签、标识、说明书标准,主要是《预包装食品标签通则》(GB 7718-2011)。

本标准适用于直接提供给消费者的预包装食品标签和非直接提供给消费者的预包装食品标签。本标准不适用于为预包装食品在储藏运输过程中提供保护的食品储运包装标签、散装食品和现制现售食品的标识。

本标准所称"预包装食品",是指预先定量包装或者制作在包装材料和容器中的食品,包括预先定量包装以及预先定量制作在包装材料和容器中并且在一定量限范围内具有统一的质量或体积标识的食品。"食品标签",是指食品包装上的文字、图形、符号及一切说明物。

本标准代替《预包装食品标签通则》(GB 7718-2004)。本标准与 GB 7718-2004 相比,主要变化如下:修改了适用范围;修改了预包装食品和生产日期的定义,增加了规格的定义,取消了保存期的定义;修改了食品添加剂的标示方式;增加了规格的标示方式;修改了生产者、经销者的名称、地址和联系方式的标示方式;修改了强制标示内容的文字、符号、数字的高度不小于 1.8 mm时的包装物或包装容器的最大表面面积;增加了食品中可能含有致敏物质时的推荐标示要求;修改了附录 A 中最大表面面积的计算方法;增加了附录 B 和附录 C。

本标准对预包装食品标签,提出了以下基本要求:(1)应符合法律、法规的规定,并符合相应食品安全标准的规定;(2)应清晰、醒目、持久,应使消费者购买时易于辨认和识读;(3)应通俗易懂、有科学依据,不得标示封建迷信、色情、贬低其他食品或违背营养科学常识的内容;(4)应真实、准确,不得以虚假、夸大、使消费者误解或欺骗性的文字、图形等方式介绍食品,也不得利用字号大小或色差误导消费者;(5)不应直接或以暗示性的语言、图形、符号,误导消费者将购买的食品或食品的某一性质与另一产品混淆;(6)不应标注或者暗示具有预防、治疗疾病作用的内容,非保健食品不得明示或者暗示具有保健作用;

（7）不应与食品或者其包装物（容器）分离；（8）应使用规范的汉字（商标除外）。具有装饰作用的各种艺术字，应书写正确，易于辨认。可以同时使用拼音或少数民族文字，拼音不得大于相应汉字。可以同时使用外文，但应与中文有对应关系（商标、进口食品的制造者和地址、国外经销者的名称和地址、网址除外）。所有外文不得大于相应的汉字（商标除外）；（9）预包装食品包装物或包装容器最大表面面积大于 35 cm^2 时，强制标示内容的文字、符号、数字的高度不得小于 1.8 mm；（10）一个销售单元的包装中含有不同品种、多个独立包装可单独销售的食品，每件独立包装的食品标识应当分别标注；（11）若外包装易于开启识别或透过外包装物能清晰地识别内包装物（容器）上的所有强制标示内容或部分强制标示内容，可不在外包装物上重复标示相应的内容；否则应在外包装物上按要求标示所有强制标示内容。

本标准还对食品名称，配料表，配料的定量标示，净含量和规格，生产者、经销者的名称、地址和联系方式，日期标示，贮存条件，食品生产许可证编号，产品标准代号，其他标示内容等直接或非直接向消费者提供的预包装食品标签标示内容，以及标示内容的豁免和推荐标示内容等作了规定。

（五）食品生产经营标准

食品生产经营标准，是对于食品生产经营过程中的卫生要求所作的规定。根据《食品安全法》第 27 条，食品生产经营过程中的卫生要求，包括以下几个方面：（1）具有与生产经营的食品品种、数量相适应的食品原料处理和食品加工、包装、贮存等场所，保持该场所环境整洁，并与有毒、有害场所以及其他污染源保持规定的距离；（2）具有与生产经营的食品品种、数量相适应的生产经营设备或者设施，有相应的消毒、更衣、盥洗、采光、照明、通风、防腐、防尘、防蝇、防鼠、防虫、洗涤以及处理废水、存放垃圾和废弃物的设备或者设施；（3）有食品安全专业技术人员、管理人员和保证食品安全的规章制度；（4）具有合理的设备布局和工艺流程，防止待加工食品与直接入口食品、原料与成品交叉污染，避免食品接触有毒物、不洁物；（5）餐具、饮具和盛放直接入口食品的容器，使用前应当洗净、消毒，炊具、用具用后应当洗净，保持清洁；（6）贮存、运输和装卸食品的容器、工具和设备应当安全、无害，保持清洁，防止食品污染，并符合保证食品安全所需的温度等特殊要求，不得将食品与有毒、有害物品一同运输；（7）直接入口的食品应当有小包装或者使用无毒、清洁的包装材料、餐具；（8）食品生产经营人员应当保持个人卫生，生产经营食品时，应当将手洗净，穿戴清洁的工作衣、帽；销售无包装的直接入口食品时，应当使用无毒、清洁的售货工具;(9)用水应当符合国家规定的生活饮用水卫生标准;(10)使用的洗涤剂、消毒剂应当对人体安全、无害;(11)法律、法规规定的其他要求。

目前,我国食品安全标准中的食品生产经营标准,主要是《粉状婴幼儿配方食品良好生产规范》(GB 23790-2010)和《乳制品良好生产规范》(GB 12693-2010)。

以《乳制品良好生产规范》(GB 12693-2010)为例,该标准适用于以牛乳(或羊乳)及其加工制品等为主要原料加工各类乳制品的生产企业。该标准代替《乳制品企业良好生产规范》(GB 12693-2003)和《乳粉卫生操作规范》(GB/T 21692-2008)。该标准对应于国际食品法典委员会(CAC)CAC/RCP 1-1969,Rev. 4-2003 *Recommended International Code of Practice General Principles of Food Hygiene* 及 CAC/RCP 57-2004. *Code of Hygienic Practice for Milk and Milk Products*,该标准与 CAC/RCP 1-1969,Rev. 4-2003、CAC/RCP 57-2004 的一致性程度为非等效;同时参考了欧盟法规(EC)No. 852/2004 *On the Hygiene of Foodstuffs* 及(EC)No. 853/2004 *Laying down Specific Hygiene Rules for Food of Animal Origin*。

该标准对于乳制品生产企业在生产经营过程中的一系列事项,作出了明确而又具体的规定。具体包括:选址及厂区环境,厂房和车间,设备,卫生管理,原料和包装材料的要求,生产过程中的食品安全控制,检验,产品的贮存和运输,产品追溯和召回,培训,管理机构和人员,记录和文件的管理等。

该标准与 GB 12693-2003 和 GB/T 21692-2008 相比,主要变化如下:标准名称改为《乳制品良好生产规范》;对适用范围进行了调整,强调了适用于各类乳制品企业;修改了标准条款框架;强调了在原料进厂、生产过程中的食品安全控制、产品的运输和贮存整个生产过程中防止污染的要求;对生产设备进行了调整,从防止微生物、化学、物理污染的角度对生产设备提出了布局、材质和设计要求;取消了实验室建设中的硬件要求;增加了原料采购、验收、运输和贮存的相关要求;强调了生产过程中的食品安全控制,并制定了控制微生物、化学、物理污染的主要措施;增加了包装材料及其使用要求;增加了关键控制点的控制指标、监测以及记录要求;增加了产品追溯与召回的具体要求;增加了记录和文件的管理要求。

(六)食品质量标准

食品质量标准,是对与食品安全有关的食品质量要求所作的规定。所谓与食品安全有关的食品质量要求,主要应当包括以下三个方面:一是食品的营

养要求；二是食品的物理或者化学成分，如食品的酸、碱等指标要求；三是食品的感觉要求，如味道、颜色等要求。[①]

目前，我国食品安全标准中的食品质量标准，包括：《蜂蜜》（GB 14963-2011），《乳糖》（GB 25595-2010），《食品工业用酶制剂》（GB 25594-2010），《再制干酪》（GB 25192-2010），《干酪》（GB 5420-2010），《稀奶油、奶油和无水奶油》（GB 19646-2010），《乳清粉和乳清蛋白粉》（GB 11674-2010），《乳粉》（GB 19644-2010），《炼乳》（GB 13102-2010），《发酵乳》（GB 19302-2010），《调制乳》（GB 25191-2010），《灭菌乳》（GB 25190-2010），《巴氏杀菌乳》（GB 19645-2010），《生乳》（GB 19301-2010）。

以《蜂蜜》（GB 14963-2011）为例，该标准代替《蜂蜜卫生标准》（GB 14963-2003）以及《蜂蜜》（GB 18796-2005）中的对应指标。该标准对蜂蜜所提出的技术要求，包括：蜜源要求、感官要求、理化指标、污染物限量、兽药残留限量和农药残留限量、微生物限量等。该标准与 GB 14693-2003 相比主要变化如下：修改了范围；增加了蜂蜜的定义；将原料要求改为蜜源要求，并明确主要的有毒蜜源植物品种名称；修改了感官要求；修改了理化指标；增加了污染物限量、兽药残留限量、农药残留限量要求；增加了嗜渗酵母计数要求。

（七）食品检验方法与规程标准

所谓检验方法，是指对食品进行检测的具体方式或者方法。所谓检验规程，则是指对食品进行检测的具体操作流程或者程序。检验食品，如果采用不同的检验方法或规程，会得到不同的检验结果。同时，由于食品的种类繁多，不同的食品需要检验的项目不同，检验方法或规程也会有不同的要求。[②] 因此，食品检验方法与规程标准也是一种重要的食品安全标准。

我国食品安全标准中的食品检验方法与规程标准涉及许多方面，例如：《食品微生物学检验总则》（GB 4789.1-2010），《食品微生物学检验菌落总数测定》（GB 4789.2-2010），《食品微生物学检验大肠菌群计数》（GB 4789.3-2010），《食品微生物学检验沙门氏菌检验》（GB 4789.4-2010），《食品微生物学检验金黄色葡萄球菌检验》（GB 4789.10-2010），《食品微生物学检验霉菌和酵

---

① 参见徐景和、张守文主编：《中华人民共和国食品安全法释义》，中国劳动社会保障出版社 2009 年版，第 66 页。

② 参见徐景和、张守文主编：《中华人民共和国食品安全法释义》，中国劳动社会保障出版社 2009 年版，第 66 页。

母计数》(GB 4789.15-2010),《食品微生物学检验乳与乳制品检验》(GB 4789.18-2010),《食品微生物学检验单核细胞增生李斯特氏菌检验》(GB 4789.30-2010),《食品微生物学检验乳酸菌检验》(GB 4789.35-2010),《食品微生物学检验阪崎肠杆菌检验》(GB 4789.40-2010),《乳和乳制品中非脂乳固体的测定》(GB 5413.39-2010),《生乳冰点的测定》(GB 5413.38-2010),《干酪及加工干酪制品中添加的柠檬酸盐的测定》(GB 22031-2010),《乳和乳制品中苯甲酸和山梨酸的测定》(GB 21703-2010),《食品中硒的测定》(GB 5009.93-2010),《食品中黄曲霉毒素 M1 和 B1 的测定》(GB 5009.24-2010),《食品中亚硝酸盐和硝酸盐的测定》(GB 5009.33-2010),《食品中铅的测定》(GB 5009.12-2010),《食品中灰分的测定》(GB 5009.4-2010),《食品中水分的测定》(GB 5009.3-2010),《食品中蛋白质的测定》(GB 5009.5-2010)等。

以《食品微生物学检验总则》(GB 4789.1-2010)为例,该标准适用于食品微生物学检验。该标准规定了食品微生物学检验的基本原则和要求,具体包括:实验室基本要求(包括环境、人员、设备、检验用品、培养基和试剂、菌株);样品的采集(包括采样原则、采样方案、各类食品的采样方法、采集样品的标记、采集样品的贮存和运输);样品检验(包括样品处理、检验方法的选择);生物安全与质量控制(包括实验室生物安全要求、质量控制);记录与报告(包括记录、报告);检验后样品的处理。

(八)其他食品安全标准

根据《食品安全法》第 20 条第 8 项的规定,除了前述七类事项以外,对于"其他需要制定为食品安全标准的内容",也可以制定食品安全标准。由于该条款并未明确规定"其他需要制定为食品安全标准的内容"究竟包括哪些事项,故而其属于《食品安全法》中的"兜底性条款"。其实质,是授权食品安全标准制定主体,根据食品安全治理的客观需要和食品安全标准制定与管理工作的实际情况,在必要时,可以对于某类事项是否需要制定食品安全标准予以自由裁量,对于食品安全标准的内容和种类,可以予以适度的扩张。

三、食品安全标准管理体制

(一)食品安全标准的三级管理体制

1. 食品安全国家标准、地方标准与企业标准的划分

《食品安全法》将我国的食品安全标准划分为食品安全国家标准、地方标准和企业标准。与《标准化法》所确立的四级标准管理体制相比，食品安全标准没有行业标准这一层级。

在三级食品安全标准中，国家标准居于主体地位，而食品安全地方标准和企业标准则是作为国家标准的补充。根据《食品安全法》第24条第1款，没有食品安全国家标准的，可以制定食品安全地方标准。《食品安全法》第25条同时规定，企业生产的食品没有食品安全国家标准或者地方标准的，应当制定企业标准，作为组织生产的依据。国家鼓励食品生产企业制定严于食品安全国家标准或者地方标准的企业标准。

需要指出的是，根据《食品安全法》第19条，食品安全标准是强制执行的标准。除食品安全标准外，不得制定其他的食品强制性标准。这就是说，无论是食品安全国家标准、地方标准，或是企业标准，一经制定，即应予以严格执行：一方面，食品生产经营者应当严格按照食品安全标准生产经营食品；另一方面，国家禁止不符合食品安全标准的食品的生产、销售和进口活动。

2. 食品安全标准的制定与发布主体

我国的食品安全标准分为食品安全国家标准、地方标准和企业标准，而对于这三类食品安全标准，《食品安全法》和《食品安全法实施条例》分别规定了不同的制定主体，以及公布或备案制度。

首先，食品安全国家标准由国务院卫生行政部门负责制定、公布，国务院标准化行政部门提供国家标准编号。食品中农药残留、兽药残留的限量规定及其检验方法与规程由国务院卫生行政部门、国务院农业行政部门制定。屠宰畜、禽的检验规程由国务院有关主管部门会同国务院卫生行政部门制定。有关产品国家标准涉及食品安全国家标准规定内容的，应当与食品安全国家标准相一致。

其次，食品安全地方标准由省、自治区、直辖市人民政府卫生行政部门组织制定。省级卫生行政部门组织制定食品安全地方标准，应当参照执行《食品安全法》有关食品安全国家标准制定的规定，并报国务院卫生行政部门备案。

最后，食品安全企业标准，顾名思义，是由企业自行组织制定的。国家鼓励食品生产企业制定严于食品安全国家标准或者地方标准的企业标准。企业标准应当报省级卫生行政部门备案，在本企业内部适用。与此同时，《食品安全法实施条例》第18条还规定，省级卫生行政部门应当将企业按规定报送备案的食品安全企业标准，向同级农业行政、质量监督、工商行政管理、食品药品监督管理、商务、工业和信息化等部门通报。

（二）食品安全国家标准的审查制度

1. 食品安全国家标准的审查主体

在我国，食品安全国家标准的审查主体，是食品安全国家标准审评委员会。其法规依据是，《食品安全法》第23条第1款规定："食品安全国家标准应当经食品安全国家标准审评委员会审查通过。食品安全国家标准审评委员会由医学、农业、食品、营养等方面的专家以及国务院有关部门的代表组成。"《食品安全法实施条例》第17条同时规定："食品安全法第23条规定的食品安全国家标准审评委员会由国务院卫生行政部门负责组织。食品安全国家标准审评委员会负责审查食品安全国家标准草案的科学性和实用性等内容。"

2. 食品安全国家标准审评委员会的职责

根据《食品安全国家标准审评委员会章程》，食品安全国家标准审评委员会（以下简称委员会）的职责是：(1)审评食品安全国家标准；(2)提出实施食品安全国家标准的建议；(3)对食品安全国家标准的重大问题提供咨询；(4)承担食品安全国家标准的其他工作。

委员会以维护人民群众身体健康和生命安全为宗旨，以食品安全风险评估结果为基础，坚持科学性原则，从我国国情出发，促进食品安全和企业诚信，促进食品安全标准与经济社会协调发展。

3. 食品安全国家标准审评委员会的组织机构

委员会设主任委员1名，常务副主任委员1名，副主任委员若干名。主任委员负责全面工作，常务副主任委员负责日常工作。副主任委员按照分工负责各专业分委员会和秘书处工作。委员会设技术总师，由主任委员指定。委员会设秘书长1名，副秘书长若干名。

委员会设委员若干名，由医学、农业、食品、营养等方面的专家以及国务院有关部门的代表组成。由国务院有关部门和相关机构推荐的专家，经遴选并向社会公示后，由卫生部聘任，实行任期制，每届任期5年。国务院有关部门的代表为单位委员，单位委员不指定具体人员。

委员会设专业分委员会若干，具体为：(1)污染物；(2)微生物；(3)食品添加剂；(4)农药残留；(5)兽药残留；(6)营养与特殊膳食食品；(7)食品产品；(8)生产经营规范；(9)食品相关产品；(10)检验方法与规程。根据审评工作需要，委员会可临时组建特别分委员会。

专业分委员会设主任委员1名，副主任委员若干名。专业分委员会主任委员由该专业领域的专家担任。专业分委员会负责本专业领域食品安全国家

标准审评工作。各专业分委员会中的委员原则上不超过 25 名(不含单位委员)。

委员会设立秘书处,承担委员会日常工作。秘书长主持秘书处工作。

委员会设立委员会主任会议、专业分委员会会议和秘书长办公会议。会议决定事项以会议纪要形式印发,会议纪要由会议主持人签发。

(三)食品安全标准的执行监管

《食品安全法实施条例》第 19 条规定,国务院卫生行政部门和省、自治区、直辖市人民政府卫生行政部门应当会同同级农业行政、质量监督、工商行政管理、食品药品监督管理、商务、工业和信息化等部门,对食品安全国家标准和食品安全地方标准的执行情况分别进行跟踪评价,并应当根据评价结果适时组织修订食品安全标准。

国务院和省、自治区、直辖市人民政府的农业行政、质量监督、工商行政管理、食品药品监督管理、商务、工业和信息化等部门应当收集、汇总食品安全标准在执行过程中存在的问题,并及时向同级卫生行政部门通报。

食品生产经营者、食品行业协会发现食品安全标准在执行过程中存在问题的,应当立即向食品安全监督管理部门报告。

四、食品安全标准的制定与修改

(一)制定食品安全标准的原则

根据《食品安全法》、《食品安全法实施条例》以及 2010 年 10 月 20 日由卫生部发布并于 2010 年 12 月 1 日起实施的《食品安全国家标准管理办法》的相关规定,食品安全标准的制定,应当遵循以下三项原则:

首先,制定食品安全标准,应当以保障公众身体健康为宗旨。这不仅要求食品安全标准的种类覆盖、内容设置、实施方式,都要围绕保障公众身体健康这一根本目标,并且要确保食品安全标准足以担负起保障公众身体健康的重任;而且也要求,食品安全标准的制定,绝不能被作为限制市场竞争、实现行业垄断、实行地方保护或者谋取部门利益的手段,而应当坚决排除这些因素的干扰。

其次,制定食品安全标准,应当做到科学合理、安全可靠。为此,在食品安全标准的制定过程中,应当依据食品安全风险评估结果并充分考虑食用农产品质量安全风险评估结果,参照相关的国际标准和国际食品安全风险评估结果,并广泛听取食品生产经营者和消费者的意见。

最后,制定食品安全标准,应当做到公开透明。在食品安全标准制(修)订的过程中,应当通过适当的制度安排,鼓励公民、法人和其他组织参与食品安全标准的制(修)订工作,提出意见和建议。制(修)订完成以后,食品安全标准(包括国家标准和地方标准)应当供公众免费查阅。

(二)制(修)订食品安全标准的程序

根据《食品安全法实施条例》和《食品安全国家标准管理办法》的相关规定,卫生部负责食品安全国家标准制(修)订工作。卫生部组织成立食品安全国家标准审评委员会(以下简称审评委员会),负责审查食品安全国家标准草案,对食品安全国家标准工作提供咨询意见。

食品安全国家标准的制(修)订程序,可以划分为规划、计划和立项,起草,审查,批准和发布,修改和复审等五个阶段。食品中农药、兽药残留标准制(修)订工作应当根据卫生部、农业部有关规定执行。食品安全地方标准的制(修)订程序,可参照食品安全国家标准的制(修)订办法执行。

1. 规划、计划和立项

卫生部会同国务院农业行政、质量监督、工商行政管理和国家食品药品监督管理以及国务院商务、工业和信息化等部门制定食品安全国家标准规划及其实施计划。食品安全国家标准规划及其实施计划应当明确食品安全国家标准的近期发展目标、实施方案和保障措施等。

在此基础之上,卫生部根据食品安全国家标准规划及其实施计划和食品安全工作需要,制定食品安全国家标准制(修)订计划。各有关部门认为本部门负责监管的领域需要制定食品安全国家标准的,应当在每年编制食品安全国家标准制(修)订计划前,向卫生部提出立项建议。立项建议应当包括要解决的重要问题、立项的背景和理由、现有食品安全风险监测和评估依据、标准候选起草单位,并将立项建议按照优先顺序进行排序。任何公民、法人和其他组织都可以提出食品安全国家标准立项建议。建议立项的食品安全国家标准,应当符合《食品安全法》第20条关于食品安全标准内容的规定。审评委员会根据食品安全标准工作的需求,对食品安全国家标准立项建议进行研究,向卫生部提出制定食品安全国家标准制(修)订计划的咨询意见。

卫生部在公布食品安全国家标准规划、实施计划及制(修)订计划前,应当向社会公开征求意见。

食品安全国家标准制（修）订计划在执行过程中可以根据实际需要进行调整。根据食品安全风险评估结果和食品安全监管中发现的重大问题，可以紧急增补食品安全国家标准制（修）订项目。

2. 起草

卫生部采取招标、委托等形式，择优选择具备相应技术能力的单位承担食品安全国家标准起草工作。提倡由研究机构、教育机构、学术团体、行业协会等单位组成标准起草协作组共同起草标准。承担标准起草工作的单位应当与卫生部食品安全主管司局签订食品安全国家标准制（修）订项目委托协议书。

起草食品安全国家标准，应当以食品安全风险评估结果和食用农产品质量安全风险评估结果为主要依据，充分考虑我国社会经济发展水平和客观实际的需要，参照相关的国际标准和国际食品安全风险评估结果。

标准起草单位和起草负责人在起草过程中，应当深入调查研究，保证标准起草工作的科学性、真实性。标准起草完成后，应当书面征求标准使用单位、科研院校、行业和企业、消费者、专家、监管部门等各方面意见。征求意见时，应当提供标准编制说明。

起草单位应当在委托协议书规定的时限内完成起草和征求意见工作，并将送审材料及时报送审评委员会秘书处（以下简称秘书处）。

3. 审查

食品安全国家标准草案的审查，分为三个步骤，即：秘书处初步审查和标准草案公开征求意见；审评委员会专业分委员会会议审查；审评委员会主任会议审议。以下分别述之：

（1）秘书处初步审查和标准草案公开征求意见

秘书处对食品安全国家标准草案进行初步审查。审查的内容，应当包括完整性、规范性、与委托协议书的一致性。

经秘书处初步审查通过的标准，在卫生部网站上公开征求意见。公开征求意见的期限一般为两个月。秘书处将收集到的反馈意见送交起草单位，起草单位应当对反馈意见进行研究，并对标准送审稿进行完善，对不予采纳的意见应当说明理由。（这是食品安全国家标准草案的公布和公开征求意见，是对《食品安全法实施条例》第16条第2款的贯彻落实。）

（2）审评委员会专业分委员会会议审查

专业分委员会负责对标准的科学性、实用性进行审查。审查标准时，须有2/3以上（含2/3）委员出席。审查采取协商一致的方式。在无法协商一致的情况下，应当在充分讨论的基础上进行表决。参会委员3/4以上（含3/4）同意的,标准通过审查。

未通过审查的标准,专业分委员会应当向标准起草单位出具书面文件,说明未予通过的理由并提出修改意见。标准起草单位修改后,再次送审。

审查原则通过但需要修改的标准,由秘书处根据审查意见进行修改;专业分委员会可以根据具体情况决定对修改后的标准再次进行会审或者函审。

专业分委员会应当编写会议纪要,记录讨论过程、重大分歧意见及处理情况。

(3)审评委员会主任会议审议

专业分委员会审查通过的标准,由专业分委员会主任委员签署审查意见后,提交审评委员会主任会议审议。

审评委员会主任会议审议通过的标准草案,应当经审评委员会技术总师签署审议意见。审议未通过的标准,审评委员会应当出具书面意见,说明未予通过的理由。审议决定修改后再审的,秘书处应当根据审评委员会提出的修改意见组织标准起草单位进行修改后,再次送审。

标准审议通过后,标准起草单位应当在秘书处规定的时间内提交报批需要的全部材料。秘书处对报批材料进行复核后,报送卫生部卫生监督中心。卫生部卫生监督中心应当按照专业分委员会审查意见和审评委员会主任会议审议意见,对标准报批材料的内容和格式进行审核,提出审核意见并反馈秘书处。审核通过的标准由卫生部卫生监督中心报送卫生部。

遇有特殊情况,卫生部可调整食品安全国家标准草案公开征求意见的期限,并可直接由专业分委员会会议、审评委员会主任会议共同审查。

食品安全国家标准草案按照规定,履行向世界贸易组织(WTO)的通报程序。

4. 批准和发布

审查通过的食品安全国家标准,以卫生部公告的形式发布。食品安全国家标准自发布之日起 20 个工作日内在卫生部网站上公布,供公众免费查阅。

卫生部负责食品安全国家标准的解释工作。食品安全国家标准的解释以卫生部发文形式公布,与食品安全国家标准具有同等效力。

5. 修改和复审

食品安全国家标准公布后,个别内容需作调整时,以卫生部公告的形式发布食品安全国家标准修改单。

食品安全国家标准实施后,审评委员会应当适时进行复审,提出继续有效、修订或者废止的建议。对需要修订的食品安全国家标准,应当及时纳入食

品安全国家标准修订立项计划。

卫生部应当组织审评委员会、省级卫生行政部门和相关单位对标准的实施情况进行跟踪评价。任何公民、法人和其他组织均可以对标准实施过程中存在的问题提出意见和建议。

思考题

1. 标准在产品质量监督管理方面具有何种作用？如何更好地发挥标准在产品质量监督管理方面的作用？

2. 简述认证、强制性产品认证与标准的关系。

3. 简述食品安全标准的种类与内容。

4. 简述食品安全标准的制（修）定程序。

第五章　标准化与知识产权

WTO《与贸易有关的知识产权协议》(TRIPS)规定："知识产权的范围包括版权与邻接权、商标权、地理标志权、工业品外观设计权、专利权、集成电路布图设计(拓扑图)权和未披露过的信息专有权等七种权利。"WTO/TBT协议对标准的定义是："标准是由公认机构批准的,非强制性的,为了通用或反复使用的目的,为产品或相关加工和生产方法提供规则、指南或特性的文件。"

一般情况下标准与知识产权没有关系,但伴随着高新技术的快速发展,世界竞争的核心围绕控制信息和知识展开,技术成为企业生存和发展的基础,知识产权制度为技术保护提供了一种排他性的垄断权,于是经营者可以通过对技术的控制,达到对一定市场的控制,人们开始重新认识标准(特别是技术标准)与知识产权的关系。

第一节　标准化与知识产权的关系

一、知识产权概述

(一)知识产权的概念和特征

知识产权,概括地说是指公民、法人或者其他组织对其在科学技术和文学艺术等领域内,主要基于脑力劳动创造完成的智力成果所依法享有的专有权利。广义概念上的知识产权包括下列客体的权利:文学艺术和科学作品,表演艺术家的表演以及唱片和广播节目,人类一切领域的发明,科学发现,工业品外观设计,商标,服务标记以及商品名称和标志,制止不正当竞争,以及在工业、科学、文学和艺术领域内由于智力活动而产生成果的一切权利。狭义概念上的知识产权只包括版权、专利权、商标权、名称标记权、制止不正当竞争,而

不包括科学发现权、发明权和其他科技成果权。

知识产权的特征概括起来有以下几个方面：

1. 无形财产权。知识产权的对象是人的智力的创造，属于"智力成果权"，它是指在科学、技术、文化、艺术领域从事一切智力活动而创造的精神财富依法所享有的权利。其客体是人的智力成果，这种智力成果属于一种无形财产或无体财产，但是它与那些属于物理的产物的无体财产（如电气）和属于权利的无形财产（如抵押权、商标权）不同，它是人的智力活动（大脑的活动）的直接产物。

2. 确认或授予必须经过国家专门立法直接规定。

3. 双重性：既有某种人身权（如签名权）的性质，又包含财产权的内容。但商标权是一个例外，它只保护财产权，不保护人身权。

4. 专有性：知识产权为权利主体所专有。权利人以外的任何人，未经权利人的同意或者法律的特别规定，都不能享有或者使用这种权利。

5. 地域性和时间性。知识产权的地域性，是指除签有国际公约或双边、多边协定外，依一国法律取得的权利只能在该国国境内有效，受该国法律保护；知识产权的时间性，是指各国法律对知识产权分别规定了一定期限，期满后则权利自动终止。

（二）知识产权的作用

知识产权制度的保护功能和公开功能，既保护了知识产权创造者的独占性，又激励竞争对手在高起点上去创造新的知识。知识产权制度对知识经济发展的作用，主要表现在以下几个方面：

1. 对知识创造的激励作用

知识产权制度依法对授予知识产权创造者或拥有者在一定期限内的排他独占权，并保护这种独占权不受侵权，侵权者要受到法律的制裁。有了这种独占性，就使得知识产权创造者或拥有者可以通过转让或实施生产取得经济利益、收回投资，这样才有继续研究开发的积极性和物质条件，从而调动知识创新者的积极性。据美国某研究单位统计，在美国的制药工业中，如果没有专利制度，至少会有 60% 的药品研制不出来，因为药品的研制需要高额的投入，而且周期也长，一般需要 10 年左右。因此，知识产权制度对发明创新起着极大的激励作用。

此外，知识产权拥有者的同行或竞争对手要想得到这一知识产权或取得许可使用的权力，往往要付出高额费用，而在很多情况下，知识产权的拥有者不同意转让或许可。这就使得同行或竞争对手为取得市场竞争优势,必须在已有知识成果的基础上进行创新,作出新的创造,并依法取得自主的知识产权,这种站在他人肩膀上不断前进的循环往复,有力地推动了科技的进步与发展。

2. 知识产权制度具有调节公共利益的作用

知识产权制度虽然保护知识创造者的利益,但并不等于垄断。知识产权制度有两大功能:一是保护功能,这使知识创造者的正当权益能够得到保护,从而调动了人们从事创造活动的积极性;二是公开功能,也就是知识创造者在申请知识产权保护的同时,要向社会公开自己创造的内容。保护与公开这两者看似矛盾的两个方面,但正是通过知识产权制度以保护换取公开的调节,实现了公平、公正与合理。因此,知识产权制度既保护了知识创造者的利益,又兼顾了社会公众的利益,有利于调动人们各方面的发明、发现、创造的积极性,从而为国家提供更多的科研成果和知识产品。

3. 知识产权制度具有保护投资的作用

科学技术的发展需要新的投入,才能有新的突破。一项科技成果的取得需要经过基础研究、应用研究、开发研究的复杂过程,需要大量的投入和付出艰辛的劳动。知识产权制度通过确认成果属性,保障作出主要物质技术投入的单位或个人充分享有由此所产生的合法权益,通过保护专利、商标、服务标记、厂商名称、货源名称等专属权利和制止不正当竞争,维护投资企业的竞争优势,维护市场的公平和有序的竞争,并用法律正确规范人们的行为,使社会形成尊重知识产权的良好社会环境和公平、公正的市场竞争机制,从而使其有更多的财力、物力和智力资源投向研究开发。

4. 有利于促进国际间经济、技术交流与合作

随着信息网络全球化的快速发展,世界范围内知识的传播和交流速度大大加快,各国之间知识成果的交流与合作更为频繁。同时,在知识成果贸易和知识含量高的产品贸易在世界贸易中所占比例越来越大的情况下,必须有一个各国共同遵守的规则,而知识产权制度就是这方面的规则。为了与国际惯例接轨,许多国家加入了世界性的知识产权组织或条约,遵守共同的原则,如,国民待遇原则、优先权等。不仅如此,世界贸易组织还从发展世界贸易的角度制定了"与贸易有关的知识产权协议",提出了在世界贸易发展中各国在知识产权方面必须遵守的若干规定。如果没有这种规则,没有知识产权制度,知识成果的引进、合作、交流就难以进行。在知识经济时代,引进知识成果和资金,促进国家间双边、多边知识成果的交流与合作,必将更加依赖于

知识产权制度。

二、知识产权与标准化的关联性

技术标准中涉及的知识产权主要包括发明专利、实用新型专利、半导体地形学中的专有权利、版权及其有关权利以及工业设计中的权利等,其中专利权是主体。标准与专利原本是互相排斥的:标准追求公开性、普遍适用性,强调行业推广应用;专利技术实施的前提则是获得许可,不允许未经授权的推广使用。因此,早期的标准化组织尽可能地避免将专利技术带入标准中。但是,到了 20 世纪 90 年代,由于新兴技术领域的专利数量巨大,专利技术的产业化速度加快,使得技术标准的内容由原来的只是普通技术规范向包容一定的专有技术、专利技术方向发展。现代的技术标准,就是成功地利用专利技术和标准化工作的特点,通过"专利联营"等手段将技术专利写入标准,巧妙地将全球技术许可战略构建在技术标准战略中,形成一条"技术专利化—专利标准化—标准许可化"的链条,从而实现在技术和产品方面的竞争优势。①

知识产权在标准制定中起着关键的作用,知识产权政策成为私有协议和标准化竞争成功的关键工具。② 在新的国际贸易竞争中,往往是标准先行,通过技术标准使知识产权政策得到圆满实施,充分体现了标准与知识产权尤其是专利技术结合所产生的巨大威力。知识产权的垄断性借助标准的形式实现普及,从而实现垄断市场的目的。技术标准的背后是知识产权,而知识产权的背后就是巨大的经济利益。许多发达国家、企业都希望通过掌握标准来实现自己的经济利益。例如,第三代移动通信网络中的 GSM 产业标准的发展充分反映了这一切。

知识产权与技术标准之间的关联分为有权利影响的关联和无权利影响的关联两种。③ 有权利影响的关联是一种实质性的关联,技术标准的实施受专利影响,而在无权利影响的关联下,技术标准的实施不受专利的影响。许多国

---

① 参见王黎莹:《技术标准战略、知识产权战略与技术创新协同发展关系研究》,载《中国软科学》2004 年第 12 期。

② 参见夏先良:《私有协议与标准化的知识产权政策》,载《中国工业经济》2004 年第 1 期。

③ 参见宋河发:《技术标准与知识产权关联及其检验方法研究》,载《科学学研究》2009 年第 27 期。

家根据自身技术发展水平的不同,与专利权产生关联的技术标准制定模式也不尽相同。发达国家创新能力强,多采取"知识产权推动型"方式制定技术标准,而多数发展中国家由于创新能力弱,专利申请和拥有量不足,多采取"技术标准拉动型"方式部署知识产权和制定技术标准。而对于创新能力提升较快但仍然较弱的国家,比较适合采用"技术标准与知识产权互动结合型"的技术标准制定方式,即由现有知识产权推动技术标准设计,通过研发部署专利等知识产权,之后升级和完善技术标准,我国制定的数字音视频标准 AVS 1.0 标准就主要采用了这种方式,并取得了成功。

三、知识产权与标准化结合的作用机理

在很大程度上,技术标准化是一个基于知识产权的竞争与合作的过程。[①]在事实标准竞争中,强大的专利组合是企业赢得市场事实标准的基本要素,在正式标准或法定标准的建立与实施过程中,知识产权也在很大程度上决定了参与各方的地位、作用与权利。在技术标准化合作中,知识产权交叉许可是最重要的联盟形式,只有拥有与标准有关的知识产权组合的企业才能够进入这种战略性技术协议,才能真正主导标准化发展过程。交叉许可的知识产权可以分为基本的和非基本的两大类,基本的知识产权在合作过程中起关键作用,它是指包含在技术标准中的完成某项功能的唯一技术,没有它们,与标准有关的产品就无法制造。[②] 所以,它们是技术标准发展与联盟网络的关键要素与瓶颈。当新的标准不得不基于受专利保护的技术,而专利持有者又不愿意以合理的条件特许这些专利技术时,强大的专利组合甚至可能阻止发起这种新的标准化过程。

在产业标准化下,少数参与标准制定的专利持有者结成战略联盟,他们把其所有涉及标准的专利放到一起形成一个公开的专利联营。产业联盟所形成的标准通常都是封闭的,对没有专利的采标厂商,联盟要收取一揽子专利许可费。多数机构标准化都采用知识产权持有人愿意在合理条件和非歧视的基础

---

① 参见孙耀吾、贺石中、曾德明:《知识产权、基本要素与技术标准化合作》,载《中国工业经济》2006 年第 4 期。

② Rudi Bekkers, Geert Duysters & Bart Verspagen, Intellectual Property Rights, Strategic Technology Agreements and Market Structure: The Case of GSM, *Research Policy*, 2002(31).

上与其他各方进行许可谈判的知识产权政策,在这种政策下赢得标准的影响因素会有很多,商业竞争手法依然多种多样,其中最显著的就是知识产权把持问题。由于机构制定标准也是利用产业内所有厂商的潜在专利技术,所以要选择较为先进的专利技术制定一套完整的技术标准,被选入标准之中的一系列专利权人将以合理条件收取专利许可费,结果市场结构由完全竞争转变为垄断竞争,这是标准市场上竞争程度最高的形式。专利数量不是决定标准赢得市场份额大小和厂商可获得利润多少的唯一因素,厂商所掌握的专利质量及其商用化程度才是在标准中的市场利益大小的决定因素。

第二节　标准中的知识产权

一、标准中的知识产权政策

国际标准组织如 ISO、IEC、ITU,区域标准组织如 CEN、CENELEC、ETSI 以及多数国家标准组织如 ANSI、BSI、DIN 等对标准中知识产权(尤其是专利)的纳入,均有明确的知识产权政策。这些组织只有在从技术角度上考虑在无法避免的情况下,才允许标准中纳入专利,但并不介入知识产权评估和许可谈判,只要求专利持有人向标准组织作出书面许可申明。该许可申明表明专利持有人愿意在合理无歧视的条件和条款下,同使用该标准的任何人就专利许可进行谈判。从公共的角度来看,这类标准化组织更关注公众的健康、安全以及社会整体经济发展等多方面的内容,对待标准中纳入知识产权的态度较为慎重,严防标准中知识产权的滥用。

通过对国际、区域和国家标准化组织制定的标准中的专利政策进行研究分析比对,可以归纳出这些标准化组织处理标准中专利问题四个方面的共同特点:

1. 基本态度。标准制定中,基于技术的考虑无法避免专利时,允许标准中纳入专利。

2. 专利信息的收集与公布。(1)标准化组织采取有效措施,敦促所有相关利益方,如发现标准中可能涉及任何已知专利或申请专利,应尽早反馈给标准制定组织;(2)标准化组织公布所能收集到的标准中专利的全部信息。

3. 专利信息确认及许可。(1)标准化组织公布标准中专利的信息,但对于该专利的真实性、有效性以及所涉及的范围界定等,概不负责;(2)标准化组织不从事标准中专利的许可工作,也不对专利许可价位发表任何意见,这些工作均由专利持有者和标准使用者自行协商解决。

4. 专利政策核心。标准化组织要求专利持有者签署书面声明,该声明要求专利持有者对以下三种选项,作出选择:(1)专利持有者同意在合理无歧视(RAND)条件下,与其他各方就免费许可专利使用权进行协商。这种协商应在标准化组织之外,由相关各方自行开展。(2)专利持有者同意在合理无歧视(RAND)条件下,同意与其他各方就专利许可使用进行协商。这种协商应在标准化组织之外,由相关各方自行开展。(3)专利持有者不同意采纳上述两种选择方案。

二、标准中的知识产权问题

(一)国际、区域和国家标准中的知识产权

1. 三大国际标准组织联合制定专利政策

国际电工委员会(IEC)、国际标准化组织(ISO)和国际电信联盟(ITU)于2007年3月,以ITU-T的专利政策为基础,制定了三个组织共同的专利政策,形成了在专利问题上的一致立场,并联合制定专利政策实施指南,在此基础上,拟筹建统一的专利数据库。

三大组织共同采纳的政策鼓励公开专利技术,这对标准化程序完成前标准的执行十分重要。只要企业在合理和非歧视的条款和条件下公开知识产权,那么其创新技术就可以纳入到标准中。此外,IEC、ISO和ITU还联合采纳了共同专利政策的执行指南以及专利权声明和许可申报单。三方还各自拥有一套在线专利数据库用于推动标准制定者的工作,同时还帮助有意执行国际标准/建议(包括专利技术)的公司。

2. 欧盟区域标准组织统一协调标准中的知识产权问题

欧洲区域标准组织(CEN、CENELEC 和 ETSI①),处理标准中知识产权

---

① 这三个欧洲区域标准组织分别为:欧洲标准化委员会(简称 CEN)、欧洲电子技术标准化委员会(简称 CENELEC)和欧洲电信标准化协会(简称 ETSI)。

问题的基本政策和工作步骤如图 5-1 所示。①

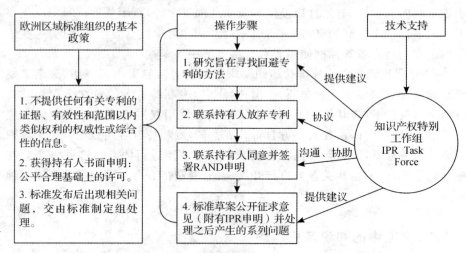

图 5-1 欧洲区域标准组织的标准中知识产权问题处理工作示意图

它们共同组建了标准中知识产权特别工作组,协同处理涉及的知识产权事务,标准中知识产权特别工作组的任务主要包括三个方面:一是积累有关案例以及经验,对标准化组织中遇到的相关问题给予指导建议;二是作为知识产权持有人和标准制定组织之间沟通的桥梁,促进标准中知识产权政策的实施,为双方提供信息交换的渠道;三是同国际标准组织之间建立密切的联系,促进涉及知识产权的国际标准顺利转化为欧洲标准。

3. 日本重视标准与知识产权的战略结合

日本对于标准和知识产权问题,是比较重视的。设置了一个知识产权事务办公室,专门推进标准与知识产权的战略性结合,旨在促进国内研发成果转化为现实生产力,并进一步占领国际市场。具体操作见表 5-1。②

4. 美国通过完善法律环境来解决标准中知识产权的问题

创新能力强劲的美国认为,在标准中过度纳入知识产权会抑制技术创新,形成市场垄断。有鉴于此,美国对标准与知识产权的冲突,主要通过司法手段进行解决。政府、法院共同缔造了丰富而庞杂的制度体系,利用其完善的法律

---

① 参见中国标准化研究院:《中国标准化发展研究报告(2007 年)》,中国标准出版社2008 年版,第 145 页。

② 中国标准化研究院:《中国标准化发展研究报告(2007 年)》,中国标准出版社 2008年版,第 146 页。

表 5-1　日本标准与知识产权战略结合的重要举措

举措	基本内容
研究开发、知识产权战略和标准化战略整体推进	1. 国家研发工程中包括知识产权战略和标准化战略； 2. 建议研发负责人根据需要聘请知识产权和标准化方面的专家。
明确标准中知识产权的各项规则	1. 采取措施促使必要专利权的履行； 2. 考虑标准中出现的有意隐瞒专利存在的问题解决方式； 3. 改善"专利池"环境,研究在"专利池"形成阶段降低法律风险的方法。
完善人才培养环境,普及标准化活动	1. 大学现有的知识产权、技术经营课程里提供与标准化有关的教育内容； 2. 举办针对企业、大学、研究者等的关于标准化活动的讲座,提高承担研发的企业、大学等对于标准化活动重要性的认识,促进企业在经营、运营战略中的明确定位。

环境来解决相关问题,尤其对标准中知识产权滥用行为,进行了法律规制。近年来,随着标准中知识产权问题的日益复杂,美国法院在审理此类案件过程中的一些判例具有很高的指导意义。

5. 英国对产业界运用标准和知识产权战略给予实用性指导

鉴于激烈的全球竞争和技术创新的迅猛发展,为了鼓励企业创新、提高企业的效益和竞争性,英国国家标准化机构——英国标准协会(BSI)制定了《标准和知识产权:创新企业的使用指南》,对产业界进行战略性指导,重点分析如何在创新技术生命周期的每个阶段,战略性地利用标准与知识产权,使企业可以从投资中获取利益。BSI 从理论层面引导企业在商业战略中,合理运用标准与知识产权获取最大利益,规避片面采取其中一种手段而导致的风险。

(二)事实标准中的知识产权

按照标准制定主体和程序,可以将其分为法定标准和事实标准。所谓法定标准是指由标准化组织依照法定程序选择、确定、公告、建立并管理的标准。比如 ISO、IEC 或者区域标准化组织建立的有关国际标准以及政府标准化组织或者政府授权的标准化组织建立的标准。事实标准是指在没有任何官方或准官方标准设定机构批准的情况下成功地使产业界接受某种技术而形成的标准。[①] 如前所述,法定标准中纳入知识产权已有严格的限制。事实标准的最大特点就是已经在市场运作中成功地取得市场支配地位,符合事实标准的产品受消费者的偏爱,从而导致其他技术竞争者难以进入该市场,因此事实标准也被称为"形成的标准"。事实标准利用与知识产权的结合,往往实行横向联合,扩大市场份额,形成技术垄断优势。事实标准与知识产权结合主要有以下两种类型:

1. 垄断企业运用知识产权政策形成事实标准来占领市场

对市场具有影响力的垄断企业,通过从研发设计到产品投入市场的不同阶段,采取不同的知识产权政策,促进事实标准的形成。首先,企业为了赢得用户采取较为宽松的知识产权政策,在此基础上扩大用户的数量,有效地阻止了其他厂商进入该产品领域,增强了竞争力;其次,当企业确立其市场领导者地位以后,事实标准就成为企业扩展市场形成垄断的力量;再次,通过不断升级版本使得用户被锁定,更新技术并对事实标准做微小的修改,把其他竞争者排挤出市场;最后,通过采取强硬的知识产权政策,展开一系列威胁、攻击、维权诉讼行为来保护其事实标准。[②]

2. 企业或产业联盟共享知识产权开发事实标准来分享市场

在多数技术领域中,单个企业很难独霸核心技术,难以出现一个企业在市场份额上具有绝对的垄断,这样就会出现实力相当的企业在竞争过程中采取合作策略,形成产业联盟,对外发布联合许可声明,对内进行专利的交叉许可,构成对整个行业的技术控制,从而形成事实标准。这类产业联盟或企业联盟在处理标准中的专利问题时,往往采取"专利池"的经营模式,通过这种模式对标准中知识产权进行统一管理,建立专利管理、评估制度,通过协议确定专利权人、联盟和标准用户之间的权利和义务,最大限度地实现了这些跨国企业的利益。例如:DVD 产业中的 6C 和 3C 联盟。

总之,事实标准体现了私权性质,在与知识产权结合的过程中,更注重知识产权人的利益,其知识产权政策较为复杂,较多的内容是解决知识产权的许可问题。企业或产业联盟在战略性推进标准与知识产权结合的基础上,往往会实行横向联合,以此达成技术垄断,获得高额利益,排斥竞争。

---

① 张平、马骁:《标准化与知识产权战略》,知识产权出版社 2005 年版,第 24 页。

② 中国标准化研究院:《中国标准化发展研究报告(2007 年)》,中国标准出版社 2008 年版,第 147 页。

第三节 标准中的知识产权许可

一、RAND 原则

在专利许可中,通常会出现"歧视性许可",其表现为许可方没有正当理由而对条件相同的交易对方(被许可方)提供不同的交易条件,使有些被许可人处于不利的竞争地位,其中最常见的是价格歧视。专利权属于民事权利,被法律赋予了私权的特性,《专利法》规定专利权人在一定范围内享有该专利上的排他权与独占权,因此在传统的专利许可中,权利人可以选择同意或拒绝专利许可。但是作为技术标准中的专利,除具有了私权的特性外,还承担着促进技术进步、降低行业成本等责任,在专利许可中有着特殊的意义,拒绝或歧视许可是不能被接受的。国际标准化组织处理标准中的知识产权问题依据的是合理无歧视许可原则(Reasonable and Non-Discriminatory,简称 RAND),其被视为国际标准知识产权政策的底线。

RAND 原则包括三个方面:第一,不以专利权为手段阻止新的公司进入该行业,拥有专利的公司必须对外给予专利许可,不得拒绝许可;第二,许可的条款,尤其是专利费率应当合理,至少与摆脱技术标准约束,行业内大多数公司的实际许可费率相比应当更加合理;第三,在进行专利许可时,不得以"私有条款"限制某个公司实施技术标准中的专利。

RAND 原则的目的在于将技术标准与专利许可相结合,保证在标准制定之前建立透明的技术竞争市场,并确定一个相对公平合理的许可方式或许可费率,使标准使用者能够估计技术标准的使用成本。RAND 原则规定专利权人最基本的、最低限度的条款就是必须提供并就非指定条款在专利权人和许可实施者双方间以协商方式获得许可。无歧视条款仅仅是一个政策框架。标准设定组织要求参与方都承诺按照合理无歧视许可条款,许可该技术涉及自己的必要专利。ISO、IEC、ITU 等国际标准化组织都希望知识产权持有人能够尽合理的努力及时披露与标准提案相关的知识产权信息,并倡导通过 RAND 原则来协调标准化与知识产权之间的问题。

RAND 原则在标准的推广中起到了很大的促进作用。但随着标准与知识产权结合的复杂化,RAND 原则的不足也逐一显露。RAND 原则要求以

"合理"作为价值判断的标准,专利许可需要受到"合理"的约束。虽然大多数标准制定组织都要求技术标准中的专利权人按照 RAND 原则进行专利许可,甚至在专利信息提前披露时就作出 RAND 许可的声明,但是由于价值判断是一种主观判断,对于"合理"的认定仍然过于模糊,RAND 原则常常在实际的专利许可中被架空,问题主要有以下几种:

第一,在大多数标准制定组织的专利政策中,受到 RAND 原则要求的专利是技术标准中的"必要专利"或"有可能成为必要专利"的专利申请。对于何为"必要"、何为"有可能"都无法从理论或定义上给出一个精确的边界,需要通过实证分析与个案分析。而且每个专利"必要"的程度并不相同,对于专利许可费率的制定也应当有所不同,这就必须要求在 RAND 原则落实之前进行广泛的专利检索并进行专利评估,无疑增加了技术标准提案者的义务与负担。

第二,即使在实证分析与个案分析后满足了"必要专利"的要求,在以"公平合理"的条件下进行专利许可仍然存在模糊性。从目前各国与国际组织标准制定中专利政策的条款来看,大多数标准制定组织不参与专利有效性审查、许可协议制定、许可条款谈判等环节。对于每一个专利许可行为而言,专利的许可方与被许可方的地位、实力、谈判能力都不对等,同样的条件对于甲企业可能是低成本,但对于乙企业可能却是高成本,要做到严格的"公平合理"的难度很高。

第三,技术标准中的"必要专利"的数量有限,在标准实施过程中往往因为技术的最佳匹配需要获取非标准下的专利。这些最佳匹配专利并不属于"必要专利",它们不受 RAND 原则的约束,因此难免出现霸王许可条款或不正当竞争的行为。RAND 原则在面对"必要专利"的边缘专利时被架空了,反而成为了行业内龙头企业另一种垄断市场获取暴利的方法。

第四,从专利许可费率的本质上看,技术标准下的专利许可费率需要建立在专利成本评估的基础上,关于专利成本的信息却不对称,往往由专利权人漫天要价。由此产生了"合理、无歧视免费许可"(Royalty Free,下称 RAND-RF)原则,例如 W3C 制定了包括 HTML、XML 在内的重要技术标准,并要求成员免费许可技术标准下的专利技术。这与信息产业的"开源运动"具有相同的目的,但一般只有在互惠的条件下才会被采纳。RAND-RF 能够使更多的企业使用该标准,专利权人可以占领更多的市场,同时又因为了解标准的实际情况具有进一步研发的优势。但是,RAND-RF 的许可原则无法换来该专利上的经济利益,为了不打击专利权人参与技术标准制定的积极性,RAND-RF 的许可原则并没有被广泛适用。

从目前的发展趋势来看,尽管 RAND 原则在实施过程中遇到了一些模糊性问题,但是对于防止垄断与促进竞争来说仍然具有指导作用与积极作用。在通信领域,ITU、IEC、ISO 于 2007 年 3 月 19 日联合发布了标准中的"共同专利政策":"允许商事主体在专利权得到尊重的前提下,贡献出其研发成果,只要有关知识产权在 RAND 条件下进行许可即可。"各标准制定组织已经意识到统一的专利政策与政策解释对于后续专利许可的重要性,对于原则性条款的规定也趋于统一。

二、标准制定中知识产权的披露

国际、各国以及民间标准化组织的专利政策普遍要求,知识产权所有人作为标准化组织的参与者,有明确的披露其知识产权信息的义务。这可以被看作是标准参与者与标准化组织之间的合同约定。尽管知识产权权利人有披露其进入标准中的知识产权信息的义务是很明确的,但是在司法判决中,知识产权信息披露问题远没有这么简单。安佰生在其工作论文中通过透视 Rambus 案[1],提出知识产权信息披露存在着五个方面的问题:[2]

(一)申请中的专利

已经获得知识产权机构批准的知识产权信息的披露,是无可争议的。但正在申请过程中的知识产权是否应该披露呢? 如果不披露,在标准制定完毕,知识产权正好也申请成功的情况下,应当如何处理呢? 如果披露,那对知识产权所有者的商业秘密是否构成侵犯?

---

① Rambus 诉 Infineon 公司案中,原告认为被告侵犯其专利权,而被告认为原告作为 JEDEC 这个标准化组织 SDRAM 标准制定的参与者,没有在标准制定的过程中披露其专利信息,因此有欺诈的行为。法院支持被告关于原告欺骗的指控。但联邦巡回法院在欺骗问题上否决了该判决。联邦巡回法院认为,信息披露只适用于标准中的核心知识产权;信息披露不涉及正在申请中的知识产权。此外,联邦巡回法院还批评 JEDEC 的专利披露政策不够明确,致使知识产权所有人无法清楚地理解他们所承担的披露责任。联邦巡回法院还认为,如果知识产权所有人不是标准制定的参与者,则不承担信息披露责任。

② 此处引用安佰生同志网络上发表的工作论文中的观点,载 http://web. cenet. org. cn/web/std/index. php3? file＝detail. php3＆nowdir＝＆id＝99837＆detail＝1,下载时间:2011 年 9 月 1 日。

(二)知识产权所有人不参与标准制定的情况

对于参与标准制定者而言,他们的目的是使自己的技术成为标准的组成部分,不愿意在不知情的情况下将别人的专利纳入标准,所以他们有披露知识产权的责任和激励。但是,如果知识产权所有人不参与标准制定,则没有知识产权信息披露的责任。此外,如果知识产权非参与标准制定者所有,也非其所了解,显然无法保证其披露的有效性。知识产权信息检索或许能解决信息披露的问题,但目前很少有标准化组织要求成员进行知识产权信息检索。这一方面涉及检索成本的问题,另一方面也涉及责任的问题。检索未必能保证有效的信息披露。

(三)策略性退出

在标准制定过程中,参与者退出,其是否还具有信息披露的义务呢? 例如:Rambus 公司 1991 年加入该 JEDEC 标准组织,并成功将自己的专利技术纳入标准,其间该公司并未按照 JEDEC 的要求披露其专利信息,1995 年 Rambus 公司退出了该标准组织,并于 2000 年在纳入自己技术的标准得到广泛应用的时候提出专利要求,发起诉讼。

马克·莱姆利将这种情况定位为解除合同的问题,即信息披露的要求是在标准制定机构的章程中的,而章程一般都没有终止日期。如果参与者退出的话,是否与该组织的合同也就终止? 终止后披露义务是否就没有了? 另外根据标准化组织要求,作出的 RAND 承诺是否有效? 在莱姆利看来,在没有明确时间约定的情况下,根据合同法的一般原则,合同可以凭借另一当事人的合理通知随时终止;而根据知识产权许可的一般原则,在没有明确终止时间约定的情况下,知识产权许可条件一直延续到知识产权终止日。同时,合同法也不排除就合同关系终止后强制执行合同的特别规定。因此,RAND 原则的承诺不会有问题,而信息披露则存在很多隐患。排除隐患的方法是在合同法的框架内进行特别的规定。①

(四)信息披露的时间

信息披露的时间显然是越早越好,但是最后的披露截止时间应该如何规

---

① 〔美〕马克·莱姆利:《标准制定机构知识产权规则的反垄断分析》,载杨紫烜主编:《经济法研究》(第三卷),北京大学出版社 2003 年版。

定？欧洲通信标准化学会（ETSI）的规定是，所有 ETSI 成员应许可其知识产权，除非在标准起草开始的 180 天内成员声明不会对有关的 IP 进行许可。当然这个规定引起了成员的不满，他们认为标准制定的时间很长，而他们却被要求在 180 天内甄别他们的 IP 是否会成为标准的组成部分，这显然是不现实的。后来在欧盟委员会的干预下，ETSI 放弃该政策。应该说，最后的截止时间应该是最后一个草案出台的时间。但这对标准制定的效率很不利，容易导致标准的一再修改。在信息不对称的情况下，为提高标准制定的效率，及早进行披露的激励措施应该给予积极考虑。即便这个看似相对简单的问题，目前在标准化组织内也没有得到有效解决。

（五）核心知识产权的界定

知识产权的披露是否只涉及核心知识产权问题，在实践中判断其是否是核心存在着困难。首先，在披露阶段，应该是所有的知识产权都应该披露。只有披露了，才能知道哪些是核心知识产权。其次，核心知识产权存在技术界定的困难。筛选的工作应该由标准技术委员会承担，因为只有他们才清楚哪些知识产权是实现标准所必需的。筛选工作还应该保持其动态特征，技术进步的结果是产生一些新的核心技术，更会使现有的核心技术变为非核心技术。

三、标准实施中的专利联营

一项技术标准一旦确立，标准中所含大量专利的许可问题将可能变得错综复杂，成为标准推广的障碍。此时，相关专利权人结成"专利池"是解决这一问题的最佳方式，所以技术标准实施过程中伴随着专利联营，如 3GPP、DVD 等。

根据《元照英美法词典》，pool 的意思是"联合；联营；联营体"。是由若干自然人或法人组成的、从事特定业务或商业投机的组织，其目的在于消除联营体成员之间的竞争，借助联营体的经济力量建立垄断，控制价格或费率或操纵证券价格，或成功进行单个成员难以完成的交易等。patent pooling 翻译为专利共享、专利联营，指专利持有人之间的交叉许可，从而可以相互使用彼此的专利。专利联营最初是两个或两个以上的专利所有者达成的协议，通过该协议将一个或多个专利许可给一方或者第三方，后来发展成为"把作为交叉许可客体的多个知识产权（主要是专利权），放入一揽子许可中所形成的知识产权集合体"。若联合导致在某一行业领域内消除了竞争，则涉嫌构成垄断行为。

标准的专利联营通常具备以下四个基本特征：第一，有一个明确的、定义

良好的标准；第二，有一套程序或第三方专家来决定哪些专利是核心的；第三，一份经核心专利持有人起草并核准的技术许可；第四，该许可至少应遵循RAND原则。

总之，为了保持市场上的优势，企业在知识产权许可中，往往利用专有权利和技术上的"优势"地位，在协议中对被许可人设定限制性的条款，其因此就会涉嫌构成知识产权滥用和垄断行为。各个国家已经对标准中的知识产权滥用行为进行了法律规制。

第四节　技术标准中的专利的滥用

一、技术标准与专利结合的方式

知识经济快速发展的同时，企业竞争的核心逐渐围绕控制信息与知识而展开，技术成为企业生存和发展的基础，专利权制度为技术保护提供了一种受一定限制的排他性垄断权，于是，经营者可以通过对技术的控制，达到在一定领域对市场的控制，人们开始重视技术标准与专利之间的结合。

与技术标准有关的知识产权中最主要的就是专利权，而标准与专利的结合主要有以下三种方式：(1)技术标准的技术要素包含对某种产品功能的规定或者指标要求，而专利技术则是实现该要求的具体技术方案。虽然这类技术要素所记载的内容从字面上看不与专利权的权利要求相重叠，但是专利技术却是该技术标准的实现途径和技术支撑。(2)技术标准的技术要素涉及产品的某些特征，而专利是实现这些特征的技术手段。这时技术标准所规定的特征与专利权权利要求书中的描述有部分的重叠。(3)技术标准的技术要素包含专利技术的全部技术特征，此时技术要素的字面内容即构成一项完整的专利技术方案，这种情况主要见于有关规定环保和建筑施工方法的标准。

二、滥用技术标准中专利权的情形

滥用技术标准中的专利权，是相对于技术标准中专利权的正当行使而言的，一般是指技术标准中的专利权权利人在行使其权利时超出了法律所允许的范围或者正当的界限，导致对该权利的不正当利用，损害他人利益和社会公共利益的行为。① 其表现为以下三种形式：第一，限制性商业条款（restrictive business practices or clauses），表现为企业通过滥用或谋取市场力量的支配地位，限制进入市场或以其他方式不正当地限制竞争。第二，专利许可搭售（tying product），表现为专利许可人要求被许可人接受一项本不需要的专利许可，或购买、使用本不需要的产品或服务，以作为得到所需专利许可的条件，如果被许可人不接受搭售条件，许可人将拒绝许可。第三，独占性许可回授（exclusive grant back），表现为要求技术的被许可方取得技术后对技术作出的改进，必须无条件地回授给许可方或许可方指定的企业。

在技术标准中专利权的滥用或涉嫌垄断，主要集中在专利联营或专利池对外许可中。但是，专利池的建立是十分必要的，通过 3G 必要专利平台、MPEG-2 必要专利组合等实例也可以看出这一点。在技术标准中专利池应当只包含"必要专利"，在技术标准制定时，专利权人不仅需要披露专利信息，而且还要在合理无歧视等原则的前提下进行专利许可。尽管如此，由于标准制定组织大多不对专利的有效性作审查，也不参与实际专利许可的谈判，这样并不能排除专利权人利用自己的强势地位制定限制性商业条款的可能。专利搭售也存在类似的情况，在构建专利池时往往会将非必要专利、无效专利混入专利池中进行一揽子许可，破坏了专利之间的联系与竞争关系。独占性许可回授同样达到了《反垄断法》所规制的条件。

这三种不正当的竞争将技术标准下的专利许可推向了另一个极端，专利权人的利益被极度放大，而公共利益却一再受损。对于专利权人的权利必须作出限制，在大多数国家与标准制定组织的规定中，捐献原则与禁止反悔原则能够有效地限制专利借助技术标准而产生的滥用。

三、技术标准中滥用专利权的典型案例

专利越来越多地进入技术标准，其本身是一种专有权，具有排他性与地域性，一旦进入标准中，并得到一定的推广与普及，便可在一定市场上形成垄断，特别是在市场进入方面，它会排斥不符合这些标准的产品，从而产生排斥竞争、限制市场进入自由的后果。而专利权人则可以凭借标准的优势，在特定市场、特定区域，甚至是全球范围内，通过知识产权许可，实施知识垄断或技术垄断。具有标准竞争力的企业则是"产品未动、标准先行"，在某种产品投入大规

---

① 参见吕明瑜：《技术标准垄断的法律控制》，载《法学家》2009 年第 1 期。

模生产之前,就试图制定和控制产品的行业标准,"技术专利化、专利标准化、标准垄断化"作为企业增强竞争力和扩大市场控制力的重要策略而被竞相采用,其中具有典型性意义的案例就是"斯科诉华为案"。

2003 年 1 月 23 日消息,全球最大的网络设备制造商思科系统公司和思科技术公司正式向我国最大的电信设备制造商华为技术有限公司及其在美国的两家子公司华为美国公司和 Future Wei 技术公司提起诉讼,要求华为停止对思科知识产权的侵犯。被公众称为"IT 第一案"的思科诉华为官司就此展开。思科的诉状中主要包括以下几点:抄袭思科 ISO 源代码、抄袭思科技术文档、抄袭思科公司 ISO 软件重要部件"命令行接口"以及侵犯思科公司在路由协议方面至少 5 项专利。这四项都属于思科的私有协议,而私有协议的核心就是由专利技术为主组成的企业标准。

思科是第一代的网络信息设备供应商,在世界网络信息设备市场占有绝对优势的市场份额,这使得思科的多数企业标准,上升成为了相关技术领域的事实标准。但是由于思科始终拒绝向其他企业厂商许可其专利权,致使许多其他企业厂商因为无法采用思科的事实标准,而不能与市场上的其他产品相兼容,最终被排挤出竞争市场。华为为了进入美国市场,应美国客户的要求提供了符合思科私有协议的设备。① 华为因为这一擅自使用私有协议的行为遭到了思科的起诉。

此案历时一年半,于 2004 年 7 月 28 日以双方和解告终,但思科的这种利用市场优势地位,通过拒绝许可事实标准中的专利权来排挤竞争对手,从而确保自己市场垄断地位的行为,引起了国内各界对标准中的专利权滥用问题的重视。该案最主要的特点就是技术标准与专利权相结合,构成了标准中的专利权滥用行为。"技术专利化、专利标准化、标准垄断化"这条新的竞争规则是当前标准中专利权滥用问题的真实写照。但是,我们不禁要问,提倡普遍性和公开化的标准又是怎样和作为"私权利"并受私法保护的专利权走到一起的呢?

四、我国遭遇标准中专利权滥用的原因

(一)企业采标中遭遇知识产权问题,产业发展路径受制于人

改革开放以来,我国重点是引进国外先进技术,较多采用国际先进标准和

---

① 参见郑成思主编:《知识产权文丛》(第 12 卷),中国方正出版社 2005 年版,第 279 页。

"事实标准"来组织生产加工。当我国企业在市场上取得一定成绩时,"事实标准"中知识产权的持有者,就会利用知识产权许可费作为筹码,通过收取"事实标准"中的知识产权许可费,提高我国产品的生产成本,削弱我国企业在市场中的竞争优势,导致我国企业市场份额的缩减,相关产业发展受到严重制约,如 DVD 产业。究其原因,关键在于我国企业技术创新能力普遍薄弱,不得不被动跟随国外"事实标准",受制于知识产权持有者;同时企业也缺乏应对知识产权诉讼的意识和能力。

（二）拥有自主知识产权的标准在产业化应用中的能力不强

我国先后推出了多个拥有自主知识产权的国家标准或行业标准。例如,AVS 系列标准,其中 AVS 视频标准已被批准为推荐性国家标准《信息技术先进音视频编码第 2 部分:视频》(GB/T 20090.2-2006)。但是,这些拥有自主知识产权的标准面临产业化困境:一方面,企业整体实力薄弱,产业化和市场化能力比较低;另一方面,政府还没有对这类标准的实施提供强有力的政策支持,这类标准的市场培育不完善,导致"有标准无产业链"的局面,我国企业极少会将自己的专利通过标准占领产业制高点,实现利益最大化。[①]

（三）缺少适合现阶段特点的法律法规政策及处理程序的支持

标准中纳入知识产权是标准制定和实施中遇到的新情况,目前缺少适合我国现实国情的法律法规、政策和处理程序的支持,对于不同类型的知识产权通过怎样的程序进入标准尚无明文规定,标准组织在处理知识产权问题上的角色和作用没有明确界定。现阶段,对于标准中知识产权问题的处理,基本上处于缺乏的状态,具体表现在以下几个方面:

首先,在立法上,我国现行的《标准化法》于 1988 年 12 月制定,由于当时标准中纳入知识产权的情况非常少,故而《标准化法》中没有规定涉及知识产权的问题。2007 年颁布的《反垄断法》,只是在第 55 条规定:"经营者依照有关知识产权的法律、行政法规规定行使知识产权的行为,不适用本法;但是,经营者滥用知识产权,排除、限制竞争的行为,适用本法。"这样简单含糊的规定不能有效地解决标准中知识产权滥用的问题。在国外,无论是法理分析还是司法实践,都表明用反垄断法规制标准中的知识产权滥用行为是最为有效、最

[①]　参见中国标准化研究院:《中国标准化发展研究报告(2007 年)》,中国标准出版社 2008 年版,第 151 页。

为合理的途径。

值得关注的是,为妥善处理标准中涉及专利的问题,国家标准委启动了我国国家标准中专利问题的原则和处理程序的专项研究,拟出台《国家标准涉及专利的(暂行)规定》,目前已经发布征求意见稿并向有关部门及专家、企业广泛征求意见,正进行后期的研究完善。

其次,在司法和行政方面,我国对跨国公司技术标准中专利权的过度保护也是产生非合理垄断的原因之一,主要表现在:(1)放松知识产权审查和复审技术标准,授予和维持跨国公司知识产权;(2)知识产权行政执法系统为吸引和促进地方投资,不进行严格的调查,即使案件标的较小,也对侵权嫌疑对象采取严厉的强制性行政措施,包括先行查封、扣押财产等;(3)为树立保护知识产权的形象,加重对知识产权侵权案件的处罚。

最后,《标准化工作导则第2部分:标准中规范性技术要素内容的确定方法》(GB/T 1.2—2002)的附录D给出了关于标准涉及专利的编写规则,但没有对标准纳入知识产权的程序给予明确的规定。

思考题

1. 简述知识产权与标准化的关联性,以及知识产权与标准相结合的方式。
2. 简述主要国际标准化组织的知识产权(专利)政策。
3. 简述 RAND 原则。

第六章　标准化与反垄断

第一节　标准化限制竞争的一般问题

一、标准化与市场竞争

随着生产的社会化、专业化，以及出于产品匹配、效率和安全的考虑，标准和标准化活动在现代市场经济活动中越发重要，标准已成为产品生产的基本前提条件和市场准入条件。标准化可以有效地提高生产效率，节省成本，保障消费安全，保障经济活动和谐有序地进行。因此可以说，经济活动中的标准化是现代市场经济正常运行的必要保障。

市场经济的核心优势在于竞争。在现代市场经济活动中，影响市场竞争的因素发生了巨大的变化——技术和标准深刻地影响和决定着市场的竞争活动。这一现象在目前的电子数字通信产品的生产和竞争中显得尤为明显。从标准产生的市场和社会原因来看，一般来讲，标准与竞争之间成"正相关"关系——即标准化的发展，有力地推动自由竞争和公平竞争的实现，并且推动市场竞争由量的竞争转化为质的竞争。[①]

这主要表现在：首先，标准的强制执行会迫使达不到强制标准要求的企业退出市场竞争。其次，产品标准的明示化有利于消费者基于自身的消费偏好进行选择，从而决定了生产者产品的市场竞争结果，例如食品行业中酿造食醋和配制食醋标签上标准的明示影响着两类食醋的竞争结果。再次，标准化还有助于市场的公平竞争。由于标准的依法强制执行，使得相互竞争的产品之间有了公平的竞争基础——禁止了不达标企业低于标准生产，利用低价进行

---

① 参见鲁篱：《行业协会经济自治权研究》，法律出版社 2003 年版，第 279～282 页。

竞争,破坏公平竞争和损害消费者利益。这一情况在市场经济不健全的初期表现得尤为突出。最后,标准化能提高市场竞争的质量。如果说过去传统市场的竞争主要表现在价格竞争,那么,现代高科技技术条件下的市场竞争,则主要表现为不同层次标准间的竞争。也正因如此,标准化在经济活动中作用的加强,必将推动市场竞争由量的竞争转化为质的竞争。

但是,如同任何其他事物具有两面性一样,标准有时也可能产生不利于市场竞争的一面。在标准化活动中,标准可能被用来当做限制竞争的手段,用来限制市场竞争,损害消费者利益。例如标准可以被行业协会用来推行价格卡特尔——此时标准的统一只是价格趋同的一个因素。标准还常常被用来进行不合理的集体抵制、不合理的搭售、索取不合理的专利许可费或不公平地扩大专利法所赋予的法定垄断权等。近年来,不同国家和地区对微软捆绑浏览器行为所提起的反垄断诉讼、人们对于 DVD 标准联盟对我国 DVD 生产厂家索取不合理专利许可费的争论等,就是标准化影响市场竞争的表现。所有这些,都直接或间接地限制了合理的市场竞争,从而引起人们对标准化活动进行全面的考察和审视,探索阻滞其负面影响产生的方法。标准化与反垄断议题正是基于此背景而出现的。

二、限制竞争的三种主要标准类型及其限制竞争情况分析

在现代市场经济和法制条件下,各类主体基于自身的特点和利益考量,都对于标准的制定与实施,产生了客观而又现实的需要:政府基于维护公共安全、社会秩序和消费者安全的考虑,有制定标准的需求;行业协会基于对本行业产品特性和市场需求的了解,有制定标准的优势,同时现代产品的复杂性和高科技性决定了标准的制定必须有行业协会直接或间接的参与;而企业不管是基于生产配套的需要,还是基于外部竞争的需要,大都有建立标准的内在需求和愿望,特别是当代电子数码技术的飞速发展,使得技术领头企业在法定标准或行业标准出台之前基于产品开发的需要,往往自行制定和采用一些技术标准,即所谓的事实标准;而在企业与企业之间,基于专利制度、"技术专业化"以及产品技术依存非单一化,又形成了以专利联盟为基础的专利联盟标准;基于国际间产品流通的需要,国际标准化组织制定了各种国际标准。

与市场经济活动中的各种合理需求相适应,现实中实际存在如下类型的标准:由政府制定或认可的法定标准,如中国的绝大多数标准均由政府制定,属法定标准;行业协会制定的行业协会标准,如美国的绝大多数的产品标准由

行业协会制定;企业自行制定形成的事实标准,如美国微软公司的 Windows 操作系统标准和英特尔公司的微处理器标准,得到世界公认;基于专利联盟而形成的技术标准,如国际上 DVD 的技术标准。

在市场经济条件下,每一标准都与企业的产品竞争息息相关。在市场竞争中,每个企业都有可能在充分利用标准给自己带来最大便利的同时,利用标准限制和排除竞争对手。这就是人们常常担心的标准的限制竞争问题。但是,就各类标准的特性来说,其所具有的限制竞争的可能性却大不相同。下面对其进行逐一分析。

(一)法定标准的限制竞争情形分析

法定标准由政府制定或认可。而政府作为公权力的代表,一般能从公共安全、公平竞争和效率出发,在制定标准前就已考虑到了公共利益和竞争问题。而且法定标准具有公开透明的特点,很少被企业用来限制竞争。因此,人们所讨论的标准限制竞争问题,一般不包括法定标准情形。至于政府制定标准时被个别具有市场势力的大企业绑架或左右的情况,不具有普遍性,并且可以通过标准制定过程的公开透明和公平参与来解决。对此,本书不作深入讨论。

(二)行业协会标准限制竞争情形分析

行业协会制定标准具有得天独厚的优势:了解行业发展和市场情况,熟悉技术,其所制定的标准比较专业化。因此行业协会标准代表着标准化的未来趋势。但是,行业协会制定标准也存在不利于竞争的一面:行业协会是私权利益的忠实代表,其在标准制定、标准认定和标准实施的过程中,除考虑技术本身的特性外,基于自身利益考虑,往往会利用标准化谋求自身利益最大化,利用标准及标准认证阻碍新的竞争者入市,限定标准制定参与权和入会资格,拒绝信息公开,搞价格卡特尔、联合抵制等。这些行为大都可能破坏市场竞争机制,最终危害消费者的利益。所以,行业协会标准在市场竞争中有可能会产生限制竞争的情形。[1]

(三)事实标准限制竞争情形分析

事实标准是指非由标准化组织制定的,而是由处于技术领先地位的企业、企业集团制定,由市场实际接纳的技术标准。

---

[1]　参见鲁篱:《行业协会经济自治权研究》,法律出版社 2003 年版,第 282~285 页。

事实标准的产生,来源于企业在技术和产品开发中的超前发展,它对新技术和新产品的开发具有创新意义,可以避免法定技术标准滞后而影响高新技术的发展。因此,事实标准起初都是企业标准,随着企业的发展和该标准技术在产业发展中影响力的增大,某些事实标准逐渐成为产业标准或国际标准。一般情况下,事实标准对竞争具有积极作用:首先,事实标准是市场竞争条件下技术进步和产品市场选择的结果,反映了市场的需要,是市场竞争和消费者选择的结果;其次,从长期技术发展和市场产品演变来看,事实标准不可能永久垄断市场——因为市场的原动力就在于创新。

传统产业的事实标准主要服务于单一技术和产品,技术与产品一一对应——一项技术成就一件产品。因此,传统事实标准对其他相关技术和产品以及后续技术和产品影响不大。但是,现代事实标准同传统事实标准具有很大的不同,往往存在以下问题:首先,随着产品技术的日益复杂,特别是当代电子数码通信技术的发展,不同产品技术之间产生相互依赖性——后续技术产品必须依赖前期技术产品的"技术标准",如同汽车必须依赖公路,飞机必须依赖机场一样。这时的事实标准往往决定了一个行业技术和产品开发的既定走向,迫使后来跟进者不得不依照事实标准拥有者所设定的技术路线走下去,从而使后来者永久依赖着它,因此,事实标准拥有者在一定条件下可以在很长时期内控制整个行业,而理性配套企业对事实标准的自愿配合更加加强和巩固了事实标准的市场垄断地位。[①] 于是,事实标准发生了实质性的变化,它已像传统的铁路、机场、码头那样,具有关键设施或基础设施的特性,本质属性上天然具有垄断特性。在这种情形下,事实标准的拥有者为了谋取长久的竞争优势和利润最大化,很容易仰仗其事实上的垄断优势,滥用其事实标准(即便其拥有合法的知识产权),如利用事实标准形成同类技术产品进入市场屏障,拒绝其标准中知识产权的许可等。其次,事实标准中往往含有合法的专利权,因此,事实标准的拥有者不仅可以以专利为由拒绝标准使用,而且还可以利用标准的优势以非合理的价格进行大量知识产权许可。最后,事实标准与法定和行业标准不同,事实标准中所含的信息并不公开,特别是其中含有的专利技术并不公开,因此他人即便采用某种事实标准,后续相关产品也有可能无法跟其产品和技术相匹配。

基于以上分析可以看出,事实标准更容易形成垄断或垄断力滥用,阻碍技

---

① 参见时建中、陈鸣:《技术标准化过程的利益平衡——兼论新经济下知识产权法与反垄断法的互动》,载《科技与法律》2008 年第 5 期。

术进步,限制产品竞争,损害消费者利益。如微软公司凭借其在个人电脑操作系统中拥有的事实标准,对其软件索取高价,在不同国家和地区实行价格歧视,在标准化知识产权许可中附加各种不合理条款——搭售非专利产品、强制技术回售等。

(四)专利联盟标准限制竞争情形分析

现代经济的一大特点就是知识在经济活动中的作用越来越大,以至于形成了所谓的"知识经济"。在知识经济条件下,知识已脱掉了纯粹的"高尚"外衣,完全融入到人们的经济活动中去。知识经济条件下的技术和经济活动呈现出与以往不同的特点:首先,从技术本身来看,同以往相比,现代技术更加复杂同时又更加专业化,任何市场主体均无力占有或掌握某一技术领域的全部技术,在大多数技术领域中,一个企业很难独霸核心技术,从而出现企业之间通过协议共享技术的局面——企业之间寻求妥协与合作,通过知识产权的交叉许可,结成企业知识产权联盟。其次,从产品的技术支撑来看,单一技术支撑单一产品的局面已经发生了根本性的改变,往往是一个产品需要两个以上技术的支持才能得以生产。因此,从产品生产来看,企业间的技术合作比以往任何时候都显得尤为迫切,企业迫于生产和竞争的外部压力,即便不情愿也得与其他企业进行技术合作。最后,20世纪以来,随着国际经济技术交往的加强,世界多数国家建立了知识产权法律制度,知识产权得到了越来越完善的法律保护,特别是在专利领域,随着有关知识产权国际协定的实施,许多国家法律对专利保护提供的保护水平越来越高。因此,企业非法使用别人技术的难度和成本日益增大,这就迫使企业寻求合法途径与技术拥有者进行合作或"互通有无"。以上情况的产生和存在,最终在技术强势企业之间形成企业技术联盟或专利联盟。

由于现代技术的复杂性,单纯的技术组合并不能自然孕育出成熟的产品,因此,只有通过技术上可行、市场认可的标准,来进行技术之间、技术与市场之间的协调,才能最终生产出为市场接受的产品。所以,企业专利联盟出现后,紧跟着产生的就是企业联盟技术标准。企业联盟技术标准既不同于传统事实标准——后者一般由单个企业的技术进行标准支撑;也不同于行业协会的协议标准——传统行业协会标准可能含有专利技术,但大多数行业协会所制定的标准并不以专利技术为主,在很多情况下是以专利权人放弃专利权为其专利纳入标准的条件,并且行业协会标准具有公开透明性。

作为一种新型的事实技术标准,企业联盟技术标准具有以下主要特点:标准制定参与者均是该技术领域的技术强者,并拥有合法的专利技术;该类标准

是以一系列彼此相关的专利技术为基础形成的,是纯粹以技术为核心的技术标准,而非产品标准;该类标准属于事实标准,但又与一般事实标准有很大区别——它以专利为基础,由技术领头企业集体协商制定。

也正是基于企业联盟技术标准自身所具有的特点,现代知识经济背景下的企业联盟技术标准比一般的事实标准更容易形成垄断和垄断力滥用:首先,企业联盟标准的制定者凭借着专利的合法保护,将其专利写进标准以后,使专利的法定保护权利衍生出比原先法定的专利垄断权大很多倍的权利范围。其次,现代高科技的技术路径依赖,能够形成比以往任何标准都强得多的市场技术垄断,对市场形成非常强的控制力,局外企业很难突破企业联盟技术标准,另辟蹊径寻求其他技术突破口。最后,由于企业联盟技术标准参与者具有共同的利益,技术优势相当,参与者会在客观垄断优势的基础上人为地不断扩大这一优势,不断地巩固其在市场中的垄断地位。因此,以专利为基础的企业联盟技术标准对于竞争的危害实际上体现在两个方面——既有客观的现实垄断,又有人为地加强和滥用客观现实垄断的可能性。

三、标准化限制竞争法律规制的必要性与路径选择

(一)通过反垄断法规制标准化限制竞争行为的必要性与可行性

市场经济体制最大的优势,是源于市场竞争而产生的高效率的市场资源配置机制。因而,任何有损竞争机制的行为,必将危害市场经济的优势发挥及消费者的利益,必须通过适当手段对其加以协调和规制,以恢复市场的竞争机制。标准化的普及及其在经济活动中作用的加强,既是经济活动质量提升的表现,也是经济活动与技术紧密结合的必然结果,还是经济社会进步的体现。但是,对于其可能产生的各种限制竞争、损害消费者利益以及阻碍技术进步的情形,法律必须加以规制,只有这样才能更好地发挥标准对经济活动和竞争的正面作用,消除其负面作用,更好地发挥市场机制的作用。

在以什么手段解决标准化过程中的各种限制竞争问题的选择中,我们认为应采用法律手段,而不主张采用行政方法。因为,现代政府规制市场问题的手段早已过渡到以法律手段为首选——以法律制度管理社会经济活动是人类社会长期实践和探索的结果,法律手段具有公开、透明、具体、程序和制衡等特性,这正是广大人民所祈求的。

对于标准制定者为了自身利益而滥用其标准进行限制市场竞争的行为,

进行法律规制是发挥标准积极作用的必要配套措施。但是,在现有的众多法律制度体系中,选取何种法律制度进行规制是一个非常重要的问题,因为不同法律制度的选择结果将直接影响到规制的合理与否、效率与公平。基于标准本身的特性,我们认为,在选取规制标准限制竞争的法律时,应考虑以下因素:该法律应该以规制市场竞争为己任,与市场竞争关系最为密切;该法律的价值追求应以公共利益为首要目标;该法律的适用应以灵活的原则处理市场竞争活动,有一套成熟的分析框架;该法律的介入不应该动摇知识产权制度和标准化制度,三者能够在市场自由竞争、促进效率和公平方面找到平衡。

　　而在现有的法律体系中,符合上述特质的首推反垄断法。这是因为:首先,反垄断法的产生和存在是以纠正过去维护私权与市场自由而走向反面的民商法的不足为己任——这正好符合了对标准化进行纠偏的目的。其次,反垄断法是从实质上对市场自由竞争加以保护,被称作保护市场自由的"大宪章",本质上与保护私权的知识产权制度价值追求一致,不会因对标准化限制竞争的规制而伤害到知识产权制度本身。再次,反垄断法在对限制市场竞争行为进行规制时,充分考虑到了各种限制竞争行为产生和存在的积极和消极因素,并在立法和司法实践中形成和确立了"合理原则"及其分析框架,体现了反垄断法的原则性与灵活性——这正是反垄断法规制不会伤及原有法律制度基本价值的根本原因所在——这也同样符合了标准化本身所具有的特性。最后,在所有的法律制度中,反垄断法与市场竞争的关系最为紧密,而标准化限制竞争行为从广义上讲仍属反垄断法调控的范围,因而反垄断法调控具有调整对象上的契合性。

　　另外,从相关的知识产权法、民商法和行政法角度来看,它们在解决标准化中的限制竞争问题时都存在先天不足,并不能从实质上维护市场竞争机制和竞争秩序。就知识产权法来说,标准化限制竞争在多数情况下正是利用了专利的合法保护。所以,以专利法去纠正标准化中的限制竞争行为,找不到任何落脚点——否定专利中的合法专利权等于否定了专利法本身。从合同法的角度来看,标准化限制竞争行为,如标准化使用中的专利使用许可、索取超高价格、拒绝许可等行为都是通过合同自由来实施的,即便现代合同法对合同自由进行了一定的限制,但这些限制性条款缺乏适合市场竞争的合理分析框架,无法适用于标准技术许可中的限制竞争条款,因此,合同法也不能从根本上解决此类问题。与此同时,规范行政行为的行政法,由于其主要用来规范和控制行政权,对于标准化限制竞争行为没有直接的对应关系,不适合解决标准化的限制竞争问题。至于能否用行政手段,答案是否定的——用行政手段解决标准化

的限制竞争问题虽然有效,但却会扼杀标准化活动本身和现有知识产权制度。

所以,从以上的分析来看,用反垄断法规制标准化活动中的限制竞争行为具有内在的合理性——因为反垄断法与标准化活动联系紧密,分析灵活,并且不会伤害标准化和知识产权法律制度本身。

(二)反垄断法规制标准化限制竞争的原则——合理原则

在市场经济条件下,标准化、知识产权和合同自由均有其存在的价值,而标准化过程中的限制竞争行为只是标准制定者在个别情况下为了利益或规避竞争的需要,利用标准化、标准化中的知识产权以及合同自由的外部法律保障达到其不合法或不合理的目的。由此,决定了标准化限制竞争行为具有正反两面性,要分清、确定和评估其积极效应与限制竞争两方面的情形,是一件非常复杂的事情——即便有成熟的反垄断分析模式的存在,但分析和评估过程中需考虑的因素因市场和技术的动态变化变得极其复杂。因此,对标准化的规制必须采用合理分析的方法,绝对不能"一刀切"。

反垄断法对于限制竞争行为的法律规制,不同于民商法的调整方式:民商法在调整法律行为时主要考虑行为本身的性质,很少会涉及市场活动本身;反垄断法则主要以市场的自由竞争和公平竞争作为首要考虑的因素,自由竞争和公平竞争是综合考虑的结果。而标准化限制竞争的特性正好符合反垄断法规制市场限制竞争行为的方式——法律规则与经济分析相结合的方法。因此,现代各国反垄断法均是以"合理原则"为主,"自身违法原则"为辅对各种限制竞争行为进行规制,而对于标准化限制竞争行为的反垄断规制,则更应该以"合理原则"为主,极个别情况下适用"自身违法原则"。

反垄断法中的"合理原则",是指对于市场上的某些限制竞争行为并不必然地视为违法,其违法与否需依具体情况的综合评估结果而定。该原则是美国联邦最高法院在1911年的"标准石油公司案"(Standard Oil Case)中确立的一项原则,最终发展成为反垄断法中最基本的一项原则。具体来说就是,对某些利弊兼有的限制竞争行为,反垄断主管机构或法院应具体、仔细地考察相关企业的行为目的、方式和后果,并基于具体市场情况进行评估,最后判断该限制竞争行为合理与否。如果评估结果认为该限制竞争行为弊大于利,则该限制竞争行为构成违法而将被禁止;如果评估认为该限制竞争行为利大于弊,则该限制竞争行为属于合法的限制竞争行为,应当得到许可或限制性许可。

当然,合理原则只是反垄断法对待一些利弊兼有的限制竞争行为的一种态度与分析框架,具体案件的分析要考虑的因素因不同的市场情形会有很大的不同,但是,总的评估过程会从总体上把握限制竞争行为是否会对特定市场的竞争产生实质性不良影响,并通过正反两方面的评估决定是否对该限制竞争行为予以禁止。如果某种行为虽然在一定程度和范围内限制了竞争,但却在更高层次上改善了竞争条件,或者该行为虽然在一定程度上限制了竞争,但却带来了效率的提高等,就可能不会产生实质性不良影响。在适用合理原则分析标准化限制竞争行为时,所要考虑的因素除了包括一般限制竞争案件分析中所考虑的因素外,还要考虑高科技特性因素、专利制度、标准本身特性等,以便作出科学的评估。

（三）标准化限制竞争的抗辩事由

由于标准化限制竞争的情形一般属于利弊兼有的情形,所以,在使用反垄断法规制时适用合理原则,允许被指控者就其利用标准限制竞争行为给予说明。被指控者常提出抗辩的理由有:产品安全、消费者健康、合法专利保护、技术本身要求、协会成员一致决定、定价自由等。

在这些抗辩理由中,最应该给予重视的是产品安全与消费者健康的主张。如果行业协会可以证明其标准对竞争的限制是为了消费者健康和产品的安全化,则应当认定合法,但涉及固定价格者除外。这是因为,在几乎完全依赖商品的今天,商品在给人们生活带来便利的同时,给人们带来的不安全因素也在增大。所以,加强和提高法定或行业标准,保证消费者的安全,即便这样的标准阻滞了个别竞争者进入市场或排除了部分竞争者,也不应被认为是违法的,因为这样的标准是为了实现消费者安全的目标。

至于其他抗辩理由,则要考察标准带来的市场垄断情况、合法的专利进入专利池后是否被滥用,是否存在价格歧视等情况而定。总之,给予利用标准限制竞争者以抗辩的权利,是反垄断法规制标准限制竞争行为时对标准、专利权、行业协会价值的应有尊重。

第二节　行业协会标准限制竞争的反垄断法规制

一、行业协会标准的市场基础

随着社会商品化程度的提高,产品的技术含量也日益提高,产品生产趋于

专业化,于是,产品的行业标准在保证产品质量、维护消费安全方面的作用日益增强。而行业标准的制定和实施目前在大多数国家主要是由行业协会负责的。因此,认清现代市场经济条件下行业协会标准存在的合理基础,对反垄断法以合理原则规制其限制竞争行为具有重要意义。我们认为,现代市场经济条件下行业协会标准存在的客观基础,主要表现在以下两个方面:

首先,行业协会负责标准制定体现了现代政府干预经济的特点。现代市场经济已不是放任自由的市场经济,而是被政府或社会中间层直接或间接监管或协调的市场经济。政府在经济方面的职能体现在"有限性"的宏观调控方面,而行业协会的职能则体现在对市场具体经济活动的间接规制与协调。标准的制定与认证工作体现的是市场活动中市场主体的微观活动,因此,行业协会对标准的制定与实施承担主要责任,体现了行业协会的基本职能。

其次,行业协会在标准制定中享有专业化和信息方面的优势。随着市场经济的发展,人们的生产和生活几乎完全依赖商品,与此同时商品带给人们的危险也在增加,而消除这一危险的主要方法是制定产品的各种标准。在标准的制定方面,不管是强制性标准还是推荐性标准,行业协会都具有政府不可比拟的优势——行业协会在市场、行业、产品和产品技术的未来发展趋势等方面,都是直接的参与者,比较熟悉各方面情况。因此,行业协会制定的标准更能体现市场和技术的要求。

二、行业协会标准限制竞争产生的原因

在现代市场经济条件下,行业协会作为社会中间层,日益替代政府对市场主体进行自我约束性规制,这其中就包括了行业协会在标准化活动中作用的加强。在欧美发达资本主义国家,行业协会早已成为标准制定的主体。虽然目前中国制定标准仍以政府为主,但行业协会参与标准制定活动的作用在不断加强。

从市场的要求及行业协会的职能来看,行业协会行使标准的制定、认证与实施工作,符合市场经济的客观规律。但是,行业协会作为行业共同利益的代表,其制定标准的活动既要体现市场和消费者对产品安全的要求,也必须要符合协会成员的需求。这就导致了行业协会所制定的标准虽然在一般情况下体现了市场竞争的要求,是行业公平竞争的基础,但是,在市场竞争条件下,仍存在诱发行业协会从事限制竞争行为的情况,主要是:同行业新进入的非会员所带来的竞争压力,行业会员追求稳定超额利润的愿望,以及整个行业的外部竞

争压力等。

具体来说,任何行业协会成员都具有相对稳定性,但是,每个行业,只要有利润存在,那就存在诱使新进入者进入的可能,而新进入者的进入就存在打破原有竞争格局的可能,从而给现有会员造成竞争压力。作为行业成员共同利益的代表,特别是在行业中具有支配地位企业的压力和唆使下,行业协会往往会利用产品认证的机会阻滞新入市者的产品进入市场——在行业协会主导标准制定的情况下,新产品的入市,首先需要行业协会按其标准进行认证。这样一来,行业协会有时为了现有成员的竞争利益,就会以各种不合理的理由拒绝对新产品进行认证,从而将新的进入者拒之门外。如 American Society of Mechanical Engineers(ASME) v. Hydrolevel 一案中的情形就是如此。在该案中,ASME 是一个由 9000 多家企业成员组成的行业协会,是众多技术标准的制定者,其制定的标准在美国具有较大的影响力。Hydrolevel 公司在 20 世纪 60 年代引进了一种新的燃油截断技术装置,同市场现有同类产品相比,具有很强的竞争力。但是,该产品的入市必须得到 ASME 的认证才行。而ASME 受制于协会成员中 M&M 公司的唆使,拒绝对 Hydrolevel 的产品进行认证,从而将其新产品排除在市场之外。最终,美国最高法院以 ASME 滥用标准限制竞争为由,判定该行业协会的拒绝认证行为违法。①

三、行业协会标准限制竞争的反垄断法规制

由于行业协会主导标准制定的积极意义远大于其消极意义,反垄断法对行业协会利用标准限制竞争的规制一般是从具体行为的认定开始的,而不是整体否定。所以,反垄断法对行业协会标准限制竞争行为的规制主要针对的是标准滥用行为,而且行业协会标准限制竞争行为同其他类型标准化限制竞争行为相比,一般不具有垄断性。具体来说,行业协会标准限制竞争主要表现为:固定价格、拒绝认证与联合抵制。

(一)对行业协会滥用标准固定价格行为的规制

企业自由定价行为是市场竞争中最重要的因素,因此,企业联合固定价格的行为历来都是反垄断法规制的重点。行业协会利用标准固定价格是常见的违法行为,一般表现为行业协会基于标准规定推荐产品的"指导价格"——这

---

① 参见鲁篱:《标准化与反垄断问题研究》,载《中国法学》2003 年第 1 期。

是一种比较隐蔽的固定价格行为,实际上是以标准为由,借助于行业协会之口而实施的企业联合定价行为。各国反垄断法对该类固定价格行为适用"自身违法原则"。但是需要说明的是,与标准产品价格的趋同或一致并不必然导致反垄断法的适用,还要有协会成员的共谋存在——因为基于标准化带来的成本的趋同和企业竞争策略的考虑,与标准产品价格趋同在个别情况下是存在的。

(二)对行业协会滥用标准拒绝认证行为的规制

产品标准认证是利用标准保证产品质量的一种有效方法,通过标准认证禁止不达标的产品进入市场,以此保证消费安全。因此,产品标准认证对维护产品质量具有重要意义,对产品能否入市参与竞争起关键作用。在以行业协会主导标准制定的国家和地区,一般也由行业协会来对产品是否符合标准进行认证。

当具有重要积极意义的标准认证由行业协会主持时,有时行业协会现有成员,特别是在行业中具有影响力的会员企业,为了自身利益考虑,拒绝对可能给会员企业造成竞争压力的产品进行标准认证,从而将潜在的竞争者拒之门外。该行为的本质,是行业协会利用标准限制市场竞争。反垄断法对此种限制竞争行为的规制,一般是从垄断势力滥用的角度来实施的——行业协会对产品标准的认定具有垄断的特性。如果行业协会给予认证申请者及时、公平的认证机会,并严格按照程序和标准对申请产品进行了认证,如果被认证产品因不符合标准而被禁止入市,那么行业协会并不被认为实施了限制竞争行为;如果行业协会不给予申请者认证的机会,或在认证过程中不遵守认证程序,或对符合标准的产品以其他不合理的理由不给予认证的,那么,行业协会就涉嫌滥用标准认证,限制了市场的公平竞争,从而违反了反垄断法。而对于行业协会滥用标准认证,申请认证者要负举证责任。

(三)对行业协会滥用标准进行集体抵制的反垄断法规制

在市场经济条件下,行业协会利用标准保证产品质量是政府机关实施产品质量监督管理、维护产品安全的有力补充。行业协会除通过产品标准认证保证产品质量外,还时常通过协调成员企业的市场行为,维护行业整体形象,保证行业产品或服务质量,将不合格经营者逐出市场。如批发商协会会员对不能保证符合标准要求的产品贮存条件或售后服务的零售商实行联合抵制,以此对有损行业整体形象和消费者利益的个别从业者进行惩罚。行业协会通过服务或产品标准规范成员产品质量或经营行为,这在很多成熟市场经济国家已成惯例,也已被证明是一种有效的方法。但是,行业协会的此类行为有时会走向反面——通过行业协会或明或暗的号召或提示,协会成员有可能对合法竞争的新进入者进行联合抵制,从而限制了公平的市场竞争。如原行业协会成员为了自身利益,对高于原有标准或等同行业标准的新技术或新材料进行联合抵制。像这样的以行业协会为主导的联合抵制行为除限制市场竞争外,对消费者和社会没有任何的好处。因此,反垄断法对此类案件适用自身违法原则加以禁止。

美国法院对"联合管道公司诉印第安海德公司案"的判决对该类问题作了很好的诠释。在该案中,美国防火协会(NFPA)在其制定的标准中规定,高层建筑必须使用钢质导管,并且该要求得到了许多地方政府的认可。后来联合管道公司研制了一种可以替代钢管的塑料导管。于是,联合管道公司向美国消防协会建议采用塑料导管,但美国消防协会在其成员年会上投票否决了该建议,并借此修改标准排除塑料导管作为替代品的可能性。塑料导管遭到美国消防业协会否决的真正原因是钢管生产商惧怕自己的产品受到竞争威胁,联合贿赂消防协会成员,利用消防协会控制产品标准认证的权力禁止新产品的入市。联合管道公司向纽约州地方法院起诉钢管制造商,指控钢质导管生产商联合贿赂美国消防协会,诱使消防协会利用标准阻碍塑料导管进入建筑市场的行为违反《谢尔曼法》第 1 条的规定。美国最高法院认为,美国消防协会制定标准的行为应受反托拉斯法审查——行业协会虽然在美国主导标准制定,但其成员为市场参与者,其标准认证行为不能得到反托拉斯法豁免,因此,如果行业协会涉嫌滥用标准限制竞争,其行为应受反垄断法审查。

第三节　事实标准限制竞争的反垄断法规制

一、事实标准存在的客观基础

事实标准主要是基于技术和产品的快速发展及市场竞争的需要,在政府和行业协会来不及制定标准的情况下,技术领先企业根据自己对技术未来发展的预测和产品开发的需要,自行制定适用于自己产品生产和技术开发的标准。在当代高新技术飞速发展的背景下,事实标准大量存在。

事实标准的存在,从某种程度上反映了企业经营的现实需求——因为现

有的绝大多数技术和产品标准要么由行业协会制定,要么由政府主管部门制定。但是,由于行业协会和政府制定标准具有滞后性,所以,企业为了竞争和发展的需要,在没有法定标准和行业标准的情况下,制定适合自己需要的技术或产品开发标准,以便在未来的发展和竞争中占据优势地位,是非常合理和现实的选择。

事实标准的存在,还具有现实合理性——这是因为,事实标准的产生和存在是技术和产品领跑企业努力发展的结果,其拥有的标准优势是市场竞争给予的奖赏;事实标准可以克服技术和产品法定标准滞后的现实,能够促进技术的快速发展;从长远的市场竞争和技术、产品发展来看,事实标准并不能永远成为唯一的标准,即便是微软的 Windows 操作系统标准也是如此。事实标准形成以后,随着技术和产业的发展,其中个别事实标准会在大浪淘沙中基于技术优化和市场选择而胜出,进而成为产业标准或国际标准。因此从长远来看,事实标准对市场竞争的限制作用只会在一定时期内存在。

二、事实标准的类型及特征

根据事实标准制定主体的不同,以及事实标准与技术相结合的不同情况,我们可以将事实标准分为如下几种:单个企业制定的事实标准和多个企业联合制定的事实标准;不含有专利技术的事实标准和含有专利技术的事实标准;单一企业制定的含有专利技术的标准和专利联盟(专利池)的技术标准。从反垄断法角度考察事实标准时,一般将重点放在含有专利技术的事实标准上,因为这类标准更容易被用来限制市场竞争。

在现代高科技和市场经济条件下,不管是单个企业还是多个企业所制定的含有专利技术的事实标准,其对市场所具有的垄断特征均很明显。前者是由单个具有市场垄断地位的企业基于市场技术优势而形成的事实标准,如美国微软公司的 Windows 操作系统标准和英特尔公司的微处理器标准。后者是由少数在某一技术领域具有市场优势的企业,由于各自均无法独享某一产品所需的所有核心技术,为了市场竞争和产品开发的需要,相互许可对方使用自己的技术,形成专利池,进而基于共同技术形成事实标准,如 DVD 技术领域中的事实标准就是如此。此类企业联盟事实标准的出现,是由于现代技术的复杂性和产品的非单一技术支持性,现代企业的产品开发无法像过去那样,一个技术就可支撑一个产品。而由于现代技术发展的路径依赖性,这类标准一旦形成,往后其他企业很难改变已形成的事实标准——这一现象是当代高科技发展的显著特点。

一般来说,在上述这些类型的事实标准中,含有专利技术的事实标准对竞争的潜在危害要大于不含专利技术的事实标准对竞争所具有的潜在危害,专利联盟标准对竞争所具有的潜在危害要大于单一企业的含有专利技术的事实标准对竞争所具有的潜在危害。

三、滥用事实标准限制竞争的动因

事实标准的存在是基于现实的需要,事实标准本身也并不能够限制竞争。但是,在市场经济条件下,事实标准被追逐利润的企业拥有时,其自身所具有的特性,如果没有法律的约束,很容易被其制定者或拥有者滥用,从而被用来限制市场竞争,损害消费者的利益。如微软在 DOS 操作系统许可中的不合理收费行为及视窗浏览器捆绑事件就是很好的说明——微软不是根据 DOS 软件许可使用量来收费,而是依据被许可厂家的 PC 销售量来收取许可费。

具体来说,现代事实技术标准之所以更容易产生垄断问题,主要是由于以下原因:

1. 在现代科学技术条件下,后续技术及产品开发对先前技术的依赖性很强,从而形成对先前技术标准的依赖。特别是现代通信技术更是如此。现代技术条件下的事实标准,往往是未来技术发展链条中的最重要一环,后续发展必须依赖该技术标准才能更节约成本。因此,事实标准的拥有者,对基于其标准的技术或后续产品开发自然地拥有垄断地位,正如同传统的关键设施——隧道、海港、基础电信网络一样——自然具有垄断地位。

2. 事实标准游离于行业标准和法定标准之外,政府和行业协会无法对其施加影响,因而事实标准在其制定过程中就可能预设了限制竞争的因素。

3. 现代事实标准往往建立在专利基础之上,而由于事实标准属于非法定标准,故而标准中所含有的专利公布与否、许可与否完全取决于标准拥有者。因此,事实标准的拥有者更有条件和可能滥用事实标准。

4. 在市场经济条件下,企业的技术、产品的事实标准往往与市场竞争联系在一起,事实标准的拥有者极有可能滥用其事实标准,限制后来跟进者,或利用其自然垄断地位谋求高额垄断利润,从而危害市场竞争,损害消费者利益。事实标准拥有者惯常采用的滥用垄断势力的做法有:对其产品索取垄断高价,或利用分割的市场实施价格歧视,如微软凭借其在操作系统领域的事实标准,对其 Windows 操作系统产品索取高价,并对不同国家的用户实行价格

歧视。由于事实标准的拥有者站在了技术和产品的最前沿,并将其技术专利化、专利标准化,由此形成了垄断地位,故而对于其他仰赖其标准和技术才能生产相关产品的企业,事实标准的拥有者此时往往会索取高额知识产权使用费,这在知识产权转让许可中大量存在;除此之外,事实标准的拥有者往往还在许可协议中附加不合理条款;或者没有合理理由,而拒绝许可标准中的知识产权,或者附加不合理条件。

四、滥用事实标准限制竞争的反垄断法规制

从以上的分析可以看出,基于现代技术发展的路径依赖性,外加合法专利的保护,事实技术标准很容易被追逐利润的制定者或拥有者滥用,起到限制市场竞争的作用。另外,事实标准公私兼有的矛盾性也决定了反垄断法对其予以规制的必要性。

对于利用事实标准限制竞争的行为,反垄断法一般以合理原则为指导,在类型化定性的前提下对其加以规制。在合理分析时,应注意在如下几个因素间进行平衡:竞争、知识产权人、标准使用人与消费者。同时要注意事实技术标准的市场份额、事实技术标准的市场影响力以及本行业技术的平均更新速度等。在事实技术标准的实施过程中,如果标准制定者或拥有者已经成为市场中唯一的或是少数几个"技术领导者",则它们便会有动力去实施反竞争的行为。技术的平均更新速度也是应当考虑的因素之一,因为在新经济时代,科学技术的发展日新月异,一项具有知识产权的技术标准不一定拥有很长的"垄断期",因此,过分的反垄断法规制不一定有利于法律目标的实现。

由于事实标准本身具有垄断特性,所以在处理事实标准限制竞争时,除适用合理原则外,还应借鉴自然垄断规制时所依据的"关键设施"原则(the essential facilities doctrine)。所谓"关键设施",是指经营者欲进入某一个特定市场不可避免需要获取的技术或条件设施。很显然,基于关键设施所具有的自然优势,关键设施控制者便很有可能利用其获取巨额利益。关键设施原则常常适用于基于含有知识产权的事实标准的拒绝许可行为、附加不合理条件的行为和索取不合理高价的行为。因为如果一项专利成为了解决技术问题的唯一方法,那么,该专利持有人即处于绝对垄断的地位。我们认为,对于事实标准拥有者没有合理理由而拒绝许可事实标准中的知识产权的行为,可依据关键设施原则,强行要求知识产权拥有者必须作出许可;凡是在事实标准许可中附加非必要专利的行为,应认定无效;对于利用事实标准进行价格歧视和索

取不合理高价的行为,应根据其所具有的垄断性质加以禁止。

思考题

1. 标准化产生限制竞争问题的动因是什么?

2. 反垄断法规制标准限制竞争为何以"合理原则"为主?

3. 为什么现代通信技术和互联网技术条件下的标准化更容易产生限制竞争问题?

第七章　标准化与国际贸易

第一节　国际贸易中的标准问题

一、国际贸易中标准化的作用

（一）标准化在国际贸易中的积极作用

标准化的本质是对技术标准或者管理标准的统一，其目的是获得最佳秩序和社会效益。标准化是组织现代生产建设的重要手段，也是进行国际经济、技术交流的技术纽带。标准化对于世界范围内的物资交流、贸易往来，扩大科学、技术、经济方面的合作起到了协调、推动作用。例如，世界上大多数国家参加了"国际电工委员会（IEC）"，多数国家的电工产品在国际贸易中，都按照国际电工标准交货。这样极大地提高了产品的质量，降低了成本，也有助于相关领域国际贸易的技术统一。另外，为了促进海关手续的简化，便于海关外贸统计，为国际贸易减少障碍，1950 年联合国草拟了《联合国国际贸易标准分类》，后来又制定了协调商品名称和编码制度的 H. S. 编码（Harmonized Commodity Description and Coding System），形成了当今世界上最完整、系统、通用、科学的国际贸易商品分类体系。

对于一国的进出口贸易来说，标准化可以为一国的商品进出口和技术引进服务，带来积极的影响，主要表现在：

1. 标准化是保证进出口商品质量的重要工具

在国际贸易中，商品的质量是双方订立买卖合同的重要条款。但在交货前，买方很难看到全部商品。实践中，除了一些工艺美术品、服装、农副产品等交易外，很少采用凭样品成交的方法进行交易。凭样品成交的方法实际是实物标准成交,在更广泛的贸易领域由于存在实物的保存、运输、毁损等多种不确定因素,交易成本较高,也增加了合同的风险。如果各方可以通过共同语言和共同准则来判断质量管理和质量保证的各种情况,就会使国际贸易的安全性大大提高。标准化恰恰可以有效弥补这一缺陷,非常有利于双方对商品质量、数量、污染情况等各种信息达成准确和一致的理解,极大地降低了交易的成本。

标准化作为有关各方有效表达的重要手段,在国际贸易中显示出不可替代的优越性,成为进出口商品质量保证的重要依据。而随着消费者权益保护水平的提高、各国对环境影响的重视程度的提高,产品的质量和安全以及环境影响标准也在不断提高。例如,单纯地对产品质量和安全进行评价还不足以满足消费者要求对产品生产全过程的质量进行保证的需要,还需要对企业的质量管理体系和环境管理体系进行评价,以确认企业是否具备条件生产符合要求的商品。国际标准化组织发布的 ISO 9000 质量管理体系认证适用范围非常广泛,已成为企业质量管理体系的合格证。ISO 14000 系列环境体系标准,也被广泛使用。在市场对质量要求越来越高的情况下,标准化促进了产品特征和质量的信息流动,解决了市场交易中的信息不对称问题,促进了国际贸易的发展。

2. 标准化是促进技术引进转化,打开国际市场的重要手段

积极采用国际标准和国外的先进标准,实际上也是一种技术引进。在国际贸易中,除了商品贸易还包括技术贸易。所谓的技术贸易就是通过技术转让,使技术在国际间转移。技术贸易是技术从技术先进国家向技术落后国家的流动。这里包括先进设备转移和技术转移两个部分。设备转移的部分被称为硬件。技术转移的部分被称为软件,包括工程顾问和咨询、专利技术和技术诀窍的许可证交易、工程设计以及合同工厂的建设、生产、管理、员工培训和派人指导等技术服务。技术贸易可能受到各国贸易政策的影响而受到限制或者价格不菲,而技术标准的引进则不存在这些问题。

标准的推广有利于先进技术的推广。因为标准是通过综合各种复杂技术而形成的,所以国际标准中包含许多先进的技术。制定标准要通过总结和积累经验,进行科学实验或验证,吸收新的科研成果,在科学数据的基础上得到解决方案,并要在同类研究中选择最佳的解决方案,并使之科学化、条理化、合理化。例如,20 世纪 50 年代,美国人发明了条码技术,60 年代将其运用于食品零售业。1973 年美国统一代码委员会(UCC)选定 IBM 公司提出的条码系统作为北美地区的通用产品代码,简称 UPC 码(Universal Product

Code)。世界各国出口到美国和加拿大的商品必须印有 UPC 码。1974 年欧洲研制出了与 UPC 码可以兼容的欧洲物品编码系统（European Article Numbering System），简称 EAN 码，并于 1977 年成立了欧洲物品编码协会（简称 EAN），1981 年改名为国际物品编码协会，简称 IAN。后来 EAN 编码迅速成为国际通用编码。1984 年我国通过加入 EAN，快速推广了条码技术，为我国产品进入国际市场创造了条件，也为我国企业的自动化管理创造了条件。

（二）标准化在国际贸易中的消极作用

标准既可以是打开国际市场的钥匙，也可以是贸易保护主义的手段。[①] 一方面，标准的国际化提高了国际贸易的效率，降低了成本，提高了质量，促进了国际贸易的发展。但在另一方面，标准化还是开放经济下一国国际贸易政策实现的重要工具，成为实现贸易保护的重要手段。

由于各国之间经济技术发展水平的不平衡，在客观上，各国都存在贸易保护的需要，一国必须根据本国的经济利益决定本国的国际贸易政策。国际贸易政策是指各国在一定时期内对进出口贸易所实行的政策。一国国际贸易政策实现的工具主要是两类，即关税和非关税壁垒。关税是历史上最重要的国际贸易政策工具。但是在贸易自由化进程中，GATT/WTO 经过艰苦的多边谈判，关税得到了不断削减，关税对贸易保护作用已经非常有限。非关税壁垒被广泛运用。

非关税壁垒主要是指关税以外的所有以限制进口为目的的贸易措施。非关税壁垒包括进口许可证、配额、技术标准、出口补贴与反补贴、政府采购、海关估价、卫生检疫标准等。一般认为非关税措施可以分为直接非关税壁垒和间接非关税壁垒。直接关税壁垒，是指在国际贸易中进口国直接对进口商品的数量或者金额加以限制的措施。例如，进口配额限制。间接非关税壁垒，是指进口国政府对产品、服务制定严格的规定，间接地进行限制的行为。例如技术法规、技术标准、合格评定等。

随着多边贸易谈判的深化，世界贸易组织加强了对非关税壁垒的国际约束，例如，《海关估价协定》《补贴与反补贴措施协定》《进口许可程序协定》、《反倾销措施协定》《保障措施协定》等的签订，取消或者大幅度削减了直接非

---

① 宋明顺、黄祖庆：《标准与标准化时代的国际贸易》，载《国际贸易问题》2010 年第 12 期。

关税壁垒。但是随着贸易的发展,贸易自由化与保护生态环境和消费者利益的冲突日益明显。例如,危险废物的越境转移,高农药残留食品、不安全儿童玩具等危害消费者利益的商品在国家间流动。于是许多国家以保护生态环境和人类及动植物健康与安全为理由,对进口商品规定了纷繁复杂的保护环境与消费者利益的技术标准,这些标准被作为国际贸易的措施影响进出口贸易的发展。如规定产品的特性或者与之有关的工艺和生产方法,产品的技术标准以及包装、标记或者标签要求等,如果达不到技术标准的要求,出口国的商品就会受到限制。但是这些形式上合法的技术标准,有可能实质上成为外国商品进入的障碍。

为了协调贸易自由与保护生态环境和消费者利益的关系,防止技术措施对贸易自由制造的不必要的障碍和变相的限制,GATT/WTO 在多边贸易谈判中,达成了许多与保护生态环境和保护消费者利益的协议。这些协议和公约为技术性贸易措施提供了合法性的依据,同时也制定了这些措施实施时应遵循的基本原则,最大限度使之与贸易自由化目标一致。除了《GATT1994》以外,其中最重要的协议包括《技术性贸易壁垒协议》(简称《TBT 协议》)和《实施卫生与植物卫生措施协议》(简称《SPS 协议》)。《TBT 协议》和《SPS 协议》的导言指出:成员国不得在某种意义上使用标准建立对国际贸易的伪装限制。

二、WTO 协议对标准、技术性贸易措施、技术性贸易壁垒的界定

(一)WTO 协议对标准的界定

目前,在世界范围内被广泛使用的标准的定义除了国际标准化组织(ISO)/国际电工委员会(IEC)指南的定义外,还有世界贸易组织《TBT 协议》对标准的定义。《TBT 协议》从贸易的角度将标准定义为:"经公认机构批准的、规定非强制执行的、同通用或重复使用的产品或者相关工艺和生产方法的规则、指南或特性的文件。该文件还可以包括或专门适用于产品、工艺或生产方法的专门术语、符号、包装、标志或标签要求。"《TBT 协议》附件 1《本协定中的术语及其定义》对此进行了解释性的说明:"ISO/IEC 指南 2 中定义的术语涵盖产品、工艺和服务。本协定只涉及与产品工艺和生产方法有关的技术法规、标准和合格评定程序。ISO/IEC 指南 2 中定义的标准可以是强制性的,也可以是自愿的。就本协定而言,标准被定义为自愿的、技术法规被定义

为强制性文件。国际标准化团体制定的标准是建立在协商一致基础之上的。本协定还涵盖不是建立在协商一致基础之上的文件。"

从上述定义可以看出，《TBT 协议》中的标准是狭义的标准，主要是指非强制性标准。技术法规被定义为强制性的标准。所以从广义上来看，标准包括强制性标准和非强制性标准。而也有学者对 WTO 协议中的标准作出了更为广义的理解，认为"成熟完善的标准是在保证市场机制能顺利进行中发挥着重要作用的各种措施和依据等。国家层面的标准旨在便利国内市场的贸易。然而，也可能影响国际贸易成果，可能增加或减少贸易。标准设计也可能以减少进口保护国内生产者为目的。"①

（二）技术性贸易措施与技术性贸易壁垒的概念界定

大部分学术著作并没有对技术性贸易措施和技术性贸易壁垒作出区分，"措施"与"壁垒"经常被互相替代。例如，有学者认为：在 WTO 框架下，技术性贸易壁垒是指在国际贸易中，成员方为了保护国家或地区安全、保护人类健康和消费者权益、防止欺诈行为、保证产品质量、保护环境和动植物安全，可以采取一些技术性贸易措施，制定包括包装、标记和标签要求在内的各项技术规章和标准以及合格评定程序。② 有学者认为：技术性贸易壁垒是指一国政府或非政府机构以维护国家安全、保护人类与动植物安全和健康、保护环境、防止欺诈行为以及保证食品安全与产品质量等为由采取的强制性或非强制性技术性限制措施或法规，这些措施或法规主观或客观地成为外国商品自由进入的障碍。③

对于"措施"与"壁垒"的区别，有学者进行了界定："技术性贸易措施（Technical Measures to Trade）是指各国在对外贸易中，为了实现保护国家安全，保证其出口产品的质量，防止欺诈行为，保护人类、动物或植物的生命或健康及保护环境等合法目标而采取的限制或禁止进出口的各种技术性措施。由技术标准、技术法规及合格评定程序构成。技术贸易壁垒（Technical Barriers

---

① 李玫、赵益民：《技术性贸易壁垒与我国技术法规体系的建设》，中国标准出版社，2007 年版第 28 页。

② 杨昌举等：《技术性贸易壁垒：欧盟的经验及对中国的启示》，法律出版社 2003 年版，第 3 页。

③ 张海东：《技术性贸易壁垒与中国对外贸易》，对外经济贸易大学出版社 2004 年版，第 4 页。

to Trade)是限制性的技术性贸易措施,指一国以限制商品进出口、保护国内贸易为目的,通过本国法律、法规、条例、命令等,强制性地或非强制性地规定某些商品的技术、包装、标签等方面的技术法规或标准以及旨在检验商品质量、性能等是否符合所定技术法规或标准的认证、检验等合格评定程序,是对外贸易中最为隐蔽、最难对付的非关税壁垒。"认为"技术性贸易措施包括正常的技术性贸易措施和限制性的技术性贸易措施即技术性贸易壁垒,正常的技术性贸易措施具有广泛的积极效应,最集中的体现就是能使采取措施的各国实现各自上述合法目标;而限制性的技术性贸易措施即技术性贸易壁垒,则往往以上述合法目标为幌子行贸易保护之实,给国家间的对外贸易构建不必要的障碍"。①

　　本书认为从标准化和国际贸易的关系来看,不论是合法的措施还是以合法形式掩盖非法目的的措施,从贸易自由的角度来看都是一种壁垒。"壁垒"一词从贸易自由的角度来看是中性的,只要构成对贸易的限制或者扭曲就是壁垒。而一项措施即使是从质量保证、环境标准、消费者权益出发,以保护这些重要利益为目标,对贸易自由来说仍然是设定了壁垒。而这一壁垒达到的效果是合法的还是有意对贸易进行限制,其性质很难区分。例如,20世纪90年代初,欧盟曾经计划制定一项新的法规,要求在欧盟内部销售的纸箱中必须使用一定比例的回收纸。这似乎是一个出于公共利益的技术法规,旨在促进环境和生态的保护。但事实上,瑞典和芬兰造纸行业的原料主要是自然生长的树木,而法国和德国企业则使用大量的回收纸。这一法规有可能使瑞典和芬兰的造纸企业丧失以自然资源为基础的比较优势,因此更符合法国和德国企业的利益。而且由于回收纸需要消耗能源和大量的化工原料,这些物质的释放可能会对环境造成更为不利的影响。所以,事实上很难说究竟哪一种生产方法对环境更为有利。

　　《TBT协议》(*Agreement on Technical Barriers to Trade*)的英文名称也使用了"壁垒"一词。我们认为,虽然可以根据其是否对国际贸易造成实质不合法的限制,将其理解为技术性贸易措施或技术性贸易壁垒,但是《TBT协议》并没有作出这样的区分,协议所涵盖的技术法规、标准和合格评定程序就是技术性贸易壁垒。从这个意义上来看,技术性贸易措施就是技术性贸易壁垒。关税措施就是关税壁垒,非关税措施就是非关税壁垒。对于"措施"来说,

---

① 何鹰:《对外贸易中的技术性贸易措施法律问题研究》,法律出版社2006年版,第4～5页。

《服务贸易总协定》(GATS)将其界定为:一成员的任何措施,无论是以法律、法规、规则、程序、决定、行政行为的形式还是以任何其他形式。从这些定义的界定来看,WTO并没有根据规则从措施或者壁垒的产生的实际效果或性质对其加以区分,而是较为宽泛地从形式上对措施或者壁垒的范围进行了划定。所以本章内容对于技术性贸易壁垒问题重点介绍《TBT协议》所指的技术法规、标准和评定程序。对于标准一词的使用,在《TBT协议》中当然是狭义的标准,即仅指非强制性标准。而在国际贸易中的标准化问题的一般研究中则是指广义的标准,包括强制性标准和非强制性标准。

另外,根据《TBT协议》的规定,该协议的规定不适用于《实施卫生与植物卫生措施协议》(以下简称《SPS协议》)附件A定义的卫生与植物卫生措施。《SPS协议》旨在改善各成员的人类健康、动物健康和植物卫生状况。协议涵盖了所有可能直接或间接影响国际贸易的卫生与植物卫生措施。《TBT协议》涵盖了所有技术法规、标准和合格评定程序,除非这些是《SPS协议》中已经规定了的卫生或植物检疫措施。所以,这种措施的使用范围由《TBT协议》决定,但是相关目的的判断是由《SPS协议》决定的。大部分标签要求、营养声明、质量和包装规定都不被认为是卫生或植物检疫措施,因此这些措施通常属于《TBT协议》的范畴。例如,对肥料,关于食品和动物饲料中允许的肥料残留的有关规定则属于SPS措施,而关于肥料药效的规定和保护农药使用者避免农药药害的有关规定则属于TBT措施。对瓶装水,因为人类健康对瓶子材料的要求和为了水的清洁使用的除害剂的残留的要求则属于SPS措施,而为确保标准容量对瓶子大小的要求和为货架摆放和展示对瓶子规格的要求则属于TBT措施。对于香烟标签上出现的"抽烟严重危害您的健康"为什么是TBT措施而不是SPS措施的原因,是因为尽管标签的目的是保护人类的健康,但是该措施不是关于食品的措施,因此被排除在SPS措施之外。①本章重点对国际贸易中有关技术性贸易壁垒的国际规则进行介绍,主要包括《TBT协议》和《SPS协议》的相关内容。最后介绍应对技术性贸易壁垒的措施。

---

① 葛志荣:《〈实施卫生与植物卫生措施协议〉的理解》(世界贸易组织系列读物),中国农业出版社2001年版,第96页。

第二节 WTO 有关技术性贸易壁垒的规则

一、WTO 关于成员国技术性贸易壁垒的谈判

WTO 对成员国的技术性贸易壁垒问题进行谈判，一般认为有三个原因：一是，技术性贸易壁垒的大量使用，使关税减让的贸易利益被部分抵消。二是，战后科学技术的巨大进步使得产品及其加工和生产方法日益复杂，各国都制定了大量的技术法规与标准对其进行规范，各国的技术法规与标准客观上存在着差异，战后国际贸易迅速发展的现实要求各国在进口产品的技术要求方面进行广泛的协调。三是，消费者在健康、安全和环境方面的要求不断提高，要求多边贸易体制对有关技术法规和标准作出更具体的规定。

GATT 缔约方认为有必要制定统一的国际规则来规范技术性贸易壁垒在国际贸易中的使用，但这一过程并不是一蹴而就的，而是伴随着漫长的谈判过程。

（一）"肯尼迪回合"谈判

"肯尼迪回合"在世界贸易史上第一次涉及了非关税壁垒，就反倾销和反补贴作出了明确的定义。美国、英国、日本等 21 个国家签署了第一个反倾销协议，并于 1968 年起生效。从此之后国际贸易商品的关税税率大幅度下降，但是依据加工程度而定的不断升级的税率，使加工产品及消费制品的有效保护率大大高于名义税率。农产品贸易中非关税壁垒的增多使贸易保护程度不断提高。非关税壁垒的大量采用和实施严重危及第二次世界大战后建立的多边贸易体系。

（二）"东京回合"谈判

为了解决上述问题，第七轮多边关税贸易谈判于 1973 年 9 月至 1979 年 4 月在日内瓦举行。该轮谈判因为始于日本东京，被称作东京回合。东京回合的成就是开展了 11 项独立协议的谈判，其中 9 项协议全部或部分与非关税壁垒有关，2 项是关于关税壁垒的。涉及非关税壁垒的 6 项具体协议是：倾销、补贴、标准、政府采购、海关估价和进口许可程序。另外 3 项是非关税的具

体部门协议,涉及民用飞机、乳制品和牛肉。随着《海关估价协定》、《补贴与反补贴措施协定》、《进口许可程序协定》、《反倾销措施协定》、《保障措施协定》等协定的签订和实施,直接非关税壁垒措施被弱化。

首先对技术性贸易壁垒采取措施的是欧共体。1969年欧共体率先制定并通过了《消除商品技术性贸易壁垒的一般纲领》,提出由欧共体委员会发布指令公布统一标准取代形形色色的各国标准,目的在于通过强制协调,消除由于各国标准不一致对共同体内部贸易构成的障碍。美国担心欧共体内部技术规则的统一将影响美国的贸易利益,于是积极倡导GATT制定有关技术性贸易壁垒的国际规则。为此,GATT依据GATT 1947第20条一般例外与第21条安全例外的规定,于1970年成立了政策工作组专门研究制定技术标准与质量认证方面的问题,并负责起草了《预防技术性贸易壁垒守则》(Code on Precaution of Technical Barriers to Trade),于1979年3月东京回合结束时32个GATT缔约方正式签署了《技术性贸易壁垒协议草案》(Draft Agreement on Technical Barriers to Trade),并于1980年1月1日起生效,也被称为标准守则。

(三)"乌拉圭回合"谈判

在1986年9月开始的乌拉圭回合谈判中,1991年各缔约方对1979年东京回合签订的《TBT协议》作了进一步修订,到谈判结束时达成正式的《TBT协议》(Agreement on Technical Barriers to Trade),作为WTO货物贸易多边协定的组成部分,1994年在马拉喀什正式签署,并于1995年1月1日起生效。①

在乌拉圭回合谈判以前,GATT关于卫生检疫措施的规定主要体现在GATT 1947第20条一般例外的规定②和东京回合的标准守则。尽管这些法律规则对技术性贸易壁垒的使用进行了规范,要求它们不能对国际贸易构成

---

① 石广生:《中国加入世界贸易组织知识读本(一) 世界贸易组织基本知识》,人民出版社2001年版,第106~107页。

② 《GATT 1947》第20条规定:"在遵守关于此类措施的实施,不在情形相同的国家之间构成任意的或者不合理歧视的手段或构成对国际贸易的变相限制的要求前提下,本协定的任何规定不得解释为阻止任何缔约方采取或实施以下措施:……(b)为保护人类及动植物的生命健康所必需者;……"由于GATT对该条规定并未细化,国际贸易中各国借保护生命健康之名,行贸易保护之实的情况非常普遍,GATT第20条所规定的一般例外条款被滥用的情况严重。

不合理限制,但东京回合后国际贸易理论和政策界普遍认为标准守则对农产品贸易的约束不足。20 世纪 80 年代出现了一些有关卫生检疫的贸易争端,其中包括美国与欧共体的荷尔蒙牛肉争端,①但是这些争端中没有一个在 GATT 的争端解决机制下得以解决,GATT 对卫生检疫措施的约束力因此受到普遍的怀疑。

乌拉圭回合农业谈判是导致《实施卫生与植物卫生措施协议》(*Agreement on the Application of Sanitary and Phytosanitary Measures*,以下简称《SPS 协议》)产生的直接原因。由于乌拉圭回合将进行农业谈判,第一次将农产品贸易中的非关税壁垒纳入国际约束,于是许多国家担心一些国家会为保护国内农业部门利益而使用卫生检疫措施来限制进口竞争。因此,1986 年发动乌拉圭回合的埃斯特拉部长宣言提出的谈判目标之一是"最小化卫生检疫法规与壁垒对农产品贸易的负面影响",在乌拉圭回合最初的谈判中,卫生检疫措施也一直是作为农业协议的一部分谈判的。但是随着谈判的深入,谈判各方认识到由于卫生检疫措施涉及风险评估,且因贸易商品的来源不同而不同,这不符合 GATT 的最惠国待遇和国民待遇原则,因此无法纳入新的《TBT 协议》,需要一个独立的《SPS 协议》。于是,GATT 于 1988 年设立了一个单独的工作组草拟《SPS 协议》,124 个国家政府参与了 SPS 谈判,最终于乌拉圭回合谈判结束时达成了《SPS 协议》,形成了有关卫生检疫措施的实体和程序规范,与《TBT 协议》一起成为乌拉圭回合一揽子多边协议的组成部分。

二、《TBT 协议》的主要内容、基本原则

(一)主要内容

《TBT 协议》分为正文和附件两大部分。正文包括总则、技术法规与标准、合格评定、信息与援助、机构和磋商及争端解决以及最后条款等六个方面的规定,共有 15 个条款。3 个附件分别是附件 1《本协议术语与定义》、附件 2《技术专家小组》、附件 3《关于标准的制定、采纳和实施的良好行为守则》。

---

① 1988 年欧共体禁止对用来宰杀和食用的牛使用催肥的激素物质(荷尔蒙),致使美国牛肉出口受阻。美国认为欧共体的措施是贸易壁垒。但欧共体认为其措施是为了保护人类的生命健康,并与生产和加工的方法有关,不属于《TBT 协议》适用的范围。该案也是现行的《TBT 协议》将范围扩展到加工和生产方法的重要原因。

1. 协议的宗旨

协议在序言中明确了协议的宗旨：是"期望促进 GATT 1994 目标的实现；期望保证技术法规和标准，包括对包装、标志和标签的要求，以及对技术法规和标准的合格评定程序不给国际贸易造成不必要的障碍"。

协议肯定了技术性贸易壁垒的合法地位，"认识到国际标准和合格评定程序可以通过提高生产效率和便利国际贸易的进行而在这方面作出重要贡献；因此期望鼓励制定此类国标准和合格评定程序；但是认识到不应阻止任何国家在其认为适当的程度内采取必要措施，保证其出口产品的质量，或保护人类、动物或植物的生命或者健康及保护环境，或防止欺诈行为，但是这些措施的实施方式不得构成在情形相同的国家之间进行任意或不合理歧视的手段，或构成对国际贸易变相限制，并应在其他方面与本协议的规定相一致"。

简而言之，正常的技术法规、标准和合格评定程序对提高生产效率和便利国际贸易有着非常重要的意义，是符合人类发展目标的，是合法的。《TBT 协议》要限制的是以合法形式掩盖非法目的的 TBT 措施，防止 TBT 措施对国际贸易自由化带来危害。

2. 协议适用的范围

《TBT 协议》第 1 条规定了协议适用的范围：协议"调整所有的产品，包括工业品和农业品"，但"政府机构为其生产或消费要求所制定的采购规格不受协议的约束，适用《政府采购协定》"。"卫生与植物卫生措施不适用该协议，适用《SPS 协议》"。协议"调整所有的技术法规、标准和合格评定程序"。附件 1《本协议术语及其定义》进一步规定：协议与 ISO/IEC 指南 2 适用的范围不同，后者涵盖产品、工艺和服务。而该协议只适用于与产品或工艺和生产方法有关的技术法规、标准和合格评定程序。

3. 地方政府机构和非政府机构的义务

协议将技术法规按照制定或执行机关的不同分为：中央政府机构制定、采用和实施的技术法规和地方政府机构及非政府机构制定、采用和实施的法规两类。并在附件 1《本协议术语及其定义》中说明：中央政府机构是指中央政府、中央政府各部或各部门或所涉活动受中央政府控制的任何机构。并进一步解释，对欧共体适用有关中央政府机构的规定。但欧共体内部可以建立区域机构或合格评定程序，在此种情况下，应遵守协议关于区域机构或者合格评定程序的规定。协议中的地方政府机构是指中央政府机构以外的政府机构（如州、省、地、郡、县、市等），其他各部或部门或所涉活动受此类政府控制的任何机构。非政府机构是指中央政府机构和地方政府机构以外的机构，包括有执行技术法规的法定权力的非政府机构。

各成员应该采取其所能采取的合理措施,保证地方政府机构和非政府机构遵守协议的内容,但免除其通知义务。各成员不得采取要求或者鼓励其领土内的地方政府或非政府机构实施与协议规定不一致的措施。

4. 关于标准的制定、采纳和实施的良好行为守则

协议规定技术法规和标准的制定不应按照产品设计或描述特征为基础来制定,各成员应当按照产品的性能来制定技术法规。《TBT 协议》附件 3《关于制定、采用和实施标准的良好行为规范》规定,标准化机构应该保证不制定、不采用或不实施在目的或效果上给国际贸易制造不必要障碍的标准。协议仅对中央政府构成约束,地方政府或非政府标准机构并无义务接受其约束。而附件 3 则明确要求各成员方应保证中央政府的标准化机构接受并遵守该守则,同时采取措施保证地方政府或非政府标准化机构也接受并遵守该守则,而且明确规定各成员方遵守协议的义务并不以接受该协议为前提。这一规定实质上将非政府机构的标准化机构纳入了协议管辖的范围。

(二)基本原则

1. 非歧视原则

非歧视原则是 WTO 最重要的基本原则之一,包括国民待遇、最惠国待遇原则两个方面。

《TBT 协议》第 2 条规定:各成员应保证在技术法规方面,给予源自任何成员领土进口的产品不低于其给予本国同类产品或来自任何其他国家同类产品的待遇。

协议认识到发展中国家在制定和实施技术法规、标准及对技术法规和标准的合格评定程序方面可能遇到特殊困难,并期望对它们在这方面所作的努力给予协助。对参加本协议的发展中国家成员提供差别和更优惠待遇。各成员认识到不应期望发展中国家成员使用不适合其发展、财政和贸易需要的国际标准作为其技术法规或标准,包括实验方法的依据。

2. 避免不必要的贸易壁垒原则

《TBT 协议》第 2 条规定:各成员应保证技术法规的制定、采用或实施在目的或效果上均不对国际贸易造成不必要的障碍。技术法规对贸易的限制不得超过为实现合法目标所需要的限度,同时考虑合法目标未能造成的风险。此类合法目标特别包括:国家安全要求、防止欺诈行为、保护人类健康或安全、保护动物或植物的生命或健康及保护环境。

3. 协商一致原则

《TBT 协议》第 2.4 条规定:如需制定技术法规,而有关国际标准已经存在或者即将拟就,则各成员应使用这些国际标准或其中的相关部分作为其技术法规的基础,除非这些国际标准或其中的相关部分对达到其追求的合法目标无效或不适当,例如由于基于其后因素或地理因素或基本技术问题。第 2.6 条规定,为在尽可能广泛的基础上协调技术法规,各成员应在其力所能及的范围内充分参与有关国际标准化机构就各自已采用或准备采用的技术法规所涵盖的产品制定国际标准的工作。对于标准也是一样,附件 3《关于制定、采用和实施标准的良好行为规范》规定,标准化机构应当以适当方式,在力所能及的范围内,充分参与有关国际标准化机构就其已采用或与其采用标准的主题制定国际标准的工作。

4. 等效原则

《TBT 协议》第 2.7 条规定:只要其他成员国的技术法规能够实现与本国法规相同的目标,即使这些法规与本国的法规不同,缔约方也应积极考虑等效采用。

等效原则是对协调一致原则的补充,因为国际标准存在协调不一致的情况,各国采用或者执行的国际标准有可能也因客观原因的不同存在一定的差异,等效原则是一个弥补。

5. 透明度原则

透明度原则是世界贸易组织中最重要的原则之一。《TBT 协议》第 2.9 条规定:当某成员国提出的技术法规中的技术内容与相应国际标准的技术内容不一致,或没有相应的国际标准,并且该技术法规对其他成员国的贸易可能有重大影响时,则该成员国应该在早期适当阶段,以能够使其他成员中的利害关系方知晓的方式,在出版物上发布有关提议采用某一特定技术法规的通知;通过秘书处通知其他成员拟议的法规所涵盖的产品,并对拟议的法规的目的和理由作出简要说明。此类通知应在早期适当阶段作出,以便进行修正和考虑提出的意见。协议第 2.11 条规定:各成员应保证迅速公布已经采用的所有技术法规,或以可使其他成员中的利害关系方知晓的其他方式提供。为了保障透明度原则的实现,协议第 10 条规定:每一成员应保证设立咨询点,能够回答其他成员和其他成员中的利害关系方提出的所有合理询问。

为了保护最不发达国家的利益,协议规定:缔约方应要求,应将技术法规的准备情况通报给其他缔约方,特别要通报给发展中国家;缔约方应就建立国家标准化机构和参加国际标准化机构向其他缔约方提供技术协助及咨询;对其他缔约方建立合格评定机构问题、生产厂为进入该缔约方境内政府或非政府机构合格评定程序所应采取的步骤以及参加国际或区域性合格评定程序机构等问题提供技术协助或咨询,并应优先考虑最不发达国家。

6. 互认原则

这一原则的重要性体现在合格评定程序方面。为了避免重复测试、检验与认证构成的不必要的贸易壁垒,协议要求,如果其他成员方的合格评定程序能充分实现相同的合法目标,成员方应接受其合格评定程序的结果。协议第6.3条鼓励各成员应其他成员请求,就达成相互承认合格评定程序结果的协议进行谈判。

三、《SPS 协议》的主要内容、基本原则

(一)主要内容

《SPS 协议》包括正文的 14 个条款和 3 个附件两大部分。3 个附件分别是附件 A《定义》、附件 B《卫生检疫法规的透明度》以及附件 C《控制、测试与批准程序》。

1. 协议的宗旨

《SPS 协议》的宗旨是保证各成员方有权采取为保护人类、动植物的生命或健康所必需的卫生检疫措施,但这些措施不能背离现有的科学证据,也不能对国际贸易构成变相的限制;期望通过建立一个规则和纪律的多边框架来指导各成员方对卫生检疫措施的制定、采纳和实施;期望将卫生检疫措施对贸易的负面影响减小到最低程度。

严重的动植物病虫害疫情将给一国造成不可挽回的损失,例如 1937 年甘薯黑斑病从日本传入我国辽宁省盖县,几年后就蔓延到国内七个省市,至今我国几乎所有地区都有此病发生,估计每年造成烂薯 50 亿公斤,人畜由于食用烂薯后引起的死亡也不乏其例。① SPS 措施的积极效用就是可以有效避免各国受到动植物病虫害疫情的侵害。但 SPS 措施也可以成为贸易保护主义的外衣,成为事实上的贸易壁垒,阻碍贸易自由化的进程。所以《SPS 协议》的宗旨既要满足保护人类、动植物生命健康的要求也要防止对国际贸易的变

---

① 姚文国主编:《国际多边贸易规则与中国动植物检疫》,法律出版社 1997 年版,第141 页。

相限制。

2. 协议的适用范围

协议附件 A 将卫生与植物检疫措施定义为用于下列目的的任何措施：第一，保护成员境内的动物或植物的生命或健康免受病虫害、带病有机体或治病有机体的传入、定居或传播产生的风险。第二，保护成员境内的人类或动物的生命或健康免受食品、饮料或饲料中的添加剂、污染物、毒素或致病有机体所产生的风险。第三，保护成员境内的人类的生命或健康免受动物、植物或动植物产品携带的病害，或虫害的传播产生的其他损害。第四，防止或限制成员境内因虫害的传入、定居或传播产生其他损害。

规定卫生与植物卫生措施包括所有相关法律、法令、法规、要求和程序，特别包括：最终产品标准；工序和生产方法；检验、检查、认证和批准程序；检疫处理，包括与动物或植物运输有关的或与在运输过程中为维持动植物生存所需物质有关的要求；有关统计方法、抽样程序和风险评估方法的规定；以及与粮食安全直接有关的包装和标签要求。

3. 必须的检疫措施的界定

协议界定了"必须的检疫措施"，必须满足三个条件：第一，采取的检疫措施，只能适用于保护动植物的生命和健康的范围。第二，应以科学原理（国际标准、准则或建议）为依据，如果缺少足够的依据，则不应该采取这些检验检疫措施。第三，不应对情况相似的缔约国构成歧视，对贸易形成变相的阻碍。

4. 基本权利和义务

协议规定了各成员方的基本权利和义务，包括：成员有权采取为保护人类、动物或植物的生命或健康所必需的动植物卫生检疫措施，但这类措施不应违背协议的有关规定；各成员应确保任何动植物卫生检疫措施的实施不超过为保护人类、动物或植物的生命或健康所必须的程度，并以科学原理为依据，如无充分的科学依据则不再实施，但在有关证据充分的情况下，一成员可以根据获得的有关信息，包括来自有关国际组织以及其他成员实施的卫生与检疫措施的信息，临时采取卫生与检疫措施。在此情况下，各成员应寻找获得更加客观地进行风险评估所需的额外信息，并在合理期限内实施卫生与检疫措施；各成员应确保其动植物卫生检疫措施不在情形相同或情形相似的成员之间，包括在成员自己境内和其他成员领土之间构成任意或不合理的歧视。动植物卫生检疫措施的实施不应对国际贸易构成变相的限制。

规定符合协议有关条款规定的动植物检疫措施，应被认为符合各成员在《GATT1994》中有关实施动植物卫生检疫措施的义务，特别是第 20 条第（b）

款的规定。即《GATT 1994》第 20 条规定的一般例外：由保障人民、动植物的生命或健康所必须采取的措施。

（二）基本原则

非歧视原则和透明度原则作为 WTO 的重要原则，也在《SPS 协议》得以体现。协议规定各成员方在实施卫生检疫措施时不对具有类似或相同条件的成员方构成任意或不合理的歧视。附件 B 专门对透明度问题作了规定。要求各成员方的有关卫生检疫措施的信息具有透明度，规定成员方有义务及时公布与通报所有提议与拟实施的卫生检疫措施。与《TBT 协议》一样，《SPS 协议》为了实现协议的目的，也要求成员方中央政府机构负责卫生检疫措施的通报，将拟实施的尚无国际标准或与国际标准有实质性不同，并可能对其他成员的贸易有严重影响的措施通知 SPS 委员会，以便其他成员进行评议，并对其意见加以考虑。并进一步规定，如果遇到紧急情况或威胁时，成员方可以立即采取进口禁止等法规，但之后仍要通过秘书处向其他成员方通报，简要说明所采取法规的理由以及紧急问题的性质。除此之外，《SPS 协议》还有一些有代表性的原则。

1. 科学证据原则

《SPS 协议》第 2.2 条规定各成员应保证任何卫生与植物卫生措施仅在为保护人类、动物和植物的生命健康所必需的限度内实施，并根据科学原理，如无充分的科学依据则不再维持，但第 5.7 条规定的情况除外。第 5.7 条规定，在有关科学证据不充分的情况下，一成员可根据获得的有关信息，包括有关国际组织以及其他成员实施的卫生与植物卫生措施的信息，临时采取卫生与植物卫生措施。在此种情况下，各成员应寻求获得更加客观地进行风险评估所必需的额外信息，并在合理期限内据此审议卫生与植物卫生措施。另外，在第 3 条中也提出科学性的要求，规定如存在科学理由，或一成员依照第 5.1 条至第 5.8 条的有关规定确定动植物卫生的保护水平是适当的，则各成员可采用或维持比据有关国际标准、指南或建议制定的措施所可能达到的保护水平更高的卫生与植物卫生措施。另外，第 4 条的等效性认定、第 5 条的风险评估和适当的卫生与植物卫生保护水平的确定、第 6 条非疫区和病虫害低度流行区的定义也要求以科学为依据。

简而言之，所谓的科学依据就是实施任何卫生与植物卫生措施必须有科学依据，并且建立在风险评估的基础之上。如果存在国际标准，则必须按照国际标准实施；如果没有国际标准，或者所采取的措施高于国际标准，则必须以

风险评估的结果为依据;如果采取临时性措施,则必须符合在相关科学证据不充分的情况下,措施依据了可以获得的科学证据、在适当期限内应对其措施进行科学审议等条件。

2. 风险评估原则

《SPS协议》第5条规定了风险评估和适当的卫生与植物卫生保护水平的确定。规定成员方有权制定、采纳与实施不同于国际标准的卫生检疫措施,但必须具有科学证据,以风险评估为基础。风险评估成为各成员在制定和实施SPS措施的科学基础或决策依据。协议还要求各成员方尽可能参考有关国际标准组织的风险评估方法。风险评估原则与科学证据原则相互依存,协议第5.2条规定,进行风险评估时各成员应考虑可获得的科学证据;有关工序和生产方法;有关检查、抽样和检测方法;特定病害或虫害的疫区流行;病虫害非疫区的存在;有关生态和环境条件;以及建议或其他处理方法。

3. 等效原则

《SPS协议》第4条规定:如果其他成员方的卫生检疫措施被证明达到进口国要求的保护水平时,成员方应接受其他成员的措施作为卫生检疫的等效措施,即使这些措施不同于进口成员自己的措施,或者不同于从事相同贸易的其他成员的措施。应给予进口成员进行检查、检验及其他相关程序的合理机会。为解决成员国之间卫生检疫措施的等效问题,协议鼓励各成员方就此问题进行磋商以达成多边或双边协议。

各国为了达到一定的动植物健康水平能够采取的方法千差万别,这也就是说为了达到统一检测标准能够采用的SPS措施可以是多种多样的。适当的动植物卫生保护水平是等效原则产生的基础。适当的动植物卫生保护水平是指WTO成员在利用SPS措施保护本国境内动物、植物和人类健康时认为适当的保护水平或可以接受的最低风险。如果其他国家采取不同的方法达到了同样的保护水平,则进口成员应该接受这种措施。

4. 协商一致原则

《SPS协议》第3条规定,为了能够在更广泛的基础上协调各国的卫生检疫措施,各成员国应该根据国际标准、指南或建议制定本国的卫生检疫措施;符合国际标准、指南或建议制定的措施,应被视为保护人类、动物或植物的生命或健康所必需的措施,并被视为与《SPS协议》和《GATT 1994》的规定相一致;如果存在科学理由,或成员依照第5条第1款到第8款的有关规定确定动植物卫生的保护水平是适当的,则各成员可以采用或维持比根据有关国际标准、指南或建议制定的措施所能达到的保护水平更高的卫生检疫措施。

尽管有以上规定,所产生的卫生检疫措施与国际标准、指南或建议制定的措施所实现的保护水平所不同的措施,均不得与《SPS 协议》中的其他规定相抵触。

四、《TBT 协议》和《SPS 协议》在中国的实施

《TBT 协议》和《SPS 协议》是 WTO 下多边贸易协定的重要组成部分,我国在《中华人民共和国加入世界贸易组织议定书》(以下简称《中国入世议定书》)中对技术性贸易壁垒和卫生与植物卫生措施进行了承诺。自我国加入 WTO 起,《TBT 协议》和《SPS 协议》就对我国的有关技术法规、标准、合格评定程序以及动植物卫生检疫措施的制定适用产生了深刻的影响。以下简单介绍一下我国在入世时对该问题的具体承诺。

《中国入世议定书》第 13 条第 1 款规定,中国应在官方刊物上公布作为技术法规、标准和合格评定程序依据的所有正式或者非正式的标准。

第 13 条第 2 款规定,中国应从加入时起,使所有技术法规、标准和合格评定程序符合《TBT 协议》。

第 13 条第 3 款规定,中国对进口产品实施合格评定程序的目的应仅为确定其是否符合与本议定书和《WTO 协定》规定相一致的技术法规和标准。只有在合同各方授权的情况下,合格评定机构方可对进口产品是否符合该合同的商业条款进行合格评定。中国应保证此种针对产品是否符合合同商业条款的检验不影响此类产品通关或进口许可证的发放。

第 14 条第 4 款(a)项规定,自加入时起,中国应保证对进口产品和国产产品适用相同的技术法规、标准和合格评定程序。为保证从现行体制的顺利过渡,中国应该保证从加入时起,所有认证、安全许可和质量许可机构和部门获得既对进口产品又对国产产品进行此类活动的授权;加入 1 年后,所有合格评定机构和部门获得既对进口产品又对国产产品进行合格评定的授权。对机构和部门的选择应由申请人决定。对于进口产品和国产产品,所有部门应采用相同的标志、收取相同的费用。它们还应提供相同的处理时间和申诉程序。进口产品不得实行一种以上的合格评定程序。中国应公布并使其他 WTO 成员、个人和企业可获得有关合格评定机构和部门相应职责的全部信息。

第(b)项规定,不迟于加入后 18 个月,中国应仅根据工作范围和产品种类,指定其各合格评定机构的相应责任,而不考虑产品的原产地。指定给中国

各合格评定机构的相应职责在入世后 12 个月通知 TBT 委员会。

第 14 条规定,中国应在加入后 30 天内,向 WTO 通知其所有有关卫生与植物卫生措施的法律、法规及其他措施,包括产品范围及相关国际标准、指南和建议。

第三节 技术性贸易壁垒及其应对

一、技术性贸易壁垒的表现形式及其特征

(一)表现形式

对于技术性贸易壁垒的主要表现形式,也如对技术性贸易壁垒的定义一样,在内涵和外延的界定上存在许多分歧。例如,有的学者认为技术性贸易壁垒的表现形式包括食品卫生法规,涉及人身安全的法规、商标和标签及其他技术壁垒;[①]有的学者认为其表现形式包括技术法规与标准、合格评定程序、卫生检疫措施以及包装和标签要求。[②]

从国际贸易中技术性贸易壁垒的历史来看,对产品的质量认证与安全认证制度,标准是其最早的形式,然后才有了相关的法律法规。例如,1903 年英国制定了风筝标志,到 1919 年才颁布了《商标法》规定,对产品质量进行检验,只有符合英国国际标准学会 BS 标准才能配以风筝标志,从此风筝标志成为国际贸易史上第一个质量认证标志。卫生检疫措施是从国际港口执行卫生检查的临时措施发展到单项禁令进而发展为综合性法规的。由于国际贸易水平的限制,早期的病虫害和危险性疫情的越境传播渠道单一,范围狭小,只要对某种单一的货物采取禁令即可达到控制传播的目的。最早的植物检疫法规是法国里昂地区在 1660 年为防治小麦秆锈病而颁布的铲除、禁止小檗传入的法

---

① 刘耀威:《竞争优势新要素——国际贸易标准化规范与实施》,中国经济出版社 1997 年版,第 31~33 页。

② 张海东:《技术性贸易壁垒与中国对外贸易》,对外经济贸易大学出版社 2003 年版,第 27~31。

令。① 19 世纪末 20 世纪初随着国际贸易的发展,各国建立起系统的检验检疫法律制度,例如,英国于 1877 年制定了《危险性昆虫法》,1907 年制定了《危险性昆虫及其他有害性生物法》,1967 年制定《植物保护法》,1980 年制定《进出口植物保护条例》。②

根据《TBT 协议》的规定,技术法规和标准中已经包括了关于适用于产品、工艺和生产方法有关的专门术语、符号、包装、标志或标签的要求的技术法规和标准。那么卫生检疫措施是否是独立于技术法规、标准和合格评定程序的措施?其答案也是明确的,卫生检疫措施的表现形式也是技术法规、标准和合格评定程序。《SPS 协议》在乌拉圭回合以前是涵盖在《TBT 协议》之下的,《SPS 协议》所调整的措施可以说是被特定化了的 TBT 措施。③《TBT 协议》为我们准确地概括措施的表现形式,即技术法规、标准和合格评定程序。不论是食品卫生法规还是涉及人身安全的法规、卫生检疫措施以及包装和标签要求,都可以归属于技术法规、标准和合格评定程序。

所以我们认为技术性贸易壁垒是指在国际贸易中,成员方为了保护国家或地区安全、保护人类健康和消费者权益、防止欺诈行为、保证产品质量、保护环境和动植物安全,制定、采用和实施的各项技术法规和标准以及合格评定程序。

《TBT 协议》附件 1《本协议术语及其定义》规定:技术法规是"指规定强制执行的产品特性或其相关工艺和生产方法,包括适用的管理规定在内的文件。该文件还可包括专门适用于产品、工艺或生产方法的专门术语、符号、包装、标志或标签要求"。

标准是指"经公认机构批准的、规定非强制执行的、供通用或重复使用的产品或相关工艺和生产方法的规则、指南或特性的文件。该文件还可包括专门关于适用于产品、工艺或生产方法的专门术语、符号、包装、标志或标签要求"。这里的标准与 ISO/IEC 指南 2 中的标准不同,后者的标准"可以是强制性的,也可以是自愿的"。而该协议的标准"被定义为自愿的,技术法规被定义为强制性文件"。

---

① 许志刚:《植物检疫学》,中国农业科技出版社 1999 年版,第 5 页。
② 肖冰:《〈实施卫生与植物卫生措施协定〉研究》,法律出版社 2004 年版,第 35~57 页。
③ 肖冰:《〈实施卫生与植物卫生措施协定〉研究》,法律出版社 2004 年版,第 79~100 页。

合格评定程序是指"任何直接或者间接用以确定是否满足技术法规或标准中的相关要求的程序。合格评定程序特别包括：抽样、检验和检查；评估、验证和合格保证；注册、认证和批准以及各项的组合"。

从技术法规与标准的关系来看，技术法规是国际贸易中的强制性标准，市场主体必须遵守技术法规；而标准是非强制性标准，市场主体可以选择自己适用。但在国际贸易中，技术标准的自愿往往表现出强制性。例如，美国使用的是三相插头，日本使用的是两相插头，虽然插头的标准是自愿的，但按日本标准生产的插头显然不可能在美国占有市场。而美国的汽车要想进入日本也并非易事。日本有关汽车生产及其零部件生产的标准来自日本丰田、三菱和本田等大公司的标准，在零件的尺寸等各方面与美国的标准差距较大，美国车要在日本有销路，必须被动接受日本的标准。这些事实上的标准是实质上的强制性贸易壁垒。

在进出口贸易中，出口方可以选择使用国际标准、本国标准和进口国标准生产。发达国家因为在技术上占有优势，在其国内制定较高的标准客观上限制了其他国家产品的进入。这也就不难理解在国际标准制定过程中，发达国家争夺标准制定控制权的目的所在。

（二）特征

1. 合法隐蔽，目标复杂

技术性贸易壁垒最初的目标并非贸易限制，但客观上发挥了限制贸易的作用，成为贸易保护主义的利器。保护国家安全、防止欺诈、保护消费者权益、保护动植物生命和健康、保护环境等公共目标的存在为技术性贸易壁垒的存在提供了合法性基础。WTO即使以贸易自由为目标，也无法否认各成员国技术性贸易壁垒存在的合理性和必要性。

在复杂的合法目标的掩护下，很多国家制定了针对性很强的技术法规、标准与合格评定程序，以一种隐蔽的方式客观上起到了限制贸易自由的作用。例如，以保护消费者的健康安全为由，美国和新西兰禁止利用干草、稻草、谷糠等作为包装或填充材料，在某些情况下，这类包装材料只有在提供了消毒证明后才允许使用。法国为了阻止英国糖果的进口而规定禁止含有红霉素的糖果进口，而英国的糖果普遍采用红霉素染色剂制造。

2. 数量繁多，要求严格

随着国际贸易的增多以及技术密集型产品数量的大幅度上升，国际贸易中的技术法规和标准名目繁多。欧洲拥有的技术标准就有10万多个。德国目前应用的工业标准就达 1.58 万种,而且这些标准大多等同于国际标准。[①]由于科学技术水平在国家间的不平衡,所以发达国家在技术上的领先优势也转化成在技术标准上的优势。这些技术优势又可以通过技术法规成为强制性技术标准。在这样的循环中,技术发达国家更倾向于制定严格的技术法规和标准来保护本国的贸易利益。对于技术相对落后的发展中国家来说,其在与发达国家的竞争中往往处于劣势,更容易受到技术性贸易壁垒的影响。

3. 公权私权界限模糊

技术法规、标准与合格评定程序应该属于公权的范畴,不能成为实现私权利的工具。但随着技术贸易壁垒与知识产权关系的密切,"一流企业卖标准、二流企业卖专利、三流企业卖产品"已成为一种共识。一项专利的影响只在产品范围之内,而一个技术标准则决定了一个产业。有学者将其形象地描述为专利"俘虏"了标准。[②] 所谓专利"俘虏"了标准,主要指在标准制定中专利技术被写进技术标准或者专利权人将隐瞒的专利技术写进技术标准谋取专利使用费的情形。掌握知识产权的大公司不仅获得了知识产权保护的利益,而且还获得了标准制定的利益。欧盟新的《打火机安全标准法案》(简称 CR 法案)就是一例将"安全锁"专利写入打火机安全标准,以安全目标为合法形式,提高中国打火机企业进入欧洲市场门槛的措施。企业标准优势取得的基础是强大的技术力量。

二、发达国家的技术性贸易壁垒

(一)美国

美国联邦政府、州政府和非政府机构、专业学会、行业协会都是美国技术法规、标准和合格评定程序的制定者。所制定的技术法规、标准和合格评定程序的适用范围几乎覆盖了所有进入美国的产品,极大地制约了进口商品的市场竞争力。

---

① 吴海林:《贸易与技术标准国际化》,经济管理出版社 2004 年版,第 15 页。夏富友:《技术性贸易壁垒体系与当代国际贸易》,载《中国工业经济》2001 年第 5 期。

② 安佰生:《国家标准化战略的经济学分析》,博士论文,转引自何鹰:《对外贸易中的技术性贸易措施法律问题研究》,法律出版社 2006 年,第 17 页。

美国的技术法规主要集中在环境保护、人类健康和维护国家安全等各个方面。例如,在食品和药品安全领域,美国制定了《食品、药品、化妆品法》《公共卫生服务法》《公平包装和标签法》《婴儿药法》《婴儿食品法》等技术法规。美国对进口商品的要求制定了各种法律规范。例如《联邦危险品法》、《有毒物质防护包装法》、《易燃纤维法》、《联邦肉类检验法》、《联邦种子法》、《联邦植物虫害法》、《动物福利法》等。与此相适应,美国在港口建立了完善的合格评定程序。美国食品与药品管理局(FDA)主管所有进入美国市场的食品、药品、化妆品等商品的检验检疫,对不符合美国标准的产品将不得入境。

另外,美国也利用自己的技术优势制定较为严格的高技术要求的标准来限制产品的进口。例如,美国从 1997 年开始相继对进口水产品、肉类、蔬汁类产品实施"危险分析和关键控制点"(HACCP)管理的强制要求。将对产品的控制从流通领域扩大到了生产和加工领域。美国还在《空气进化法》和《防污染法》中明确规定,所有进口汽车都必须安装防污装置。这些苛刻的技术标准,设置了贸易壁垒,提高了其他国家产品进入美国的成本。

除了政府的技术法规,美国还有名目繁多的行业标准,私营的标准机构、专业学会和行业协会都制定了大量的标准。这些自由参加编写和采用的标准涉及的产业领域非常广泛。美国国家标准协会是美国自愿标准体制的协调者,其本身并不制定标准。在美国私营的标准机构就有 400 多个。美国有 55种认证体系,如产品安全认证体系、FCC 等。非政府的标准机构与合格评定机构在美国的技术性贸易措施体系中扮演了重要的角色。某些产品除了联邦的技术性法规外,州还制定了本州的技术法规,再加有效的执法体系,形成了一套强制性标准和非强制性标准结合的标准体系,为美国的进出口贸易建起了强大的屏障。

(二)欧盟

欧盟理事会、欧盟委员会和欧洲议会是欧洲技术法规的制定者。欧盟理事会是欧共体的主要决策机构和立法机构,负责制定、公布新的共同体法律。欧洲委员会负责提出各项技术法规的立法议案,这些议案只有经过欧盟理事会的通过后,才能成为具有法律效力的法律规范。欧洲议会由共同体各成员国的代表组成,除了建立之初所担负的咨询和监督作用外,随着《欧洲单一法案》和《欧洲联盟条约》的生效,逐渐成为参与欧洲立法的重要机构。

欧盟的技术法规多以指令的方式存在,只有极少部分以条例或决定的形式出现。① 早期的欧盟技术协调指令由欧盟理事会作出，理事会通过指令及其附录对包括技术细节在内的所有问题作出规定。这样做虽然有利于推动欧盟的一体化进程，可是烦琐的技术细节使欧盟理事会制定的指令很难跟上技术发展的进程。1985 年欧盟理事会通过了《技术协调与标准新方法决议》，调整了技术指令的制定过程，欧盟理事会不再负责解决具体的技术问题，只对技术要达到的目标进行技术协调，并委托欧洲标准化组织完成技术标准的协调工作，确立了技术协调指令中标准采用的方法。欧盟理事会为了实施该决议，颁布了 25 个新方法指令。这些方法指令在规定的期限内转化到成员国的技术法规体系中实施。由于 1985 年以前欧盟已经制定了大量的技术协调指令，所以这些指令将继续有效存在。由于它们主要针对化学品、机动车等高危险性行业，所以在这些行业中今后的具体技术措施协调也继续使用旧的方法。即在欧盟内部形成了新旧两种技术协调指令的制定方法。

在欧盟的技术性贸易壁垒中，绿色壁垒的发展非常快。即以保护环境为名，通过制定强制性的环保技术标准，阻碍外国商品的进口。例如，欧盟《关于在电器电子设备中限制使用某些有害物质指令》要求在 2006 年 1 月 1 日后投放市场的电器和电子产品不得含有铅、汞等有害物质；《废弃电器电子设备指令》要求生产厂商在 2005 年 8 月 13 日后负责回收、处理废弃的电器和电子产品，并在投放的产品上加贴回收标签。而对农产品的限制更为严格，以保护人类与动植物的健康为名，欧盟对农产品的农药残留、放射性物质残留、重金属的含量等制定了更为苛刻的标准。由于技术条件和生产水平的限制，发展中国家的很多产品是无法达到这些标准的，所以这些指令在客观上形成了强大的贸易壁垒。

三、技术性贸易壁垒的应对

技术性贸易壁垒的应对是指面对本国出口贸易中所面临的来自他国的技

---

① 欧盟的法律由条例、指令和决定构成。条例是指具有普遍适用性、全面约束力的法律规范。条例具有直接的适用性，一经发布，直接对成员国的自然人和法人产生法律效力。指令的效力不同于条例。成员国采用何种形式和方法达到指令的目标，成员国可以自行选择。也就是说成员国要将指令转化为国内法后才对成员国产生法律效力。如果有关国家未遵守指令的期限将指令转化为国内法，则违反了成员国的义务。决定是指针对特定的成员国或者所有成员国发布的，或者针对特定的企业或者个人发布的法令，不具有普遍的实用性。

术性贸易壁垒所采取的国内措施。技术性贸易壁垒作为一种限制性的贸易措施，是阻碍我国对外贸易发展的市场准入屏障。中国企业要走向世界也将会面临各种技术性贸易壁垒，政府和企业必须以法律为依据积极采取行动，克服技术性贸易壁垒带来的危害。

（一）技术性贸易壁垒对我国贸易发展的影响

1. 技术性贸易壁垒成为出口产品市场准入的限制条件

发达国家凭借其经济和技术的垄断优势，通过立法和其他非强制性的手段制定了技术法规、标准和合格评定程序。虽然发达国家不直接限制产品的进入，但技术贸易性贸易壁垒实质上成为我国出口企业进入这些国家市场的市场准入的限制性条件。例如，美国联邦贸易委员会颁布了新的电光源标签要求，规定从 2011 年 6 月起在美国销售的电光源包装上须加贴新标签，不符合新标签要求的点光源不允许在美国境内销售。此项法规的实施将对我国电光源产业产生较大的影响，它要求产品在符合以往安全、性能等方面的标准、法规的基础上更加重视产品的生态化设计要求。这些要求从形式上看是为了追求更高的品质或者达到更高的环保水平，但从贸易自由角度来看实质上是提高了市场准入的条件，客观上发挥了阻碍外国产品进入该国的作用。

2. 技术性贸易壁垒严重制约了我国产品国际市场的竞争力

价格优势是我国产品在国际市场取得一席之地的重要优势之一。但随着发达国家技术性贸易壁垒的广泛使用，我国外贸企业为了获得市场认证、通过大量的检验、测试、评估等程序所要支付的费用大大提高。欧盟修改 DVD 技术标准后，我国企业出口到欧洲的 DVD 产品需要缴纳高昂的专利使用费，成本的提高大大制约了企业在国际市场的竞争力。而国际市场的丧失也使中国国内的 DVD 产业几乎全军覆没。有学者评论说，这些壁垒的存在说明，进入 WTO 后，并不是畅通无阻地打开了国际市场的大门，而是打开了中国企业、中国制造、中国产品、中国产业的炼狱大门。①

3. 技术性贸易壁垒制约了我国高新技术产业的发展

各国为了在新兴领域取得优势，都将目光瞄准高新技术产业内还没有形成国际标准的领域。希望通过制定国际技术标准，占领国际市场。新一轮贸易战实际上是高科技领域技术标准制定之战。发达国家在原有的国际技术标

---

① 黄家骅：《跨越技术壁垒，立足和平崛起》，载王志明主编：《跨越技术壁垒，提高开放水平》，经济科学出版社 2006 年版，第 150 页。

准领域的优势对发展中国家形成制约,限制了发展中国家在高新技术领域的发展。例如,有的学者指出,以德、英、法为主的欧洲国家和美国,一直将精力放在国际标准化和区域标准化活动上,企图长期控制国际标准化大权,并且不遗余力地把本国标准变成国际标准。按承担 TC/CS 技术秘书处数量和资助额计算,德国(DIN)在 ISO 的贡献率是 19%,英国(BSI)是 17%,美国(ANSI)为 15%,法国(AMOR)为 12%;德国、法国和英国在欧洲标准化机构 EN/CENELEC/ETSI 中所占份额分别是 28%、22% 和 21%。也就是说,只要将本国标准转化为国际标准,或者将本国的国家标准或行业标准转化为世界公认的标准,就可以在国际贸易中取得优势。①

技术标准中的许多标准实际上是取得专利权的技术方案,标准的许可实际上是专利技术的许可。我国作为发展中国家在进行技术水平的追赶的同时,还应该在技术标准化的制定上取得进步,只有参与到国际标准秩序中,争取发言权,才能保证在高科技领域产业化的进程中取得优势。

(二)应对技术性贸易壁垒的法律机制

技术性贸易壁垒的应对主要是指从出口国利益出发,采用必要的措施,使得本国的出口贸易免受他国技术性贸易壁垒的损害。总的来说,包括两个大的方面,第一是应对技术性贸易壁垒的标准化机制;第二是应对技术性贸易壁垒的法律机制。从应对技术性贸易壁垒的标准化机制来看,发达国家由于具有技术上的领先优势,所以依托强大的经济实力和技术创新能力,通过占据国际标准制定的主导地位,建立符合自己的国际安全利益、经济利益的国际标准秩序,实现符合自身利益的国际贸易秩序。而发展中国家,主要参照国际标准来制定自己的国家标准,或者直接采用国际标准,以减少在国际经济竞争中的经济损失。但随着国际标准和知识产权的不断融合,简单地参照国际标准制定国家标准,或者直接采用国际标准,也将导致相关产业掉入专利陷阱。本节主要从技术性贸易壁垒的法律救济出发,讨论应对技术性贸易壁垒的法律机制问题。

1. WTO 下的贸易争端解决机制

《TBT 协议》第 14 条和《SPS 协议》第 11 条规定了技术性贸易壁垒的"磋商和争端解决",根据协议的规定,有关技术性贸易壁垒的任何事项的磋商和

---

① 张平、马骁:《标准守则——论 WTO/TBT 协议》,载张平主编:《网络法律评论》(第三卷),法律出版社 2003 年版,第 19~31 页。

争端解决应在争端解决机构的主持下进行,并应遵循由《争端解决谅解》详述和适用的《GATT 1994》第 22 条和第 23 条的规定。

这里的《争端解决谅解》是指乌拉圭回合达成的 Understanding on Rules and Procedures Governing the Settlement of Dispute ,DSU 简称《争端解决谅解》。根据《争端解决谅解》的规定,该程序适用于《建立世界贸易组织协定》本身及其 4 个附件在除《贸易政策审议机制》以外的所有协议。这一争端解决机制起源于 1947 年《关税及贸易总协定》(GATT)第 22 条和第 23 条关于争端解决的程序。按照第 22 条的规定,任何缔约方对与 GATT 有关的事项,可以要求同其他缔约方进行协商。而被要求协商的缔约方应当尽可能迅速地提供适当的机会进行协商,以便就争端事项达成和解。如果争端各方之间的协商未能达成满意的结果,其中一缔约方请求缔约方全体介入时,缔约方全体可以邀请其他缔约方参加协商,以便增加通过协商解决争端的机会。第 23 条主要规定:如果一缔约方认为,由于另一缔约方未能实施其对 GATT 所承担的义务,或实施某种措施或情况,致使该缔约方根据 GATT 可获得的直接或者间接利益正在丧失或者受到损害,或者总协定的目标的实现受到了阻碍,则可以向有关的缔约方提出改变措施的书面建议或请求。有关缔约方应该对提出的请求或建议予以考虑。各有关缔约方如果在合理的期限内不能达成满意的调整办法,即可将争端提交缔约方全体处理。缔约方全体应立即研究,或向有关的缔约方提出适当检疫,或酌情作出裁决,如有必要还可以就问题与缔约各方、联合国经社理事会及有关政府间组织进行协商。缔约方全体在必要的情况下可以批准某缔约方按实际受损情况对有关的缔约方暂停履行总协定规定的义务,补偿利益损失。

1986 年发起的乌拉圭回合谈判在中期评审后通过了《关于对总协定争端解决机制规则和程序的改进》的决议,并在谈判结束时通过了《争端解决谅解》,该谅解作为一揽子文件列入乌拉圭回合谈判的最后文件,而此项文件对所有缔约方均有约束力。WTO 的争端解决机制与 GATT 的争端解决机制相比更加完善和有效。首先,WTO 建立了单一的争端解决体制。WTO 争端解决机制该变了 GATT 项下的争端解决机制比较分散的缺点,将该组织项下的所有协议的争端解决程序统一起来。其次,设立了专门的争端解决机构即 DSB。DSB 设立唯一有权解决争端的专家小组,是通过专家小组和上诉机构的报告和建议解决争端的权威机构,并负责监督对所通过的裁定和建议的实施。如果成员未能实施上述建议或裁定,则可以下令中止有关成员的减让。最后,通过"全体一致否认"的方式,提高了处理争端的速度和效率。按照

1947 年 GATT 关于争端处理的程序,专家小组的报告如果没有全体一致的同意就不能通过。"全体一致否认"的通过方式是指在通过专家小组的报告及有关的报复措施的决定时,只要不是全体一致反对,该报告就算通过。争端解决机制通过其有效执行的裁决解决了成员的贸易争端,降低了爆发贸易冲突的可能,为各成员提供了一个公平公正地解决经济贸易纠纷的场所,维护了多边贸易体制的稳定。①

2. 发达国家应对技术性贸易壁垒的机制

WTO 的争端解决机制只适用于各成员国之间因执行 WTO 协议而产生的争端。争端的主体并不适用于各成员所属的自然人或法人。从国内程序来看,发达国家普遍建立了应对贸易壁垒的法律机制,这些机制当然也适用于技术性贸易壁垒。应对贸易壁垒的主要方式就是贸易壁垒调查,其中最具代表性的就是美国的"301 条款"和欧共体的《贸易壁垒条例》(TBR)。贸易壁垒调查是指一国就其进出口产品或服务在其他国家或地区遭受的不公平待遇进行调查,并根据有关国内法律或者缔结的国际条约采取措施,是公民解决国际经济争端的国内程序。

美国的"301 条款"是指美国《1988 年综合贸易与竞争法》第 1301～1310 节的全部内容。这部分的内容是"实施美国依贸易协定所享有的权利和回应外国政府的某些贸易做法",分为一般"301 条款"、特别"301 条款"和超级"301 条款"。"301 条款"是一种单边的报复措施。当外国对美国的出口进行限制或者美国不满外国对美国产品的待遇时,美国出口商可以借助美国"301 条款",美国国家会授权贸易代表,以对外国进行报复施压,要求外国更加开放市场以实现市场准入。美国"301 条款"的核心内容有两个:即授权美国的贸易代表确定外国的某些法律、政策和做法;授权美国贸易代表在符合法定要求的情况下,对有关外国实施贸易制裁措施。② 美国《1974 年贸易法》第 302 节至307 节即《美国法典》第 19 编第 2412 节至 2417 节规定了"301 条款"发起的程序。美国"301 条款"可以由利害关系人提出申请或贸易代表自行发起。"第303 条规定",不论是利害关系人提出的申请还是贸易代表发起的调查,在发起调查的当天,美国贸易代表应代表美国,要求有关外国就调查案所涉及的问题进行磋商。磋商是调查的必经程序。只有在磋商不能达成一致时才能启动

① 于安:《WTO 国内实施读本》,中国法制出版社 2001 年版,第 26 页。

② 李明德:《"特别 301 条款"与中美知识产权争端》,社会科学文献出版社 2000 年版,第 12 页。

正式的争端解决程序。美国贸易代表应当在一定时间内作出是否对贸易伙伴进行制裁以及采取什么样的制裁的决定。美国贸易代表如果确定了贸易措施,就必须在 30 天内实施制裁措施。在某些特殊情况下可以延迟,但最长不能超过 180 天。美国"301 条款"为应对技术性贸易壁垒提供了明确的法律依据,并且具有较强的攻击性。

欧共体的贸易壁垒调查立法始于 1984 年欧共体理事会制定的《关于特别针对不当商业做法强化共同商业政策的条例》,该条例通常被称为"新贸易政策工具"(*New Commercial Policy Instrument*,NCPI)。由于 NCPI 并没有发挥预期的作用,1994 年欧共体理事会对 NCPI 作了重大修改,对 NCPI 进行了进一步完善,发布了《贸易壁垒条例》(*Trade Barrier Regulation*,TBR)。根据这种机制,欧洲共同体公司和工业界,甚至成员国,都有权请求欧洲共同体执委会,调查投诉并通过谈判达成双边协议或者提请 WTO 解决争端或者采取报复性措施,反击阻碍其进入第三国市场或欧共体市场的各种贸易障碍。TBR 是欧共体贸易保护法中旨在主要保护欧共体在第三国市场的贸易利益的首要法律手段。它不仅以美国贸易法 301 程序为蓝本(有"欧共体贸易法301 程序"之称),与 WTO 争端解决机制有密切联系,而且还是欧共体行使其根据国际贸易规则(特别是 WTO 协定所确定的国际贸易规则)所享有的各项权利的重要政策工具。①

TBR 的主要目的是确保共同体行使国际贸易规则赋予的权利。第一,对欧洲共同体市场造成影响的贸易壁垒作出反应,并消除由此造成的损害;第二,对于在非欧共体成员市场上造成的影响的贸易壁垒作出反应,并消除由此造成的不利贸易影响。在适用范围上既适用于进口贸易也适用于出口贸易。TBR 规定了两类申请人,即代表共同体产业的任何自然人、法人或不论是否具有法律人格的协会;代表一家或一家以上共同体企业的任何共同体企业或不论是否具有法律人格的协会。欧共体将遵循国际争端解决程序,只采取符合国际法的报复措施。在决策方面 TBR 加强执行委员会、理事会和成员国三方的平衡,只有获得法定多数票,理事会才会采取报复措施。TBR 通过磋商、对投诉的初步审查、内部审查、国际争端解决程序和对报复的审查等五步程序作为贸易壁垒调查的程序保障,规定了被告的单方面措施、双方友好达成的协议、诉诸 WTO 或其他国际机制和采取报复手段等救济手段。②

---

① 余敏友:《欧共体贸易壁垒条例(TBR)评述》,载《外国法译评》2000 年第 1 期。

② 蔡从燕:《中欧贸易壁垒调查立法比较研究》,载《中国法学》2003 年第 6 期。

3. 我国应对技术性贸易壁垒的现有机制

2002 年 9 月 23 日,原多外经贸部(现商务部)颁布了《对外贸易壁垒调查暂行规则》并于 2002 年 11 月 1 日起实施。但是当时的《中华人民共和国对外贸易法》(以下简称《对外贸易法》)中并没有关于对外贸易壁垒调查的规定。所以这个暂行规定从法律上来说似乎缺少法律授权的依据。2004 年江苏省紫菜协会依据《对外贸易壁垒调查暂行规则》提出了对日本紫菜管理措施发起的贸易壁垒调查,被称作"紫菜案"。经过调查和磋商,2005 年 2 月 21 日,日本政府宣布自 2005 年取消进口紫菜原产国的限制。2005 年 2 月 28 日,商务部发布了《关于紫菜案终止调查公告》。

2004 年 7 月 1 日修改后的《对外贸易法》在第 7 章规定了"对外贸易调查"制度。《对外贸易法》第 37 条规定,为了维护对外贸易秩序,国务院对外贸易主管部门可以自行或者会同国务院其他有关部门,依照法律、行政法规对有关国家或者地区的贸易壁垒进行调查。《对外贸易法》第 38 条、第 39 条规定了对外贸易调查的基本工作方法。启动对外贸易调查,由国务院对外贸易主管部门发布公告。调查可以采取书面问卷、召开听证会、实地调查、委托调查等方式进行。国务院对外贸易主管部门根据调查结果,提出调查报告或者作出处理裁定,并发布公告。有关单位和个人应当对对外贸易调查给予配合、协助。包括国务院对外贸易主管部门和国务院其他有关部门及其工作人员进行对外贸易调查进行配合协助,并对知悉的国家秘密和商业秘密负有保密义务。《对外贸易法》第 8 章规定了贸易救济措施,第 40 条规定国家根据对外贸易调查的结果,可以采取适当的对外贸易救济措施。

《对外贸易法》修改后,结合"紫菜案"实践积累的经验,2005 年商务部对规则进行了修改,出台了《对外贸易壁垒调查规则》,并于 2005 年 3 月 1 日正式实施。它的颁布标志着我国已经初步建立起了贸易壁垒包括技术性贸易壁垒调查工作的程序规范,在我国贸易救济体系中形成了世界贸易组织下的争端解决机制和国内贸易壁垒调查的双重救济制度。[①]《对外贸易壁垒调查规则》分为 5 章共 37 条。第 1 章总则中规定了我国制定对外贸易壁垒调查规则的目的是开展和规范对外贸易壁垒调查工作,消除贸易壁垒对我国对外贸易的影响,促进对外贸易的发展。由商务部负责,商务部指定进出口公平贸易局负责实施。规定了视为贸易壁垒的两种情形:第一种是违反该国(地区)与我

[①] 曲婷:《解读我国〈对外贸易壁垒调查规则〉》,载《中共山西省委党校学报》2006 年第 5 期。

国共同缔结或者共同参加的经济贸易条约或者协定,或者未能履行与我国共同缔结或者共同参加的经济贸易条约或者协定规定的义务;第二种是对我国产品的市场准入或者竞争力造成限制或者损害或者对该国产品进入我国进行阻碍和限制的情形。国内企业、国内产业或代表国内企业或国内产业的自然人、法人或其他组织可以发起贸易壁垒调查。第2章、第3章和第4章则对贸易调查的申请、审查、立案、调查与认定等程序进行了规定。

思考题

1. 标准化在国际贸易中的作用有哪些?

2. WTO 中标准的含义是什么?

3.《TBT 协议》和《SPS 协议》的宗旨是什么?

4. 谈谈我国应对技术性贸易壁垒可以利用的法律机制有哪些?

经典事案评析

一、专利技术标准化及其所涉及的反垄断问题：Rambus 关于存储器标准的专利侵权系列诉讼

【案情介绍】

(一)Rambus 与 JEDEC(Joint Electron Device Engineering Council)①存储器标准的制定

Rambus 公司于 1990 年 3 月成立,成立一个月后,提出了一项关于发明 Rambus 存储器技术的专利申请。作为一家技术公司,Rambus 主要通过专利授权作为基本的商业模式,并不生产存储器产品。

1991 年年末,Rambus 以非会员的身份首次参加了标准化组织 JEDEC 关于新型 DRAM 内存标准制定的会议。1992 年 7 月,Rambus 正式加入 JE-DEC。此时,Rambus 公司的内存技术已经得到了认可,其新型的 Rambus DRAM 已经得到包括日本富士通公司、东芝公司和 NEC 公司的采用。

1993 年,JEDEC 完成了 Synchronous DRAM(SDRAM)标准的制定工作,在 SDRAM 成为内存标准之后,Rambus 获得了与标准相关的技术专利。

1996 年 6 月,Rambus 向 JEDEC 提交了一封信,表明公司准备退出该组织,并声明自己已经拥有了 SDRAM 标准相关的技术专利。当时,基于 SDRAM 标准的 PC 66/100 规格已经完成,芯片厂家已经开始投入生产。1996 年 12 月,JEDEC 开始制定 SDRAM 的新版本,即 Double Data Rate

---

① JEDEC 是一个以促进电子元器件及其相关产品的发展为目的的协会标准化组织,其中的一个标准化项目是为计算机内存制造商制定内存技术标准。统一的内存标准有利于 PC 制造商可以从多个厂家选择标准化的内存,在保证互换性的同时,不用担心产生互操作问题。

SDRAM(DDR-SDRAM),并于 2000 年发布,其中也包含了 SDRAM 标准中由 Rambus 拥有的专利技术。随着 SDRAM 和 DDR-SDRAM 标准的发布和应用推广,其中包含的 Rambus 专利技术成为一个随时引发专利诉讼的定时炸弹。

（二）Direct Rambus DRAM 技术的失败与 Rambus 的侵权诉讼

Rambus 对于 SDRAM 标准的侵权诉讼是在其控制的存储器私有标准 Direct Rambus DRAM(DR DRAM)在市场上失败之后开始的。

1. DR DRAM 内存技术

技术的发展对于新型的内存技术提出了迫切的要求。1996 年 11 月,由于 SDRAM 已经无法满足市场需求,Intel 与 Rambus 签署协议,共同致力于推广新型的 DR DRAM 内存技术,认为可以凭借此项技术轻而易举地赢得市场。

2. DR DRAM 在市场上的失败

当时,市场上还存在其他几个竞争的内存技术标准,这些标准都是基于 SDRAM 技术发展而来的,包括 Double Data Rate DRAM(DDR DRAM)和 SyncLink DRAM(SL DRAM)。但是,DR DRAM 在市场的接受度没有达到预期值,已经不能给 Rambus 公司带来利润,Rambus 开始了专利侵权的诉讼,宣称拥有 SDRAM 与 DDR DRAM 标准相关的专利权,要求所有标准的实施者缴纳专利授权费用。

（三）Rambus 专利侵权案

Rambus 认为其拥有已经得到广泛使用的 SDRAM 以及 DDR DRAM 标准中的四项专利,于是开始了持续多年的专利侵权诉讼。

1. Rambus 发起专利侵权诉讼

2000 年,Rambus 公司正式向美国弗吉尼亚州 Richmond 市联邦地区法院起诉,指控七家大型存储器厂商侵犯 SDRAM 与 DDR DRAM 标准相关的四项专利权,同时威胁说:"那些期望通过反诉解决问题的公司将要比直接支付授权费用的公司付出更多的专利使用费。"并且对于"在诉讼中失败的公司不授予专利使用权"。[①] 从 2000 年 6 月开始,包括东芝、日立、索尼在内的多

---

① Robert E. Payne, United States Court of Appeals for the Federal Circuit,载 http://www. ll. georgetown. edu/federal/judicial/fed/opinions/01opinions/01-1449. html,下载时间:2011 年 9 月 1 日。

家日本公司开始让步,申请从 Rambus 处获得 SDRAM 技术的专利授权,但是很多公司也强烈反对 Rambus 的这种做法,并开始积极反诉。

2. Rambus 控告 Infineon 专利侵权诉讼案的初次失败

2001 年 5 月,由于 Rambus 无法在控告德国 Infineon 公司侵犯专利一案的庭审中提供确凿的证据,同时 Infineon 公司又和 Micro、Hynix 公司一起反诉 Rambus 在参与 JEDEC 标准化组织会议时,没有按照知识产权政策的要求披露其在 SDRAM 标准关键技术的已有专利和正在申请的专利。在反诉中,原告指出,如果 Rambus 当初公开披露该公司拥有 SDRAM 标准中包含的专利,JEDEC 绝不会采纳这些标准。不仅如此,Rambus 还存在着通过修改正在申请的专利条款,以企图覆盖标准中采用技术的嫌疑。因此,建议法庭应该禁止 Rambus 向内存制造厂商征收 SDRAM 和 DDR 的专利使用费。弗吉尼亚联邦法官判决 Rambus 败诉,并撤销其中 3 项指控。Rambus 在败诉之后继续上诉。

3. Rambus 控告 Infineon 专利侵权诉讼案上诉成功

2003 年 1 月,联邦巡回上诉法院推翻了弗吉尼亚州地区法院关于 Rambus 欺诈的裁决,裁定 Rambus 没有欺诈行为。法院认为:"事实也许证明 Rambus 在申请覆盖 SDRAM 标准的专利,但是这也只能说明该公司的商业道德存在问题,而没有充分的证据说明其违反了披露政策。"法院还认为,JEDEC 的专利披露政策定义不够完善,并劝告标准化组织,"当直接的竞争者参加同一个开放的标准化委员会时,需要成文的专利政策,而且有一个清晰的指南,能够明确委员会的知识产权地位"。2003 年 10 月,根据联邦上诉法庭的要求,该案返回弗吉尼亚重新审理。

4. Rambus 和 Infineon 专利侵权诉讼的初步解决

2005 年 3 月,Rambus 控告 Infineon 专利侵权案件达成协议,Infineon 同意每三个月支付 590 万美元作为授权费用。作为回报,双方撤除全部针对对方的诉讼,从 2005 年的 11 月持续到 2007 年的 11 月。在这个日期之后,如果 Rambus 有足够的其他证据,Infineon 将支付 1 亿美元。[①]

但是这并不是 Rambus 和 Infineon 专利侵权诉讼的最终解决。作为反垄断管理机构,美国联邦贸易委员会(Federal Trade Commission,FTC)的司法介入,为本案的解决提供了新的维度。

---

① Tom Krazit, Rambus, Infineon End DRAM Dispute, Sign Licensing Deal, 载 http://computerworld. com. sg/ShowPage. aspx? pagetype = 2&articleid = 230&pubid = 3&issueid=29,下载时间:2011 年 8 月 8 日。

（四）FTC 的反垄断司法介入

由于该案关系到技术标准问题，从一开始就受到了反垄断管理机构 FTC 的关注。标准化活动作为企业技术合作的方式之一，一直都是反垄断管理机构重点关注的领域。

1. FTC 起诉 Rambus 涉嫌垄断案

早在 2002 年 5 月，根据 Infineon 对于 Rambus 违反 JEDEC 专利披露规则的指控，作为反垄断管理机构，FTC 控告 Rambus 涉嫌违反反垄断法，指控 Rambus 采用"非公平"的方法，企图垄断内存芯片市场。针对 2003 年联邦巡回上诉法院认定 JEDEC 知识产权规则不清楚，Rambus 并没有违反专利披露的判决，FTC 认为反垄断法要求的披露义务比 JEDEC 的知识产权政策和一般的法律具有更高的法律效力。FTC 对于 Rambus 的指控于 2003 年夏天进入审理程序。

2. FTC 撤销对 Rambus 涉嫌垄断的指控

经过 FTC 进一步的调查和审理程序，2004 年 2 月，FTC 的主要法官 Stephen J. McGuir 撤销了 FTC 对于 Rambus 的反垄断指控，但是 Rambus 的胜利没有维持太久。

3. FTC 最终确认 Rambus 构成垄断

2006 年 8 月 2 日，FTC 再次推翻了 McGuire 的判定，最终裁定认为 Rambus 违反了《谢尔曼法》（*Sherman Antitrust Act*）第 2 条以及《联邦贸易委员会法案》（*Federal Trade Commission Act*）的第 5 条，声明 Rambus"通过欺骗的手段误导 DRAM 内存标准，企图通过锁定内存产业，以实现垄断的目的"。①

FTC 指出，标准化制定组织的知识产权政策对于指导成员正确地行事起到重要的作用，建议专利和授权条款采用"事前披露原则"（Ex Ante RAND），帮助成员在标准制定之前根据技术选择作出正确的决定。如果不能满足事前披露的要求，则可以确定存在欺骗行为。而且，FTC 强调，提前披露规则是符合反垄断法要求的。

4. Rambus 上诉至哥伦比亚特区巡回上诉法院

2008 年 4 月 22 日，哥伦比亚特区巡回上诉法院推翻了 FTC 对 Rambus

---

① FTC's Bureau of Competition，FTC Finds Rambus Unlawfully Obtained Monopoly Power，载 http://www.ftc.gov/opa/2006/08/rambus.htm，下载时间：2011 年 1 月 8 日。

一案的判决。法院认为，"Rambus 被认为的欺骗行为并不是企图利用专利技术代替其他可能的替代技术成为技术标准来垄断市场；也没有希望超越标准化组织对进入标准的专利技术授权条款所作的限制。但是对于后者，虽然可能导致垄断者收取更多的授权费用，但是并不直接导致垄断的发生"。① 哥伦比亚特区巡回上诉法院向 FTC 发回了法院的审理意见。

5.FTC 上诉至美国最高法院

2008 年 11 月 24 日，FTC 将诉讼文件移送美国最高法院，请求最高法院重新考虑哥伦比亚特区联邦巡回上诉法院对于 Rambus 一案的裁决，"认定欺骗行为导致垄断，并认同对于标准制定的欺骗性控制可能会导致垄断的事实"。美国最高法院具有重新审查所有美国上诉法院决策的权力。目前此案件正处于美国最高法院的审查阶段。2009 年上半年，如果三个最高法院的法官认为这个案件涉及联邦政府关心的公共利益的问题，最高法院将重新审查这个请求。目前此案仍在审理中。

【案例评析】

虽然 Rambus 专利侵权案还没有完全结束，但 Rambus 案作为处理标准中知识产权的典型案例，其实质是专利技术标准化过程中反垄断法的适用性问题。在此案中，有争议的是 Rambus 是否按照标准化组织的要求公开与标准相关的知识产权，并以合理非歧视原则（RAND）授权，并由此垄断市场，获得超额利益。

总之，在新的信息经济和知识经济时代，以标准化为代表的开放式合作已经成为一种重要的创新形式。只有采用更加透明和清晰的政策管理标准中的知识产权，形成更加开放的标准制定和实施环境，才可能推动标准的广泛采用，促进经济和社会的发展。

二、因错误认证而构成限制竞争的情形：ASME v. Hydrolevel 等案例的比较

【案情介绍】

如果标准化特别是认证不公正，那么认证机构将承担垄断的法律责任。

---

① DC Circuit Court Overturns Federal Trade Commission Orders in Rambus Case，http://www.rambus.com/us/news/press_releases/2008/080422.html，下载时间：2011 年 1 月 12 日。

这在 American Society of Mechanical Engineers(ASME) v. Hydrolevel 一案中体现得尤为鲜明。在该案中,ASME 是由 9000 多家成员企业所组成的协会,它在技工领域颁布了 400 多个规章和标准,虽然 ASME 的标准仅具建议性,但因为联邦、州、地方管理都要以它为参考,故具有很大影响力。一个名叫 McDonnell & Miller(M&M)的公司控制了燃油截断装置工业,然而,在 20 世纪 60 年代中期,Hydrolevel 公司引进了一个革新的截断装置,为了具有竞争力,这项新设计需要得到 ASME 的赞同。然而,由于 Hydrolevel 公司的新产品将对 M&M 公司的垄断地位提出挑战,而 M&M 公司的副总裁是负责对该项技术进行认证的 ASME 下属委员会的副主席,下属委员会的主席又是 M&M 附属公司的副总裁。因此,这两位 M&M 公司的内部人(insider)立即采取行动来避开 Hydrolevel 革新设计的威胁,他们给下属委员会写信,认为 Hydrolevel 公司的产品不能提供积极有效的担保,原下属委员会在主席和副主席的影响下支持了这封信的内容,拒绝给 Hydrolevel 公司产品认证,于是 Hydrolevel 提起反垄断诉讼。美国最高法院认为 Hydrolevel 的革新产品符合 ASME 的安全标准设计但被拒绝认证,由于 ASME 具有较大的市场影响力,而且这项拒绝认证是在相关者没有回避的情形下作出的,因而构成了限制竞争。

但是,在 Consolidated Metal Product v. American Petroleum Institute 一案中,法院认为如果认证工作程序合法,即使有可能给当事人带来损失,也不应当被指控违反了《谢尔曼法》。本案所涉及的美国汽油组织是唯一一家对国内汽油设备设置产品标准的协会,具有很大的市场影响力,没有采用 APZ 标准的企业根本无法取得用户信任而进入市场。Consolidated Metal 设计了一种三叶器厨盘,但这种设计与 APZ 标准不同因而未获 APZ 认证,但是 APZ 安排了 Consolidated Metal Prduct 到 APZ 标准委员会去进行说明。最后尽管委员会同意了对新产品进行认证,但是委员会认为 Consolidated Metal Product 的产品仍然不符合 APZ 的标准。在受到反垄断诉讼的威胁并在一年半以后,APZ 颁布了新产品的标准,认证了 Consolidated Metal Product 的产品,由于不满意延迟认证,Consolidated Metal Product 提起了反垄断诉讼。

第五巡回法院受理此案后,认为 APZ 标准委员会并未强迫终端用户只能使用 APZ 认证标准委员会的产品,并且也未采用其他行动来使得不符合 APZ 标准的产品不能被使用,更为重要的是,法院认为 APZ 标准委员会尽管延迟了对 Consolidated Metal Product 产品的认证,但其遵循了正常的分析程序,表明 APZ 标准委员会并未具有限制 Consolidated Metal Product 产品的恶意。综上,法院认为 APZ 标准委员会的行为不具有歧视性,而且其对 Consolidated Metal Product 产品最终给予了认证也显示其未恶意抑制革新,因而巡回法院支持了地区法院驳回原告起诉的请求,裁定 APZ 标准委员会的行为并未违反《谢尔曼法》。

在 1984 年的 Eielson Corp v. National Sanitation Foundation 一案中,法院认为,如果产品认证是由非竞争者所构成或至少不是由竞争者所控制的,那么原告的起诉将有可能被驳回。在该案中,冰箱测试协会拒绝认证原告所属的商业用冰箱制造商的一项设计,而法院查明,测试协会所使用的标准是由广大制造商和商业电冰箱用户组成的团体制定的,没有证据表明测试实验室被竞争的电冰箱制造商所控制,或者原告的设备受到任何有别于竞争者设备的对待;进一步说,少数其他会员制造商也曾经有过未获认证而被迫修改设计的情况,最后,经认证的产品获得测试实验室的认证用章,不被认证的后果仅仅是收回印章,被告没有试图阻止任何人购买没有印章的冰箱,因而法院认为如果原告主张被拒绝认证构成限制竞争,它必须证明"它在一个被竞争者歧视的基础上被禁止获得产品认证或者是整个行为被证明是不合理的",由于原告无法提出这样的证据,故法院确认驳回原告申诉。

【案例评析】

从上述三个案例中,我们可以看出在判断认证是否合法时法院需要考虑的一些因素。首先,是认证机关的市场影响力。针对 ASME 与 APZ 案之不同结果,一种分析思路认为,ASME 的标准与政府标准相混同,而 APZ 则完全与民间性的认证相关,故 ASME 具有一定的强制性,而 APZ 则是纯粹性的自愿标准,故而 ASME 应当比 APZ 担负更大的维护竞争的要求和责任,对其的法律规制也应当更为严格。其次,是拒绝认证所产生的法律后果。即原告能否举证证明被告的拒绝认证行为给自己带来了损害,并进而阻碍了市场竞争的充分程度。最后,是认证程序是否公正,虽然美国最高法院曾经在"西北批发"一案中指出,程序的缺失不能成为反垄断的决定因素,但是,从上述两个判例来看,在美国,法院仍然关注在认证过程中的程序公正问题,这主要涉及以下一些因素:第一,标准制定者与认证者是否是申请认证人的竞争者,如果是相互竞争的,那么认证机关便极有可能陷入限制竞争的指控之中;第二,认证机关是否给予了认证申请人充分的陈述和听证的机会,如果拒绝认证,是否进行了解释并给予了申诉的机会;第三,认证过程是不是公开的;第四,认证决定是不是在合理期限内作出的。①

---

① 参见鲁篱:《标准化与反垄断问题研究》,载《中国法学》2003 年第 1 期。

对于因错误认证而构成限制竞争的情形,适用我国《反垄断法》有关"滥用市场支配地位"的规定对其予以规制,在理论上既是必要的,也是可行的。根据《反垄断法》第 17 条,禁止具有市场支配地位的经营者从事一系列滥用市场支配地位的行为,其中包括:没有正当理由,拒绝与交易相对人进行交易;没有正当理由,限定交易相对人只能与其进行交易或者只能与其指定的经营者进行交易;没有正当理由,对条件相同的交易相对人在交易价格等交易条件上实行差别待遇;国务院反垄断执法机构认定的其他滥用市场支配地位的行为。本法所称市场支配地位,是指经营者在相关市场内具有能够控制商品价格、数量或者其他交易条件,或者能够阻碍、影响其他经营者进入相关市场能力的市场地位。《反垄断法》第 18 条同时规定:"认定经营者具有市场支配地位,应当依据下列因素:(1)该经营者在相关市场的市场份额,以及相关市场的竞争状况;(2)该经营者控制销售市场或者原材料采购市场的能力;(3)该经营者的财力和技术条件;(4)其他经营者对该经营者在交易上的依赖程度;(5)其他经营者进入相关市场的难易程度;(6)与认定该经营者市场支配地位有关的其他因素。"而法院在具体判断某个认证机构是否构成"市场支配地位",以及某种认证行为(或者拒绝认证)是否构成"滥用市场支配地位"的过程中,则可以参考和借鉴美国的司法实践中所形成的经验。

三、WTO 争端解决机制适用《SPS 协议》第一案:欧盟与美国肉制品案

【案情介绍】

1996 年 1 月 26 日美国向 WTO 争端解决机制提起申诉,认为欧盟发布的《禁止饲养动物使用生长激素行动指令》限制和阻止了美国的肉类和肉类产品进口到欧洲,美国认为这些措施违反了《GATT 1994》第 3 条和第 11 条的规定;违反了《SPS 协议》第 2 条、第 3 条和第 5 条的规定;违反了《TBT 协议》第 2 条的规定;违反了《农业协议》第 4 条的规定。1996 年 4 月 25 日,美国要求成立专家组,5 月 8 日 WTO 争端解决机制成立专家组对该案进行调查。该案成为 WTO 争端解决机制适用《SPS 协议》审理的第一案。①

该案产生的背景是美国在动物的饲养中使用激素的情况非常普遍,欧盟

---

①   European Communities——Measures Concerning Meat and Meat Products(Hormones),DS26.

发布的指令以生长激素有害于人的健康为由禁止使用生长激素饲养的动物肉和肉类产品的进口。但是大量的研究包括来自欧盟自己的研究机构的研究都表明尚未发现这些生长激素对人体存在危害。欧盟的指令客观上对美国和加拿大对欧盟的肉类出口形成了限制。加拿大也作为第三方参加了本次申诉。同时,加拿大在 1996 年 6 月 28 日也对欧盟提出申诉。①

　　1997 年 8 月 18 日专家组散发报告认为欧盟对针对牛肉和牛肉制品的六种促生长激素的禁令与《SPS 协议》第 3.1 条、第 5.1 条和第 5.5 条不一致。1997 年 9 月 27 日,欧共体提出上诉。上诉机构在 1998 年 1 月 16 日散发报告,上诉机构维持了专家组的结论,但作出了与专家组不同的解释,认为欧共体的禁令与《SPS 协议》的第 3.3 条和第 5.1 条不一致,而不是第 5.1 条和第5.5 条。1998 年 4 月 8 日,欧共体要求根据《关于争端解决规则与程序的谅解》(DSU)第 21.3 条的规定给予“合理的时间”执行 DSB(Dispute settlement Body)争端解决机构的裁决。根据裁决该案合理的执行时间是 15 个月,欧共体应该在 1999 年 5 月 13 日执行完毕。但是,1999 年 4 月 28 日,欧共体通知DSB,欧共体无法在 1999 年 5 月前履行执行完毕的承诺。1999 年 6 月 3 日,美国要求 DSB 授权对欧共体进行贸易报复。2003 年欧共体作出新的指令(2003/74/EC),主张欧共体的措施已经符合 WTO 规则,并要求美国停止报复措施。但美国并没有停止报复,于是 2004 年 11 月 8 日欧共体向争端解决机制就中止欧共体在该案中的义务提出申诉。② 2008 年争端解决机制裁决欧共体并没有改正 1996 年的相关措施,美国有权继续对欧共体进行报复。2009年 9 月 25 日美国和欧共体通知 DSB 已就该案达成谅解。

　　【案例评析】

　　根据《SPS 协议》的规定,成员国有义务确保卫生和检疫措施基于科学依据,并且在没有充分的科学证据之前不得采用此种措施。其中第 3.1 条规定,卫生和检疫措施在有国际标准的情况下须基于国际标准。第 3.3 条规定了不必适用国际标准的例外情况,即“有科学上的正当理由”或“成员国已依照本协议第 5 条之规定进行了风险评估”就不必适用国际标准。协定第 5.1 条至第5.3 条规定成员国的卫生和检疫措施均须基于对人的生命健康和环境面临的

---

　　① European Communities——Measures Concerning Meat and Meat Products(Hormones),DS48.

　　② United States-Continued Suspension of Obligations in the EC——Hormones Dispute,DS320.

风险的评估。第5.2条列举了此种风险评估需考虑的因素。至于风险管理的规定实质上是要求采取的 SPS 措施与面临的风险程度保持恰当的比例。这就涉及两个问题,一是国际标准的地位问题;二是风险评估和卫生与植物卫生措施之间的关系问题。

对于第一个问题,专家组认为卫生与植物卫生措施必须以所针对的产品的标准违反了国际卫生、检验检疫标准为前提。而上诉机构认为不必完全遵照国际标准,只要参照了国际标准的个别内容即可。这种宽松的解释导致第3.1条的约束力大大下降。这也使得国际社会在签订《SPS 协议》时试图将卫生与植物卫生措施建立在国际标准之上的努力瓦解。风险评估是《SPS 协议》的重要原则之一,通过该案上诉机构确立了风险评估适用的标准。第一,风险评估应该是根据特定的卫生和生态风险进行的,不必局限于第5条规定的自然因素。如应在对本国特定的人文社会环境中考察。第二,风险评估不应局限于实验结论。对于由于本国技术人员技术水平所导致的局限性产生的风险也应进行考虑。第三,上诉机构排除了对风险程度的实质性考察,只要成员国自己经过风险评估认为风险存在即可。第四,指导风险评估的科学理论不必是主流理论,少数派学说也可。第五,风险评估并不是采取卫生与植物卫生措施的前提,只要措施与风险评估之间存在客观联系即可。也就是说,在争议发生时能够证明风险和措施之间是有联系的就可以了。这种解释非常宽松。

该案给我们的启示是《SPS 协议》并不是一个完善的协议,成员国之间的争端为 WTO 争端解决机制进一步对协议进行解释和适用创造了条件,而争端解决机制作出的解释也因为其事实上的影响力对其他成员间的争端产生约束,尽管一般认为判例在 WTO 是没有直接效力的。美国和欧盟的争端在 WTO 争端解决机制下持续了近13年,充分利用了 WTO 所确立的程序规则。因此,针对我国目前面临的诉讼高峰,应该加强对争端解决程序的研究,提高规则运用能力和条约的解释建议能力。

四、中国贸易壁垒调查第一案:日本紫菜案

【案情介绍】①

2004年4月22日,商务部应申请人江苏省紫菜协会的申请,依据中华人

---

① 参见:中华人民共和国商务部2004年第16号公告;中华人民共和国商务部2005年第10号公告。

民共和国商务部《对外贸易壁垒调查暂行规则》（以下简称《暂行规则》），决定对日本关于紫菜进口的管理措施（以下简称被调查措施）进行贸易壁垒调查。该案是我国商务部成立后第一次启动对外贸易调查程序对贸易壁垒进行调查，也是我国外贸史上第一次贸易壁垒调查，被称为"中国贸易壁垒调查第一案"。

申请人认为，日本政府对原产于中国的干紫菜和调味紫菜的进口，采取并维持了违反了 WTO 相关协定的措施，对于中国干紫菜和调味紫菜进入日本市场造成了不合理的阻碍与限制，并对中国相关产业造成了损害。申请人请求调查机关依据《暂行规则》调查并认定日本政府有关紫菜进口原产地的限制措施违反 WTO 相关协定的规定，构成对中国产干紫菜和调味紫菜出口日本的贸易壁垒。申请人还请求调查机关依据调查结果，与日本政府进行磋商，要求其取消对干紫菜和调味紫菜所采取的进口原产地限制措施。

商务部接到申请后，对申请人的资格及相关证据材料进行了审查。经审查，江苏省是被调查措施所涉及产品在中国的主产区，其产量占全国该产品总产量的 95％。申请人有会员 107 个，占江苏省紫菜养殖、加工生产企业总数的 63％；申请人所代表的紫菜养殖面积为 88.5 万亩，占江苏省紫菜养殖总面积的 51％。申请人符合《暂行规则》第 5 条关于申请人资格的规定，且申请书及相关证据材料符合《暂行规则》第 6 条、第 7 条关于启动贸易壁垒调查所要求的申请书内容及有关证据的规定。根据审查结果，商务部于 2004 年 4 月 22 日发布第 16 号公告，决定对日本关于紫菜进口的管理措施进行贸易壁垒调查。

发布立案公告后，调查机关通知了申请人和日本驻华大使馆。调查期间，依据《暂行规则》规定的有关程序，调查机关采取了发放调查问卷、实地调查、发放补充调查问卷等方式向利害关系方了解情况，核实信息。应调查机关的要求，有关行业主管部门和行业中介组织就调查中涉及的技术性和事实性问题向调查机关提供了咨询意见。

调查期间，调查机关与日本政府有关部门就被调查措施分别在东京和北京举行了三轮磋商。在 2004 年 10 月中旬于北京举行的第三轮政府磋商中，日方承诺将采取切实措施积极解决中方关注。

为使中日双方能够继续通过磋商达成双方满意的解决方案，依据《暂行规则》第 22 条的规定，商务部于 2004 年 10 月 21 日发布第 65 号公告，中止了本次调查。调查中止后，中日双方就解决中方关注问题的具体措施进行了多次磋商。

调查中止后,申请人还提出中国烤紫菜无法对日出口的问题。申请人认为烤紫菜也属于调味紫菜范围,请求调查机关对此进行调查,并根据调查结果与日本政府进行磋商,解决中国烤紫菜对日出口问题。

经调查,烤紫菜是以干紫菜为原料,经烤制后形成未添加任何调味料的紫菜加工品。日本没有禁止进口烤紫菜的法律依据或行政规定,但实践中不允许从任何国家进口烤紫菜。对此,日方承诺将就包括进口烤紫菜问题在内的紫菜贸易技术性问题与中方继续进行磋商,争取尽快解决中方关注的问题。

2005 年 2 月 21 日,日本经济产业省在日本《经济产业公报》和《通商弘报》上登载了经济产业省第 19 号《进口通告》,公布了日本 2005 年紫菜进口配额方案。《进口通告》取消了对进口干紫菜和调味紫菜原产国的限定,并载明2005 年日本干紫菜和调味紫菜进口配额总量为 4 亿张。

根据调查结果,鉴于日本政府已取消对中国产干紫菜和调味紫菜的歧视性措施,并就解决烤紫菜对日出口等问题作出了相关承诺,依据《暂行规则》第25 条的规定,商务部决定终止自 2004 年 4 月 22 日启动的关于日本紫菜进口管理措施的贸易壁垒调查。

【案例评析】

我国是世界紫菜生产第一大国;日本是世界上第一紫菜消费大国。多年来,日本政府一直将干紫菜和调味紫菜纳入进口配额产品目录,通过进口配额、批准及原产地限制措施,设置贸易壁垒。以江苏条斑紫菜为代表的中国紫菜不能直接进入日本市场,导致中国同类紫菜产品对日出口多年来一直保持零的纪录,而原产于韩国的干紫菜和调味紫菜却能享有日本政府给予的进口配额。日本紫菜案件的成功解决,标志着我国初步建立起了贸易壁垒包括技术性贸易壁垒调查工作的程序规范,在我国贸易救济体系中形成了世界贸易组织下的争端解决机制和国内贸易壁垒调查的双重救济制度。该案作为我国第一例贸易壁垒调查案,对维护公平合理的国际贸易环境,保证我国企业和产业的合理利益具有重要意义,为我国 2005 年颁布的《对外贸易壁垒调查规则》积累了实践经验。

专门的贸易壁垒调查规则为我国企业和相关政府部门提起和实施贸易壁垒调查提供了更为有效的依据。开展贸易壁垒调查是我国政府维护公平合理的对外贸易和投资环境的方式之一,但必须依法进行。《暂行规则》从申请人资格,到资格审查、立案、调查等各个环节都进行了很具体的规定,为贸易调查的提起和实施提供了法律依据。商务部及申请人对磋商机制的灵活运用使案件取得了良好的效果。为 2005 年的《对外贸易壁垒调查规则》的颁布实施奠定了基础。

2005 年我国颁布了《对外贸易壁垒调查规则》,但仍需完善。例如,立法没有确立贸易壁垒识别的标准,或者标准范围过窄。我国立法没有对不合理、不正当或不公正的外国法律、政策和做法作具体的解释。仅规定对方国家与我国缔结或共同参加的经济贸易条约或协定作为贸易壁垒识别的标准。对申请人资格的规定也缺乏具体界定,使企业无法对立案的结果作出合理预期,抑制了企业申请调查的积极性。

我国贸易壁垒调查程序明确规定了贸易调查的时限,但未对调查中止期限作出规定。《暂行规则》规定,调查应当自立案决定公告之日起 6 个月内结束;特殊情况下可以延长,但延长期不得超过 3 个月。但《暂行规则》并未对调查中止的期限作出规定。这可以理解为一种灵活、适当而又明确的时间限定,促使实施贸易壁垒措施的外国(地区)政府按照我方的调查时间表调整被调查措施,保持我国政府在贸易壁垒调查全过程中的主动性。这一规定被后来颁布的《对外贸易壁垒调查规则》所保留。但这一法律也存在规定模糊的问题。法规规定的调查程序中调查机关起了主导作用,但其权利缺乏内部的程序制约。申请人对案件调查的参与和监督不足。从立案到调查,申请人没有发表意见的权利,对调查机关所作出的决定也没有救济的权利。对申请人的知情权和参与权保护不足。

参考书目

［1］葛志荣:《世界贸易组织与技术性贸易措施》,中国计量出版社 2005 年版。

［2］葛志荣:《〈技术性贸易壁垒协定〉释义》,中国标准出版社 2006 年版。

［3］洪生伟:《标准化管理》,中国计量出版社 2006 年版。

［4］洪生伟:《计量管理》,中国计量出版社 2009 年版。

［5］孔庆峰:《技术性贸易壁垒:理论、规则和案例》,中国海关出版社 2004 年版。

［6］李春田:《标准化概论》,中国人民大学出版社 2005 年版。

［7］鲁篱:《行业协会经济自治权研究》,法律出版社 2003 年版。

［8］陆志方:《计量管理基础》,中国计量出版社 2007 年版。

［9］沈同、邢造宇:《标准化理论与实践》,中国计量出版社 2007 年版。

［10］宋明顺:《应对技术性贸易壁垒的理论与实践》,人民出版社 2007 年版。

［11］王先林:《知识产权与反垄断法:知识产权滥用的反垄断问题研究》,法律出版社 2008 年版。

［12］王艳林:《质检法教程》,中国政法大学出版社 2010 年版。

［13］吴太轩:《技术标准化的反垄断规制》,法律出版社 2011 年版。

［14］杨帆:《国际技术标准与知识产权》,人民法院出版社 2006 年版。

［15］张平、马骁:《标准化与知识产权战略》,知识产权出版社 2005 年版。

图书在版编目(CIP)数据

标准化法教程/朱一飞等编著. —厦门:厦门大学出版社,2011.12
(质检法教材系列)
ISBN 978-7-5615-4153-1

Ⅰ.①标…　Ⅱ.①朱…　Ⅲ.①标准化法-中国-教材　Ⅳ.①D922.17

中国版本图书馆 CIP 数据核字(2011)第 263690 号

厦门大学出版社出版发行

(地址:厦门市软件园二期望海路 39 号　邮编:361008)

http://www.xmupress.com

xmup @ public.xm.fj.cn

厦门集大印刷厂印刷

2011 年 12 月第 1 版　2011 年 12 月第 1 次印刷

开本:787×960　1/16　印张:16.5　插页:2

字数:288 千字　印数:1～3000 册

定价:27.00 元

本书如有印装质量问题请直接寄承印厂调换